엔드 오브 폴리싱
(End of Policing)

도서출판 윤성사 094

엔드 오브 폴리싱
(End of Policing)

초판 1쇄 2021년 8월 25일

지 은 이	Alex S. Vitale
옮 긴 이	김영식
펴 낸 이	정재훈
디 자 인	(주)디자인뜰

펴 낸 곳 도서출판 윤성사
주   소 서울특별시 서대문구 서소문로 27, 충정리시온 제지층 제비116호
전   화 대표번호_02)313-3814 / 영업부_02)313-3813 / 팩스_02)313-3812
전자우편 yspublish@daum.net
등   록 2017. 1. 23

ISBN 979-11-91503-02-9 (93360)
값 20,000원

© 김영식, 2021

옮긴이와의 협의에 따라 인지를 생략합니다.

End of Policing
by Alex S. Vitale
Verso publishing company, 2018

Copyright ©2018 by Verso Publishing company All rights reserved.
Korean translation copyright by Yoonseong Publishing company ©2020

이 책은 도서출판 윤성사가 원저작권자와 정식 저작권 계약에 의해
출판한 책으로서 이 책의 전부 또는 일부 내용을 재사용하려면 반드시 사전에
저작권자와 도서출판 윤성사의 동의를 받아야 합니다.

잘못 만들어진 책은 구입하신 서점에서 교환 가능합니다.

엔드 오브 폴리싱

The End of Policing

김영식 옮김

Alex S. Vitale 지음

도서출판 윤성사
YOONSEONGSA

| 역자 서문 |

    2019년 어느 날, 원로 교수 한 분이 "김 교수도 이런 책을 한번 써봐!" 하시며, 붉은 표지의 외국 서적 하나를 건네주셨다. 그렇게 Vitale 교수의 「End of Policing」과의 인연이 시작됐다. 첫 장을 읽기 시작하면서 며칠 동안 손에서 책을 놓을 수 없었다. 그 동안 경찰학을 연구하면서 느꼈던 알 수 없는 목마름과 미심쩍음이 한순간에 해소되는 느낌이었다.

    2020년 3월 세계 각국에 코로나19 사태가 심각해지기 시작할 무렵 고민 끝에 뉴욕을 방문했다. 브루클린대학에서 Vitale 교수를 만나기 위해서였다. 사전에 이메일을 통해 번역 계획을 이야기하고 저자의 전반적인 저술 의도와 몇 가지 질문을 위해 만남을 요청해 놓은 상태였다. 인심 좋은 옆집 아저씨 같은 첫 인상이 호감을 갖게 했고 책 내용뿐만 아니라 현대 민주국가에서 경찰의 역할에 대해 다양한 의견을 나눌 수 있었다.

    이 책은 현대 경찰의 최후(End)를 이야기하는 것이 아니라 경찰의 새로운 목표(End)와 존재의 이유에 대한 새로운 패러다임을 제시하고 있다. 우리는 사회 모든 분야에서 범죄와 무질서의 현상을 경험하고 있고, 과거나 현재나 경찰을 중심으로 문제를 해결하려 한다. 특히, 지역공동체에서의 범죄와 무질서는 경찰의 징벌적 법집행과 물리력만으로 해결되지 않는 문제들이 많다. 분야에 따라서는 경찰의 개입이 일시적으로는 효과를 나타내는 착시현상이 있을 수 있지만 장기적으로 더 큰 부작용과 비효율성을 나타내는 것도 있고, 처음부터 경찰이 제대로 할 수 없는 영역도 있다. 그럼에도 불구하고 우리는 경찰 만능주의 착각에 빠져있다.

엔드 오브 폴리싱(End of Policing)

그러나, 이제는 경찰 활동의 근본적인 모순과 역설이 존재하고 있다는 진실을 용기 있게 마주해야 한다. 바로 근본적인 개혁이 필요한 시점이다. 문제는 경찰 교육훈련, 경찰인사제도, 경찰권 오·남용이 아니라 경찰 활동 그 자체이다. 이젠 경찰 활동의 패러다임을 바꿔야 할 때이다.

좋아하는 프랑스 격언 중에 "경찰 없는 국가는 나침반과 방향키 없는 커다란 배와 같다"라는 말이 있다. 선장과 항해사들은 거친 파도와 비바람을 뚫고 목적지를 향해 나아간다. 배의 키와 나침반은 망망대해에서 배가 길을 잃지 않고, 원하는 방향으로 나아갈 수 있도록 하는 필수 불가결한 도구이다. 망망대해에서 먼 항해를 하는 현대 사회의 나침반과 방향키와 같이 경찰의 역할과 임무는 막중하다. 그러나, 항해사가 선장을 보좌하며 그들의 역할을 다 할 때, 비로소 배가 안전하게 목적지에 다다를 수 있는 것이다. 더 이상 범죄와 무질서로부터 시민의 안전을 전적으로 경찰의 손에 맡겨서는 안 된다. 지역 공동체와 시민이 선장과 항해사로서의 제 역할을 해야 하는 시대이다. 바로 엔드 오브 폴리싱(End of Policing)의 시대이다.

이 책이 현대 경찰의 끝이 아닌 새로운 목표를 알리는 망망대해의 등대가 되기를 기대한다.

2021년 8월 무더운 여름

옮긴이 씀

| 목차 |

제1편 경찰개혁의 한계 · 13

    1장 개혁방안 / 16
    2장 책무성 강화 / 30
    3장 새로운 대안 / 36

제2편 경찰은 누구를 위해 존재하는가? · · · · · · · · · · · · · · · · · · · 45

    1장 자유주의적 관점에서의 경찰 / 46
    2장 초기 경찰조직 / 49
    3장 필리핀(Philippines)부터 펜실베이니아(Pennsylvania)까지 / 54
    4장 텍사스 레인저스(Texas Rangers) / 57
    5장 노예제도의 역할 / 60
    6장 2차 세계대전 이후 정치경찰 / 63
    7장 오늘날의 경찰 / 65

제3편 학교에서 또 다른 학교로 · 69

    1장 학교전담경찰관(School Resource Officers) / 70
    2장 고부담시험(High-Stakes Testing)과 사회적 통제 / 72
    3장 학교에서 교도소로의 연결관(Pipeline) / 75
    4장 학교의 군사화 / 78
    5장 개혁정책 / 82

6장 새로운 대안 / 85

제4편 경찰에게 도움을 요청하다 · 93

1장 "경찰에게 도움을 요청했는데, 그들이 내 아들을 죽였다!" / 93
2장 개혁정책 / 99
3장 새로운 대안 / 105

제5편 노숙자들을 범죄자로 만들다 · 109

1장 노숙자 문제의 근본 원인 / 109
2장 개혁정책 / 120
3장 새로운 대안 / 122

제6편 경찰 성매매 단속, 성공인가 실패인가? · · · · · · · · · · · 127

1장 성매매 범죄화의 의미 / 127
2장 성매매 단속의 부작용 / 132
3장 경찰부패 / 136
4장 개혁정책 / 137
5장 새로운 대안 / 145

| 목차 |

제7편 마약과의 전쟁 · 151

1장 마약단속의 역효과 / 151
2장 부패(Corruption) / 159
3장 인종차별적 법집행(Racial Impacts) / 160
4장 프라이버시권(Right to Privacy) / 163
5장 건강효과(Health Effects) / 165
6장 국제적 영향(International Effects) / 166
7장 개혁정책 / 168
8장 새로운 대안 / 172

제8편 갱(Gang)과의 전쟁 · 179

1장 범죄조직과의 전쟁 / 179
2장 개혁정책 / 190
3장 새로운 대안 / 194

제9편 국경 경찰 · 201

1장 국경 경찰 / 201
2장 개혁정책 / 216
3장 새로운 대안 / 219

엔드 오브 폴리싱(End of Policing)

제10편 경찰의 정치화 · 223

1장 정치경찰 / 223
2장 국내 정치경찰의 활동 / 227
3장 합동 테러 대책반(Joint Terrorism Task Force)과 융합센터(Fusion Centers) / 234
4장 함정수사 / 237
5장 군중통제 / 240
6장 새로운 대안 / 242

제11편 결론 · 247

참고문헌 / 279

찾아 보기 / 282

The End of Policing

엔드 오브 폴리싱

제1편

경찰개혁의 한계

오하이오에서 타미르 라이스(Tamir Rice)와 존 크러 포드(John Crawford)는 경찰이 쏜 총에 맞아 사망했다. 경찰관들은 본능적으로 이들에게 총을 발사했다고 한다. 애틀랜타 외곽의 안토니 힐(Anthony Hill), 캘리포니아 파스코의 안토니오 잠브라노-몬테스(Antonio Zambrano-Montes), 댈러스의 제이슨 해리스(Jason Harris) 또한 모두 경찰이 쏜 총에 맞아 사망했다. 경찰이 이들에게 총을 발사한 것은 이들의 정신질환을 오해해서 생긴 일이었다.

오클랜드의 오스카 그랜트(Oscar Grant), 브루클린의 아카이 걸리(Akai Gurley)와 툴사의 에릭 해리스(Eric Harris)는 경찰이 실수로 발사한 총에 맞아 사망했다. 이들에게 총을 쏜 경찰관들은 총기를 다루는데 충분한 주의를 기울이지 않았다.

사우스캐롤라이나의 노스 찰스톤에서는 마이클 슬래거(Michael Slager)라는 경찰관이 교통단속을 피해 달아나는 월터 스콧(Walter Scott)을 등 뒤에서 총을 쐈다. 월터 스콧이 아동양육비를 지급하지 않아 체포의 대상이라고 했지만, 알고 보니 마이클 슬래거는 다른 경찰관들과 함께 사건을 은폐하기 위해 증거를 조작했고 스콧에게 혐의를 덮어 씌웠다.

스테이튼 아일랜드에서는 불법으로 담배를 판매하는 에릭 가너(Eric Garner)에게 경찰이 과도한 물리력을 행사하였고, 이로 인해 그가 사망했다. 최근 경찰에 의해서 발생한 비무장 흑인들의 사망사고는 각양각색의 상황에서 발생한 것이며, 이를 통해 지난 한 세대에 걸쳐서 볼 수 없었던 경찰개혁의 이슈들이 국가적 차원의 의제로 논의되고 있다.[1]

일련의 사건들로 경찰폭력이 증가했다고 말할 수 있을까? 미국 경찰이 다른 선진국들보다 총기를 많이 사용하는 것은 맞지만, 이것이 경찰에 의한 사망사고로 직결되는 것은 아니다. 2006년에 경찰로부터 사망사고에 대한 정보를 보고하게 하는 법률이 제정되었고, 2014년에 재확인까지 했지만, 이것을 준수하는 경찰기관은 거의 없다. 연구자들은 지역 신문 보도와 같은 개별 정보들에 의존해서 추정할 수밖에 없다. 가디언(Guardian)과 워싱턴 포스트(Washington Post)에서 집계를 했는데, 2014년 1,100명, 2015년 991명, 2016명 1,080명이 사망한 것으로 조사되었다. 1960년대와 1970년대보다는 훨씬 적지만 여전히 많은 사람들이 희생되고 있다.[2]

경찰의 총기 사용으로 가장 많은 희생을 치른 것은 아프리카계 미국인들이다. 이는 흑인 10대 희생자들이 백인 10대 희생자들보다 21배 이상 많은 것으로 나타난 데서 알 수 있다.[3] 그러나 이러한 비율을 모든 총기 범죄자와 피해자로 확대하게 되면 인종의 비율과 거의 비례하는 것으로 나타난다.[4] 인종 프로파일링은 여전히 만연한 상태이며, 유색인종 공동체에 대한 침략적이고 무례한 경찰 활동은 현재 진행형이다. 퍼거슨(Ferguson)과 노스 찰스톤(North Charleston)의 최근 사례를 통해 심각성을 느낄 수 있다.

흑인과 라틴계가 일선 경찰 활동의 대상이 되는 경우가 압도적으로 많다. 교통단속부터 경미한 범죄의 수색과 체포의 대상이 되는 것은 물론이고, 종종 잘못한 것이 없음에도 적대적이고 모멸감을 주는 태도로 이들을 대한다.[5] 그도 그럴 것이 뉴욕의 경찰 활동 대상 80~90%가 유색인종이다.[6]

이런 경찰 활동에는 "유색인종들의 범죄율이 높으므로 더 가혹하게 다스려야 한다."라는 사고방식이 깔려있다. 그러면서 경찰은 범죄율이 높은 지역의 주민들이 종종 적극적인 경찰 활동을 요청한다고 주장한다. 하지만 이들이 놓치고 있는 것이 있다. 이런 지역에는 더 나은 학교, 공원, 도서관, 일자리 같은 공공서비스가 거의 제공되지 않는다는 것이다. 실질적인 혜택과 지원을 통해 공동체를 좀 더 안전하고 살기 좋게 만들 수 있는 정치적 역량이 부족한 탓이다. 지금 상황에서 현실적으로 가능한 것은 범죄율과 상관없이 유색인종 공동체에 가해지는 경찰의 지속적인 괴롭힘과 경멸을 다른 중산층이나 백인 부유층들이 멈추게 하는 수밖에 없다.

경찰에게 문제를 제기하거나 그들의 권위에 도전하는 사람들은 종종 언어적 위협이나 물리적 폭력을 당한다. 할렘 지역에 사는 젊은 청년 앨빈 크루즈(Alvin Cuz)에게도 예외는 아니었다. 그는 2012년 경찰에게 특별한 이유 없이 검문과 수색을 당했고, 이를 녹음했다. 이유를 묻자 경찰은 "뭐 이 새끼야? 네놈 팔을 부러뜨리고 주먹으로 면상을 날려 줄 테니까 각오해."라며 그의 팔을 꺾어 제압했다고 한다.[7]

경찰의 이런 태도는 부유하고 영향력 있는 유색인종에게도 마찬가지였다. 2009년 하버드 교수이자 미국 공영방송의 유명인인 헨리 루이스 게이트 주니어(Henry Louis Gates Jr.)가 자신의 집에서 캠브리지 경찰에게 체포되었는데, 자기 집 열쇠를 분실해서 집으로 들어가지 못하는 것을 수상히 여긴 이웃 사람이 무단침입으로 그를 신고했기 때문이었다. 이 사건에 대해 오바마 대통령은 다음과 같이 언급했다.

저는 이번 사건을 다음과 같이 말하고 싶습니다. 첫째, 우리들 중 누구나 이번 사건으로 매우 분노할 것입니다. 둘째, 본인의 집에 있다는 증거가 명백함에도 캠브리지 경찰이 어리석게도 그를 체포했다는 것입니다. 셋째, 이번 사건과는 별개로 우리는 이 나라에서 아프리카계와 라틴계 미국인들이 오랫동안 법집행기관의 과도한 통제를 받아왔다는 것을 이미 알고 있다는 것입니다.[8]

이런 문제는 일부 경찰의 전사(戰士)적 사고방식에 기인하는데,[9] 경찰들은 종종 자신을 공공안전의 수호자가 아닌 시민과 전쟁을 치르는 병사쯤으로 생각한다는 것이다. 경찰에게 장갑차와 군용무기들이 지급되는 것과 경찰관들 상당수가 참전용사 출신인 것을 고려하면 그리 이상한 것도 아니다.[10] 조직적인 측면에서는 1980년대 마약과의 전쟁과 9·11 테러 이후 테러와의 전쟁을 치르면서 경찰특공대(SWAT)와 같은 군사적 조직이 빠르게 늘어났다.[11]

이런 변화는 경찰에게 전사적 인식을 확산했을 뿐만 아니라 유색인종 공동체들이 무질서하고, 위험하고, 범죄 의심이 드는, 궁극적으로 범죄 집단이라는 믿음을 갖게 했다고 볼 수 있다. 경찰에게 이런 인식과 믿음이 생기면, 성급히 물리력을 사용하게 되는 것이다.

그러나 이것은 과도한 경찰 통제를 보여주는 빙산의 일각에 불과하다.

2백만 명 이상의 미국인이 교도소에 수감 중이며, 4백만 명은 보호관찰을 받고 있거나 가석방인 상태이다. 이를 통해, 많은 이들이 선거권을 상실했다. 이들은 풀려난다 치더라도 일자리를 얻는 데 어려움이 있을 것이고, 수감 전에 받던 급여와 직업경력을 회복하기도 어려울 전망이다. 가장 중요한 것은 이미 상처를 받을 대로 받은 가족들과의 관계 회복인데, 이것 또한 중차대한 문제가 아닐 수 없다.

더욱 심각한 것은 불법 체포와 잘못된 판결이라는 것이 나중에 입증된 사건들의 경우도 체포와 판결 당시에는 대부분 합법적인 형사절차에 따라 진행되었다는 것이 믿기 어려울 정도다. 불법적인 체포와 잘못된 판결은 이렇게 당사자뿐만 아니라 그의 가족, 그가 속한 공동체의 삶까지 파괴하는 것이다.

1장 개혁방안

올바른 경찰을 만들기 위해서는 경찰의 과도한 물리력 행사, 과잉통제와 시민 경시의 문제를 해결해야 한다. 수많은 공개토론회에서 경찰개혁 전략으로 경찰의 책무성을 강화하는 조치들과 함께 경찰교육 훈련의 개선, 경찰입직의 다양성 확보와 지역사회 경찰 활동(Community Policing)의 강화를 제시했지만, 이러한 개혁정책들은 경찰 활동에 내재된 근본적인 문제를 해결하지 못했다.

1. 교육훈련

불법으로 담배를 판매한 혐의로 경찰이 체포하는 과정에서 사망한 에릭 가너(Eric Garner)의 영상이 공개되자, 체포과정에서 경찰이 물리력을 어떻게 사용해야 하는지에 대한 추가적인 교육이 요구되었다.

에릭 가너 사망사건 관련 경찰관들은 금지된 '목조르기(Chokehold)'를 사용하고, 숨을 쉴 수 없다는 피해자의 요청에 적절한 대응을 하지 못한 이유로 기소되었다. 사건 발생 후 빌 드 블라지오(Bill de Blasio) 뉴욕시장과 윌리엄 브래튼(William Bratton) 경찰국장은 "뉴욕시 모든 경찰관들이 추가적인 물리력 사용 교육을 받게 될 것이고, 이를 통해 추후로는 체포과정에서 중대한 신체적 손상이 발생하지 않게 될 것"이라고 발표했다. 또한, 좀 더 효과적으로 시민들과 소통함으로써 갈등을 줄일 수 있도록 경찰교육을 강화하겠다고 말했다.

이런 방식의 교육훈련은 두 가지 중요한 문제점을 간과하고 있다. 첫 번째는 해당 경찰관들이 태연하게 그의 생명과 신체의 안전을 무시했다는 점이다. 그가 숨을 쉴 수 없다고 외쳤지만, 그들은 구급차가 오는 동안에도 위급한 상황에 놓인 피해자에게 무관심했다. 이것은 가치관의 문제이며, 많은 경찰관들이 흑인의 생명을 중요하게 생각하지 않는다는 것을 보여주고 있다. 두 번째는 경미한 범죄에 대해 '집중적으로 과도하게 공격적인' 법집행을 하는 '깨어진 유리창' 스타일의 경찰 활동을 추진했다는 점이다.

깨어진 유리창 이론은 1982년 범죄학자 제임스 윌슨(James Q. Wilson)과 조지 켈링(George Kelling)이 처음 발표했다.[12] 이 이론은 지켜보는 사람 없이 차량을 방치했을 때 보통 차량이 그대로 있지만, 차량의 창문이 깨져 있으면 그렇지 않을 때보다 차량 훼손이 쉽게 이뤄진다는 것을 보여준다. 차량의 유지·관리가 안 되고 있으면 사람들의 잠재된 파괴 습성을 촉발한다는 것이다. 도시에서 범죄로부터 안전한 공동체를 만들기 원한다면 주민들이 "공공장소에서 시민정신에 부합하는 행동을 해야 한다."는 압박감을 느끼도록 해야 한다.

이를 위해 가장 좋은 방법은 경찰력을 활용하여 다양한 방식으로 사람들에게 무질서, 불법, 반사회적인 행위들이 용납되지 않는다는 사실을 상기시켜 주는 것이다. 이렇게 하지 않으면 사람들은 원초적 본능에 충실하게 되고 약탈적 행동을 하게 된다. 결국 홉스가 말한 '만인의 만인에 대한 투쟁'의 사회로 돌아가게 될 것이다.

1982년 깨어진 유리창 이론의 등장은 당시에 1960년대로 회귀하려는 도시 신보수주의 경향과 관련이 있다. 윌슨의 전 멘토이자 동료였던 에드워드 반필드(Edward Banfield)는 시카고 대학의 신자유주의 경제학자인 밀튼 프리드먼(Milton Friedman)과 가까운 동료였고 도시에 대한 새로운 보수적 관점을 형성하는 여러 아이디어의 기반을 제공하였다. 반필드는 1970년 그의 주요 저서 『천국 없는 도시(The Unheavenly City)』에서 가난한 사람들은 빈곤의 문화 속에 갇혔고, 이로 인해 대부분 정부의 지원으로부터 소외된다고 주장했다.

저소득층은 다른 누구보다 한가하지만, 자기가 사는 지역에 대해 가장 단순한 환경개선도 하지 않는다. 그들은 오염이나 파손에 대해 크게 구애받지 않고, 학교, 공원, 병원이나 도서관과 같은 공공 편의시설이 잘 갖추어져 있지 않아도 개의치 않는다. 그런 공공시설이 있다면 부주의로 훼손하거나 고의로 파손할 수도 있다.[13]

여러 측면에서 '도시의 방치'를 옹호하던 반필드와 달리 윌슨은 '도심지역의 쇠퇴'를 묘사했다. 프레드 시에겔(Fred Siegel)[14]과 같은 작가들과 함께 윌슨은 실패한 자유주의 리더십과 아프리카계 미국인들의 도덕적 퇴락이라는 이중적 위협을 지적했다. 이들 세 사람은 자유주의자들이 그들 자신도 모르는 사이에 도시의 삶을 지속가능하게 했던 공식적인 사회통제 시스템을 훼손했고, 이로써 도시의 무질서를 초래했다고 주장한다.

반필드의 주장에 동조하며 윌슨은 가난한 사람들을 돕기 위해 정부가 할 수 있는 일에는 근본적인 한계가 있다고 강하게 믿었다. 그는 가난한 사람들에 대한 정부의 투자는 낭비일 뿐이고, 새로운 서비스는 방치되어 버려지거나 파손되고, 그들은 계속 나태하고 무질서한 방식으로 살아간다고 생각했다. 또한 윌슨은 사회의 도덕적, 문화적인 실패와 인간의 내재적인 파괴본능을 통제할 수 있는 외부통제시스템의 부재가 근본적인 원인이라고 생각하고, 처벌 중심의 사회통제시스템을 갖추어 질서를 회복하고 지역사회의 안정을 확보하는 것이 해결책이라고 주장했다.[15]

윌슨의 이러한 관점은 일종의 인종차별주의에 영향을 받은 것으로 보인다. 경계성 인종차별주의라고 불리는 이론은 가난한 흑인들의 열등성을 생물학적 이유와 문화적 이유를 혼합하여 설명하고 있다. 그는 리차드 헌슈타인(Richard Herrnstein)과 공동 저술한 『범죄와 본성(Crime and Human Nature)』에서 범죄성에는 중요한 생물학적 요인이 존재한다고 주장한다.[16] 인종이 범죄성의 핵심 요인은 아니지만, IQ나 신체 형태와 같은 요인들에 대한 논의는 사회생물학적 논의를 촉발했다. 이런 논의에 자극받은 헌슈타인은 찰스 머레이(Charles Murray)와 함께 인종차별주의 저서로 평가되는 『벨 커브(The Bell Curve)』를 집필했다. 찰스 머레이 또한 윌슨과 가까운 동료 연구자이다.[17]

그들은 시민의식의 쇠퇴를 막기 위해 경찰에 많은 권한을 줘야 한다고 주장한다. 단순히 범죄와 싸우는 경찰이 아니라, 거리에서 도덕적 권위를 갖는 법집행기관을 말하는 것이다. 경찰의 새로운 역할은 도시의 삶에서 일상의 무질서에 개입함으로써 무엇이든지 해도 된다는 생각을 못하게 만든다는 데 있다. 이 이론은 범죄와 빈곤과의 관계에서 상호 인과관계를 마법처럼 거꾸로 뒤집는다. 깨어진 유리창 이론은 빈곤과 사회 해체를 범죄의 원인이 아니라 결과로 보고, 커지는 하위계층의 무질서한 행위들이 도시조직을 파괴할 위험이 있다고 주장한다.

깨어진 유리창 이론에 기반한 경찰 활동은 근본적으로 보수주의 이념 정책이라고 할 수 있다. 이 이론에서는 하위계층의 삶의 질이 하락하는 책임을 가난한 그들 자신에게 있다고 보고 모든 사회악의 해결책에는 공격적이고 침략적인 방식의 경찰 활동이 필요하며,

더 많은 체포와 통제, 그리고 최종적으로는 더욱 강한 경찰의 물리력 행사가 요구된다고 본다.

사회적 불평등이 심화하면 노숙자와 공공장소에서의 무질서가 증가하는데, 우리가 이러한 무질서를 관리하기 위해 계속해서 경찰을 활용한다면, 경찰의 권한과 역할은 계속 커지는 데 비해 시민들의 인권은 희생될 것이다.

에릭 가너(Eric Garner)를 체포하라는 명령은 경찰고위층으로부터 내려왔다. 지역 상인들이 불법 담배 판매에 대하여 민원을 제기했기 때문이다. 불법으로 담배를 판매하는 행위에 대한 단속을 위하여 두 명의 사복 경찰관 말고도 경찰관을 더 투입했던 것은 비례의 원칙에 부합하지 않는 무의미한 경찰 활동이라고 할 수 있다. 에릭 가너는 이 사건 이전에 비슷한 상황에서 수차례 경찰관들을 접했던 경험이 있다. 게다가 교도소에서 복역하기도 했다. 그러나 이런 모든 경험들은 그의 행동을 변화시키는데 아무런 효과가 없었고, 가너나 그가 속한 공동체의 현실을 개선하는 데 어떠한 기여도 하지 못했다. 아무리 경찰관들에게 법집행 과정에 대한 교육을 시킨다 하더라도 공공정책에서의 이런 근본적인 문제점은 해결할 수 없다.

변호사들은 인종적 또는 민족적 편향성 문제를 해결하기 위해 경찰관들에게 문화 감수성 교육을 해야 한다고 주장한다. 이런 교육들은 대부분의 사람들이 적어도 몇 가지 검증되지 않은 편견과 편향성을 가지고 있다는 생각에 기반을 두고 있다. 사람들은 이것을 자각하지는 못하지만 자신들의 행위에 영향을 받는다. 통제된 가상훈련 실험 결과 사람들은 백인보다는 흑인에게 더 빨리, 그리고 더 쉽게 총을 쏘는 경향이 있었다.

'공정하고 공평한 경찰 활동(Fair and Impartial Policing)'과 같은 교육훈련 프로그램들은 역할극과 시뮬레이션을 활용하여 경찰관들이 이런 편향성을 스스로 자각하고 바로잡을 수 있도록 도와준다.[18] 다양성과 다문화 교육은 이미 시행되고 있지만, 교육 효과성은 매우 낮다. 대부분의 경찰관들은 이미 어떤 형태로든 다양성 교육프로그램을 이수했다. 경찰관들은 이런 형태의 교육이 정치적 목적에서 시행되고 있고, 일선 경찰 현실과는 동떨어진 보여주기식 교육이라고 폄하한다. 관련 연구에 따르면, 특정 대상에 대하여 집중적인 교육을 했음에도 불구하고 은연중이건 노골적이건 경찰관들에게 편향성이 남아 있다.

이런 교육들은 교통단속이나 마리화나 단속에 있어서 인종적으로 편향적인 경찰 활동에는 어떤 영향을 미치지 못한다. 설령 이런 연구 결과가 사실일지라도 이것은 경찰관들이 자신들의 인종적 편향성에 매몰되기 때문이 아니라,[19] 이런 문제를 해결하려는 경찰조직 내부의 구조적 통제장치가 전혀 작동하지 않기 때문이라고 할 수 있겠다.

미국에서는 거의 모든 경찰관이 경찰학교를 졸업하고, 전문학사 이상을 취득하거나 군 복무 경력이 있는 경우가 많다. 계속된 직무교육이 이뤄지는데, 규모가 큰 경찰기관에는 자체 교육기관이 있지만, 규모가 작은 곳은 연방시설이나 광역교육센터를 활용한다. 많은 주(State)에서 경찰표준훈련원(Police Officer Standards and Training: POST)을 두고 있고, 여기서 최소한의 직무표준 정립, 교육훈련 개발과 직무집행에 대한 지도가 이루어진다.

미국은 국가 경찰체제를 갖추고 경찰 교육기관을 운영하는 다른 나라들에 비해 통일적인 경찰교육이 이뤄지지 않고 있다. 다만, 새로운 경찰표준훈련원 제도가 도입되어 직무표준을 정립하고 좀 더 통일적인 직무수행 절차를 만들고 있다.

경찰관들은 교육을 받은 후에도 종종 자신들이 수행하는 법집행에 대하여 잘못된 법률 지식을 갖는 경우가 있다. 법적 근거 없이 길거리 모퉁이에 모여 있는 젊은이들을 해산시키고, 혐의가 없는데도 수색을 하며, 어떤 경우는 부정확한 법률 지식에 근거해서 법집행을 하기도 한다.

텍사스 빅토리아에서 한 경찰관이 나이 든 남성을 폭행하는 일이 있었다. 차량 번호판에 등록 스티커가 부착되지 않은 것을 본 경찰관이 이 남성의 차량을 길 한쪽으로 정차시켰고, 이 남성은 "딜러용 번호판이기 때문에 등록 스티커 부착이 면제된다"는 것을 설명했다고 한다. 하지만 경찰관이 설명을 들으려 하지 않자 남성은 자동차 대리점에 있는 자기 상사를 부르려 했다. 이 과정에서 물리적 충돌이 발생한 것이다. 경찰관의 명백한 실수였지만 해당 경찰관은 실수를 인정하고 문제를 해결하기 보다는 남성을 체포하기 위해 테이저건을 쏴서 상처를 입혔다.[20] 이후의 조사과정에서 해당 경찰관은 남성이 위협적으로 저항하여 제압했다고 주장했는데, 경찰차 대시보드 위의 카메라에 사건의 전말이 녹화되어 있어 파면되었다.

경찰학교에서 받는 교육은 종종 경찰관들이 일선의 실습교관이나 동료들로부터 배우는 것들과는 상이한 부분이 많다. 경찰학교에서는 법률과 규정에 대한 주입식 교육과 엄격한 규율에 중점을 두고, 본질적인 내용보다는 외형적인 부분을 강조한다. 신참들은 교육 중에 복잡한 현장 상황에서 어떤 결정을 해야 하는지에 대해서 본질적인 조언을 거의 받지 못하고 있다.[21] 경찰을 우호적으로 묘사하는 리얼리티 방송 프로그램인 '경찰학교(The Academy)'에서 조차 경찰의 군사화된 교육 환경을 잘 보여주고 있다. 교관은 교육생들에게 체벌적인 훈련을 부과하고 개인적인 훈련과정에서 교육생들에게 굴욕감을 준다. 신임 경찰관들이 처음 배치를 받고 듣는 말이 "경찰학교에서 배운 것은 전부 잊어!"라는 말이라니 얼마나 아이러니한가.

어떤 면에서는 경찰교육의 문제점이 드러나기도 한다. 최근 몇십 년간 경찰교육의 주안점은 경찰관 자신의 안전을 확보하는 것에 맞춰졌다. 전직 경찰 출신으로 법학 교수인 세스 스토턴(Seth Stoughton)은 교통단속 같은 외견상 위험하지 않은 일들이 어떻게 치명적인 상황으로 바뀌게 되는지, 어떻게 경찰관들이 반복적으로 이런 상황을 맞닥뜨리게 되는지 설명하고 있다.[22] 그가 반복적으로 강조하는 것은 경찰관들이 어떤 순간에도 대응할 준비를 하고 있지 않으면 아주 짧은 순간에도 치명적으로 위험한 상황이 될 수 있다는 것이다. 직무를 수행하며 이것이 마지막이 될 수도 있는 상황이라고 생각할 때, 경찰관들은 경찰작용의 대상자들을 두려움과 적대감으로 대하게 되고 그들과 소통하려 하기 보다는 통제하려고 시도한다. 그리고 아주 작은 도발이나 불확실한 상황에서도 훨씬 빨리 물리력을 사용한다.

오하이오의 한 월마트에서 경찰관이 쏜 총에 맞아 사망한 존 크로포드(John Crawford) 사건을 살펴보자. 크로포드는 마트 선반에 있던 공기총을 집어 들었고 쇼핑하는 동안 공기총을 들고 있었다. 이를 본 다른 고객이 911에 전화하여 마트 내에 총을 든 사람이 있다고 신고했다. 마트 내에 설치된 CCTV를 보면, 출동한 경찰관 중 그 누구도 사전 경고를 하지 않은 채 전화를 하고 있던 크로포드에게 총을 쏘는 장면이 나온다.[23] 오하이오에서는 총기를 드러내놓고 휴대하는 것이 허용된다고 한다. 이 사건은 경찰관 쪽에서 대상자가 총을 갖고 있으면 무조건 치명적인 진압을 하라고 교육 받았기 때문에 일어난 사고였다.

해당 경찰관은 기소되지 않았지만, 크로포드의 여자친구는 사고 발생 후 조사과정에서 경찰로부터 협박과 위협을 받았다.[24]

이와 유사한 사례로, 사우스 캐롤라이나에서 일어난 사건이 있다. 주(State) 경찰관이 주유소에 있는 사람에게 운전면허증 제시를 요구했고, 젊은이는 경찰관의 지시에 따라 면허증을 찾기 위해 차 안으로 몸을 숙였는데 경고도 없이 총을 쏜 것이다. 경찰관은 "예상치 못한 행동을 하면, 발사하라."는 교육을 받았다고 한다.[25]

경찰교육에서 치명적인 물리력 사용을 강조하기 시작한 것은 사설 교육기관의 등장 때문이기도 하다. 사설 교육기관은 전직 경찰이나 군인들이 중심이 되어 직무훈련을 전문적으로 담당한다. 일부 교육기관은 군이나 경찰을 고객으로 하면서 군대 스타일의 접근방식으로 교육을 하며 군사정신을 강조하기도 한다. CQB사(Close Quarters Battle: 근접전투)는 수천 개의 자치단체, 주(State), 연방 경찰뿐만 아니라 미 해병대, 네이비씰, 덴마크·캐나다·페루의 특수부대 등 미국과 외국의 군대 조직에 대한 교육을 담당하였다. 이 회사는 '전쟁에서 입증된 전술'을 강조한다.[26] 트로이 시큐러티즈(Trojan Securities)사는 군과 경찰교육을 담당하고, 경찰교육에서 다양한 무기사용 교육을 여러 형태로 제공한다. 예를 들면, 5일 일정의 '경찰 비밀 감시와 정보 작전(Police Covert Surveillance and Intelligence Operations)'교육과정이 운영된다.[27]

이런 문제는 특히 경찰특공대(SWAT)팀에게서 심각성을 나타낸다. 경찰특공대는 1970년대 초반에 극한 폭력 상황, 장애물을 설치하고 대치하는 용의자 검거, 경찰과의 총격전과 같은 예외적인 상황에 대처하기 위해 창설되었다. 그러나 현재는 거의 전적으로 마약 압수수색 임무를 담당하고 있고, 심지어는 자동화 무기와 방탄복을 착용하고 일반 순찰업무를 담당한다. 이런 특수 조직들은 빈번하게 시민들의 기본권을 침해하고, 종종 잘못된 장소에서 작전을 수행하면서 사람들을 죽이거나 불구로 만든다. 그리고 그들의 반려동물을 죽이는 경우도 있다.[28]

경찰은 시위에 대응하기 위해 이런 준군사조직을 더 많이 활용하고 있는데, 퍼거슨

(Ferguson) 시위는 경찰이 군사적 대응을 하면서 갈등이 악화된 대표적 사례이다. 세인트루이스 카운티 경찰서장이 경찰특공대 팀장 출신이라는 것은 우연한 일이 아니다. 경찰특공대는 상당한 시간의 직무교육을 받는다. 그리고 교육에 드는 비용 일부분은 마약 자금을 압수한 것으로 충당한다.

연방정부도 1970년대 대규모 경찰개혁의 일환으로 경찰특공대에 대한 교육과 장비에 대한 재정지원을 시작했다. 당시 경찰개혁이 추진된 것은 경찰과 지역공동체 간의 관계를 개선하고 교육훈련을 강화하여 경찰의 과도한 물리력 사용을 줄이기 위한 목적이었다. 그러나 경찰개혁으로 수백만 달러가 교육프로그램에 투입되었지만, 결과적으로 경찰특공대 조직이 늘어났고 마약단속과 군사적인 다중범죄 진압 전술이 강화되었다.

2. 다양성 확보

미주리주의 퍼거슨에서 백인 경찰과 아프리카계 미국인들 사이에 인종적 차이가 있는 것은 의문의 여지가 없다.

이곳에서는 마이크 브라운(Mike Brown) 사망사건으로 시위가 강렬하게 일어났다. 경찰개혁론자들은 종종 유색인종의 경찰관들을 더 많이 채용할 것을 요구한다. 그들은 유색인종 경찰관들이 지역 경찰 활동에 있어서 주민들에게 보다 존엄, 존중과 공정함을 가지고 업무를 수행할 것을 기대한다. 그러나 불행히도 이런 기대를 입증할 만한 연구결과는 거의 찾아볼 수 없다. 인종적 다양성이 가장 많이 확보된 경찰기관들조차도 경찰 활동에 있어 인종적 편향성의 문제가 심각하고, 흑인 또는 라틴계 경찰관 개개인들도 그들의 백인 동료들과 매우 유사하게 업무를 수행하는 것으로 나타난다.

국가 전체적으로 볼 때 경찰의 인종 분포는 국가 전체 인구에서의 인종 분포와 유사하다. 미국 인구의 72%가 백인이고, 흑인은 13%이다. 경찰의 경우 전국적으로 75%가 백인이고 흑인은 12%이다. 경찰 내에서 아시아계와 라틴계는 상대적으로 전체 인구와 비교해서 대표성이 낮지만 그렇게 큰 차이가 나는 것은 아니다.[29] 규모가 큰 경찰기관들의 경우

56%만이 백인 경찰관이다. 유색인종 공동체 지역에서는 더욱 심한 차별주의 때문에 이러한 차이가 더 크게 나타난다. 이런 지역에서는 많은 수의 백인 경찰관들이 주로 비(非)백인 지역에서 항상 순찰을 하게 된다. 백인 경찰관들이 비(非)백인 지역에서 순찰을 도는 대조적인 상황은 정반대 상황보다 더 눈에 띈다. 왜냐하면, 백인들은 비(非)백인 경찰관들에게 통제받는 것에 대하여 거의 우려하지 않고, 백인 공동체는 경찰들과 부정적인 관계를 형성하는 것이 흔하지 않기 때문이다.

경찰관들의 인종이 그들의 물리력 사용에 영향을 미치는지를 연구한 결과는 많다. 대부분 어떤 영향도 미치지 않는다고 나오지만,[30] 몇몇 연구에서는 흑인 경찰관들이 같은 인종인 흑인들에게 더 쉽게 물리력을 행사하고 체포한다는 결과가 있다. 인종적 다양성을 조금 향상했을 때 오히려 악화한다는 새로운 연구도 발견되었는데,[31] 인종적 다양성을 크게 향상했을 때는 몇 가지 개선되는 점들이 보이기 시작했다고 한다. 그러나 이것은 극히 일부의 연구일 뿐이고, 최종적으로는 흑인 경찰관들의 비율을 높이는 것이 직접적인 해결책이 될 수 없다는 결론에 이른다.[32]

경찰의 물리력 사용은 범죄율이 높은 지역에서 근무하는 나이 어린 남성 경찰관들에게 집중되어 나타난다.[33] 물리력 사용이 특정 집단에 집중되는 것은 마초적(Machismo) 문화와 약한 책임성 확보 시스템으로 더 악화될 수 있다. 마초적(Machismo) 조직문화는 공식적으로나 비공식적으로 공격적인 경찰 활동을 유발한다. 이러한 조직문화와 구조적 문제점은 비(非)백인 경찰관들이 다른 방식의 법집행 행동을 하려는 것을 방해하게 된다.

일선 경찰기관에서 인종적 다양성이 많이 확보되었다고 주민 만족도가 높아지는 것은 아니다. 특히, 비(非)백인 주민들에게는 만족도가 더 낮게 나타난다. 최근 디트로이트, 마이애미, 클리브랜드의 연방 차원에서 실시된 조사에서 보듯이 이런 경찰기관들은 종종 과도한 물리력 행사로 인한 구조적 문제점을 나타낸다.

뉴욕과 필라델피아는 전체 인구분포에 비례하는 정도는 아니지만 경찰조직이 높은 수준의 인종적 다양성을 확보하고 있다. 그러나 두 도시의 경찰관들도 과도한 물리력 사용과 차별적인 검문·검색 관행으로 정밀조사를 받은 적이 있다고 한다. 이런 현상은 대체로 일선 경찰기관 차원에서의 정책 우선순위가 지역의 정치 지도자들에 의해 결정되기 때문이다. 이들은 집중적이고 침략적·공격적인 범죄 통제 정책을 채택하여 추진하고, 이런 정책의 성질상 유색인종 공동체들이 불균형적으로 경찰 활동의 대상이 된다. 지역사회의 무질서 척결을 강조하는 깨어진 유리창 이론에 기반을 둔 경찰 활동이나 대부분 비(非)백인 지역에서만 이루어지는 마약단속이 이런 정책추진에 해당된다.

보다 많은 유색인종 경찰관을 채용하자고 주장하는 것이 매력적인 개혁방안처럼 들릴 수 있다. 그러나 경찰 활동의 근본적인 구조가 변하지 않는다면 그런 개혁방안을 도입한다고 하더라도 경찰의 폭력성이나 과잉규제가 줄어들거란 기대는 접는 것이 좋을 것이다.

3. 절차적 정의

절차적 정의는 형사사법제도 운영의 실질적 성과를 의미하는 실체적 정의와 대조되는 개념으로 법집행이 이루어지는 방식에 관한 문제를 다룬다. 오바마 대통령 시절 「21세기 경찰 TF 보고서」에서는 교육훈련과 같은 절차적 개혁을 강조하며 경찰관들이 검문·검색과 체포를 하는 과정에서 사람들에게 경찰권 행사의 이유를 설명하는데 더 많은 노력을 기울여야 한다고 강조했다.[34] 또한, 일선 경찰기관들은 일관성 있는 물리력 사용 기준을 정립하고, 시민의 감시와 투명성을 확보할 수 있는 시스템을 구축할 것을 제안했다.

1960년대 이와 유사한 경찰개혁정책이 제안되었다. 「1967년 카첸바흐(Katzenbach) 보고서」는 범죄의 근본 원인은 빈곤과 인종적 차별에 있고, 문제 해결의 핵심은 형사사법절차를 좀 더 공정하고 투명하게 개선함으로써 시민들의 안전권을 강화하는 것이라고 제안했다. 이런 관점에서 카첸바흐 보고서는 형사사법시스템에 연방정부의 대규모 재정지원을 요청했다. 또한, 지역 주거정책과 사회복지 프로그램에 연방정부의 지원이 필요한 것처럼 교도소, 법원, 경찰에도 연방정부의 지원이 필요하다고 주장했다. 보고서에서는 "형사사법시스템이 전반적으로 낙후되어 있다. 인력이 매우 부족하고, 제대로 된 교육과 충분한 급여가 지급되지 않는 실정이다"라고 진단했다.[35] 결론적으로 카젠바흐 위원회는 교육훈련 개선, 채용에 있어서의 인종적 다양성 확보, 체계적인 경찰혁신과 연구를 제안했다. 「시민 무질서에 대한 커너(Kerner) 보고서」도 비슷한 결론을 냈고 '교육, 계획수립, 적절한 정보 시스템과 빈민가 지역에 대한 이해'를 제안했다.[36]

「1968년 안전한 거리 법률(Safe Streets Bill)」의 초안에서 존슨(Jhonson)대통령은 경찰 채용과 교육, 장비 현대화, 형사사법기관 간의 유기적 협조체제 구축과 혁신적인 범죄 예방과 갱생을 위한 재원조달을 요구했다. 이 법안은 미국시민자유연대(American Civil Liberties Union: ACLU)와 다른 자유주의 단체들의 지지를 얻었다.[37] 의회에서 법안이 통과된 후 주(State)별 실정에 맞게 활용할 수 있는 주(State) 예산을 지원했다. 존슨 대통령은 경찰개혁의 핵심적인 목표들이 달성될 것이라고 하며 법안에 서명했다. 10년 후, 결과로 보면 경찰특공대나 마약단속 조직 같은 경찰의 조직적 확대는 크게 이뤄졌지만 범죄예방이나 갱생에는 거의 재정이 투입되지 않은 것을 알 수 있다.

부적합한 교육과 직업의식 결여가 경찰 활동의 가장 큰 문제점이라고 인식하면서도 경찰개혁론자들은 경찰 활동과 법제도가 본질적으로 인종적 불평등을 악화시키거나 유지시킨다는 점을 지적하는데 실패했다.

경찰개혁론자들은 인종을 차별하지 않는 '법과 질서'를 요구하면서 유색인종들을 구조적으로 불리한 위치에 놓이게 했고, 그들을 사회적으로나 법적으로 더욱 소외되게 하였다.[38] 근본적으로 그들은 불평등을 관리하고 현재의 상황을 유지하는 것이 법과 경찰의 태생적인 기본 속성이라는 것을 인지하지 못했다. 이런 현실을 직접적으로 다루지 못하는 경찰개혁은 결국 그 속성을 재생산할 뿐이다.

법무부는 퍼거슨 경찰청에 대한 조사보고서에서 같은 실수를 한다.[39] 보고서는 경찰교육을 개선하고 인종적 편향성과 과도한 물리력 사용 문제를 해결하기 위해 지역사회 경찰활동을 확대하는 것에 주안점을 두고 있다. 그리고 최근 FBI 국장인 제임스 코메이(James Comey)와 뉴욕경찰청장 윌리엄 브래튼(William Bratton)이 실천했던 것처럼 인종차별 역사에서 경찰의 과오를 인정할 것을 요구했다.[40]

또한, 이 보고서는 전체적인 관점에서 절차적 개혁을 제시하면서, 치안정책의 추진 과정에서 민주성을 강화하기 위해 내부적으로는 경찰노조와 내부 구성원의 의견을 청취하고, 외부적으로는 일반시민들의 의견을 적극적으로 수렴할 것을 제안한다. 일선 경찰기관에는 지역사회가 경찰 활동을 어떻게 인식하고 있는지를 생각하고 신뢰회복을 위해 주민들과 비징벌적 상호작용을 지속적으로 추진할 것을 권고한다. 이런 개혁정책들은 경찰관료제의 효율성을 높이고 경찰과 지역공동체와의 관계를 개선하는데 기여할 수 있다. 그러나 이러한 개혁정책들은 경찰 활동의 결과로서 나타나는 인종적 불균형성 문제에 대해서는 제대로 된 해결방안을 제시할 수 없다. 왜냐하면 인종적 중립성을 갖춘 교통법규의 법집행일지라도 겨우 차량을 유지하고 벌금을 낼 수 있는 가난한 주민들만 처벌 받기 때문이다. 여전히 잘 교육받은 경찰관이 적법절차를 잘 준수하며 경미 범죄자를 계속해서 체포할 것이고, 경찰의 법집행은 주로 유색인종 공동체가 계속해서 감당하게 될 것이다. 그것은 경찰관들의 오해나 편향성 때문이 아니라 제도 자체가 그렇게 작동하도록 만들어 졌기 때문이다.

4. 지역사회 경찰 활동(Community Policing)

지역을 잘 알고 지역사회를 존중하는 지역경찰관(Neighborhood police officer) 제도에 대해서 누구나 환영한다. 제2편에서 보게 되겠지만 불행하게도 이것은 도시경찰 활동의 역사와 특성에 대한 신화에 불과하다. 경찰이 다른 도시의 공공기관들과 다른 점은 그들이 합법적으로 물리력을 사용할 수 있다는 것이다.

우리는 법을 준수하고 물리력 사용을 자제하는 경찰을 필요로 한다. 하지만 경찰이 사회로부터 부여 받은 현재의 역할보다 '더 친절해지기'를 기대할 수는 없다. 경찰이라는 직업이 무질서 행위를 처벌하고 대량으로 범칙금을 부과해서 지방정부의 재정에 기여하는 것이라고 할 때, 범죄율이 높은 지역에서 경찰과 시민과의 상호관계는 잘해야 거칠고 거리감이 있는 관계이거나 최악의 경우 적대적이고 폭력적인 관계가 될 것이다. 시민들은 경찰에게 저항하고, 경찰 활동을 곱지 않은 시선으로 바라보고 정당성이 없다고 생각하게 된다. 경찰은 시민들의 저항에 자기방어와 더욱 강한 자기주장으로 대응할 것이다. 지역사회 경찰 활동은 이런 상황에서 가능하지 않다.

또 다른 문제점은 공동체의 성격에서 찾을 수 있다. 스티브 허버트(Steve Herbert)에 따르면, 지역공동체 회합에는 오래된 주민들 즉, 임차인보다는 주거 소유자, 자영업자, 토지소유자들이 참석한다.[41] 임차인, 청년층, 노숙자들, 이민자들과 사회적으로 가장 소외된 사람들을 대변할 사람은 거의 없다. 결과적으로 회합에 참석하는 사람들은 심각한 범죄보다는 경미한 무질서 행위와 같은 삶의 질과 관련된 사안들에 관심을 두는 경향이 있다.

전국적으로 지역사회 경찰 활동 프로그램은 지역공동체가 경찰에게 생활환경에 대한 각종 근심거리들을 이야기하고, 경찰은 지역공동체와 함께 해결책을 찾을 것이라는 생각에서 추진되고 있다. 그러나 일반적으로 이런 문제들을 해결하기 위해 경찰이 갖고 있는 수단은 체포나 범칙금 부과와 같은 징벌적 수단에 한정된다. 일반적으로 지역사회 경찰 활동 프로그램은 경찰체육대회, 청소년들과의 만남과 같은 신뢰관계 형성 활동으로 구성되고, 지역공동체 구성원들을 이해하는 노력을 강조한다. 그러나 이런 노력들이 범죄를 감소시키고 과잉경찰 활동을 극복하는데 도움이 된다고 생각하는 연구는 거의 찾아볼 수 없다.

길거리에서 마약을 판매하고 사용하는 문제로 많은 사람들이 경찰출동을 요청한다. 이런 행위를 처벌하는 것은 개인이나 지역공동체에 있어 마약의 부작용이나 사용을 감소시키는데 아무런 효과가 없었다. 오히려 체포된 사람들에게 실질적으로는 부정적인 결과를 초래했고, 지방자치단체와 주(State)정부의 예산을 낭비하는 주범이었다.

관련 연구에 따르면 지역사회 경찰 활동은 지역공동체를 강화시키는 데 의미 있는 효과를 나타내지 못한다. 지역사회 경찰 활동은 경찰의 권한을 확대하지만, 유색인종이나 빈곤층에 대한 과잉 경찰 활동을 줄이는 데는 아무런 효과가 없다. 이런 방식 대신에 지역공동체에 직접 투자해야 한다. 참여예산제도를 확대하고 지역의 정치적 책무성을 강화하는 것이 경찰권을 강화하고 경찰 활동의 범위를 확대하는 것보다 지역공동체의 삶의 여건을 개선하는데 더 효과적이다.

2장. 책무성 강화

경찰개혁론자들의 또 다른 관심사는 경찰의 책무성을 확보하는 것이다. 시민활동가들은 경찰의 비위행위에 대해서 대부분 형사처벌 할 것을 요구한다. 그러나 형사처벌로까지 이어지는 것은 거의 찾아볼 수 없다. 이런 이유로 일부에서는 새로운 형태의 경찰소추제도를 도입해야 한다고 주장한다. 경찰개혁론자들은 이 문제에 대한 지역사회 차원의 대응에 좌절했고, 연방정부의 개입에 기대를 걸었다. 결국, 문제 해결을 위해 경찰 바디캠(body camera)이 기술적 대안으로 등장했다. 하지만 바디캠은 심각한 프라이버시 침해 논란을 야기했다.

1. 특별검사제도

경찰을 기소하는 데는 커다란 법적, 구조적, 사회적 장애물이 있다. 정확한 통계를 확인하기는 어렵지만, 다른 부패 혐의 없이 직무수행 중에 사람을 죽게 한 경찰관을 기소하는데 성공하는 것은 극히 드물다. 최근 보고서에 따르면 지난 10년간 직무수행 중에 총기사망 사고를 내고 기소된 경찰관은 54명에 불과하다. 그리고 그중에서 단지 11명만 유죄선고를 받았다.[42] 이들의 평균 선고형은 겨우 4년이고, 몇몇은 몇 주에 불과하다. 유죄로 인정된 몇몇 사건들은 주로 명백한 녹화영상이 증거로 있거나 동료 경찰관의 증언이 있는 사건들이다.

총기사고에 대한 조사가 시작되는 순간부터 고발과 기소에 구조적인 장애물들이 생긴다. 경찰의 총기사용이 정당화 되지 않는 의심할 만한 사유가 있는 경우 기소를 위해서는 검사의 역할이 중요하다. 그러나 검사는 증인의 증언을 포함하여 필요한 증거를 수집하는데 경찰의 협력에 의존할 수밖에 없다. 때로는 현장에 있던 경찰관들이 유일한 사건의 증인이 된다. 경찰과 검사의 밀접한 업무관계는 보통 살인사건 수사에서 사건해결에 도움이 되는 측면이 있지만 경찰 총기사고 사건에 있어서는 근본적인 이해충돌 상황을 초래한다. 결과적으로 검사는 경찰 총기사고 사건을 공격적으로 처리하는 것을 꺼리게 된다.

더군다나 미국 지방검사는 주로 선거로 선출되기 때문에 지방검사들은 종종 경찰을 억제하는 것으로 비춰지는 것을 꺼린다. 왜냐하면 주민들은 검사를 법과 질서의 수호자로 여기기 때문이다. 경찰의 비위행위로 관심이 고조되는 기간 중에도 대부분의 시민들은 경찰에 우호적인 입장을 가지며 아주 강한 편향성을 유지한다.

이런 현상은 대런 윌슨(Darren Wilson) 사건에서 볼 수 있다. 그는 퍼거슨에서 마이클 브라운(Michael Brown)에게 총기를 사용했다. 검사들은 증거를 수집하고 제시하는데 수 개월을 보냈다. 이 기간에 검사들은 사건의 전말을 파악했지만, 시간이 많이 지남에 따라 '여론의 냉각기'가 만들어지면서 경찰관에 대한 기소 요구의 목소리가 잦아들었다.

세인트루이스 카운티의 지방검사는 이런 사건에서 급진적으로 다른 접근방식을 사용하기로 했다. 통상 검사들이 배심원들에게 짧게 증거에 관해 설명하면 배심원들이 검사에게 고려할 특정 혐의가 무엇인지 요청하는 식이었다. 검사가 제시한 근거들이 기소하기에 상당하다고 인정하는 기준이 낮고, 형사절차의 속성상 기소가 성공하는 것이 일반적이다. 세인트루이스 카운티의 지방검사는 사건에서 배심원들에게 상충하는 다양한 증거들을 제시하고 이것을 평가하는 기준을 제공하지 않았다. 그리고 배심원들에게 어떠한 유도나 촉구도 없이 이번 기소가 정당한지, 어떤 혐의로 기소되어야 하는지 결정하도록 했다. 배심원들은 지나치게 조심스럽게 판단하거나 기소를 유보할 개연성이 있다. 이렇게 함으로써 검사는 결과에 대해 책임을 면할 수 있고, 배심원에게 혼란을 야기하고 이들이 확신을 갖지 못하게 할 수 있다. 결국 배심원들은 지나치게 조심스럽게 판단하거나 기소를 유보할 개연성이 높다. 일반적으로 배심원들은 명확한 설명과 판단 지침을 받고, 아주 예외적인 경우만 기소를 기각한다.

한 가지 대안으로 일부 주(State)에서는 지역 정치권의 영향을 벗어난 독립적인 경찰 기소전담 검사 제도를 운용하고 있다. 제도의 성과와 관계없이 독립적인 기구가 정당성을 가질 수 있고, 경찰 기소 사건에 대한 전문성을 축적할 수 있다는 점에서 기대를 갖게 한다. 경찰 기소전담 검사는 주(State)단위에서 정치권과 여전히 관계를 맺고 있지만, 임무의 특성상 경찰의 입장을 지지하지 않는다거나 공격적인 기소를 한다는 비난으로부터 벗어날 수 있다. 그것이 그들의 존립 목적이기 때문이다.

한 명의 검사가 정의감에 불타오른다고 하더라도 여전히 커다란 법적 장애물들에 부딪히기 마련이다. 경찰의 물리력 사용을 허가하는 주(State) 법률들이 경찰에게 치명적 무기 사용을 위한 상당한 재량권을 부여하고 있고, 대법원은 이것을 인정하고 있다. 1989년 그래햄 대 코너(Graham v. Connor) 사건에서 대법원은 "경찰관은 합법적인 체포를 하거나 주위의 사정을 합리적으로 판단했을 때 경찰관 자신 또는 타인에게 중대한 신체적 위협이 있다고 판단할 경우 물리력을 사용할 수 있다"고 한다.[43] 이 판결은 대상자가 경찰의 체포에 저항하는 경우 물리력을 사용할 수 있다는 것을 의미한다. 미주리와 다른 많은 지역에서는 경찰의 총을 뺏으려는 사람에 대해서 치명적인 물리력을 사용하는 것이 정당화된다.

또한, 대법원은 "현장에서는 아주 짧은 시간에 경찰의 판단이 이루어지는 점을 이해하고, 모든 상황을 종합적으로 고려하여 판단해야 한다"고 말한다. 그러므로 배심원들은 가해자로 지목된 경찰관의 체격, 과거의 직무수행뿐만 아니라 교육훈련과 업무지침과 같은 사항들을 고려해야 한다. 몇몇 사건에서는 주(State) 법률이 새로운 연방기준을 반영하지 않은 경우도 있다. 미주리와 사우스 캐롤라이나의 최근 경찰 기소사건에서는 도망가는 용의자에게 총을 발사할 수 있도록 하는 주(State) 법률로 인해 사건의 쟁점이 흐려졌다.

독립적인 특별검사 제도로도 고칠 수 없는 또 다른 문제가 있다. 바로 배심원들의 사고방식의 문제이다. 문화적으로나 정치적 담론으로 기본적인 사회체제 유지를 위해 경찰의 역할이 중요하고, 경찰업무는 특성상 위험성을 내포하고 있다는 인식이 널리 퍼져있다. 하지만 경찰에 대한 이러한 인식은 잘못 알려져 있을지도 모른다. 그리고 경찰의 행위를 판단하는 법적 기준은 배심원들로 하여금 경찰과 동일시하도록 하는 경향을 더욱 강화시킨다.

결론적으로 인종차별을 넘어선 시대라고는 하지만, 인종차별과 인종적 편향성은 미국 사회 곳곳에 남아 있다. 형사사법 분야는 다른 어떤 분야보다 더 강하게 남아 있다. 배심원의 편향성으로 형사재판의 결과에서 인종적 불균형성이 심화되었다는 것을 객관적으로 증명할 수 있는 자료들이 많다. 잘못된 판결, 사형선고와 마약 유죄판결의 결과를 보면 인종적 불균형성이 뚜렷하게 나타난다. 최근 연구에 의하면 백인들이 흑인들과 더 근접해서 살수록 백인들이 경찰에 대해 더 긍정적인 시각을 갖는다고 한다. 이런 연구결과는 세인트루이스 카운티와 같은 지역에서 발생한 경찰 기소 사건에 좋은 전조가 아니었다. 경찰관이나 사망한 사람의 인종과 상관없이 백인 배심원들은 경찰을 편드는 경향이 훨씬 높다고 한다.

2. 연방정부 차원의 감독

변호사들은 연방정부가 지역 경찰의 책무성을 확보하고 경찰 정책이나 관행을 조사하는 데 좀 더 적극적으로 개입해 줄 것을 요구해 왔다. 변호사들은 지역 경찰과 지방 검사 사이에서 발생하는 이해충돌의 문제를 그 이유로 들었다.[44] '시민인권 시대' 이후로 지역 사법기관이 인종차별적 폭력의 가해자에 대하여 기소를 거부할 때 법무부(Department of Justice)는 시민권 기소제도를 통하여 개별 경찰관에 대한 사건을 직접 처리할 권한을 갖는다.

지역 시민활동가들도 지역 경찰과 정치인들이 개혁 요구에 응답이 없을 때 법무부로 고개를 돌렸다. 1994년 이후 로드니 킹(Rodney King) 사건 여파로 법무부는 헌법적 권리를 침해하는 사건에 대해서 조사, 보고, 소송까지 직접 담당할 수 있게 됐다.[45] 이처럼 법무부가 문제점을 공개하고 지역 관료들에게 압박을 가할 수 있는 권한은 지역 정치권과 경찰에 대한 중요한 감독수단이 될 수 있다. 많은 시민 활동가들은 연방정부의 개입이 지역 경찰과의 문제를 해결하는데 그들에게 큰 힘을 실어주기를 바라고 있다.

실무적으로 경찰에 대한 기소나 조사가 이루어지는 것은 매우 드물다. 지역 경찰은 협조하기를 꺼린다. 그들은 노골적으로 협조하기를 거부하고, 추가적인 소송을 하면서 비용이 증가하도록 하여 개혁추진을 더디게 만든다. 법무부 시민인권국(Civil Right Division)에는 변호사가 50명뿐이고, 이들 중 일부는 다른 업무를 맡고 있다.[46] 개별 소송에서 경찰관이 타인의 권리를 박탈하려는 의도가 있었다는 증거가 있어야 하고, 해당 사건으로 경찰관에 대한 위협의 징후가 한창인 시점에 소송이 진행되면 오히려 기소하는데 불리하다. 더군다나 지역 형사사법기관에 연방정부의 주요 기관이 개입한다는 우려 때문에 가장 명백한 사건들만 법무부 차원에서 맡게 된다. 일 년에 대략 100건 정도의 사건이 처리되는 수준이다. 미국 전역에 약 17,000개의 독립된 경찰기관이 있고, 이들 경찰기관들은 독립적으로 운영되며 각자의 임무를 수행한다. 한 군데의 지역 경찰기관에 대해 변화를 강제하는 '정치적이고 법적인 승리'를 한다고 하더라도 옆에 있는 다른 기관과는 전혀 관계가 없을지도 모른다.

사건이 상호간의 합의나 법원의 조정으로 종결되더라도 경찰기관의 의미 있는 태도 변화가 나타나고 이런 변화가 오래 지속되는 경우는 거의 찾아볼 수 없다. 1999년 법무부는 뉴저지 주(State) 경찰과 흑인 운전자에 대한 과잉단속 문제에 대해 합의했다. 합의에서 법무부는 경찰관 교육방법, 인사배치, 검문·검색 방식과 관리서류에 대한 많은 변화를 유도했다. 하지만 5년이 지난 후 실시된 연구 결과는 여전히 모든 검문·검색의 75%가 흑인과 라틴계 운전자들에게 집중되고 있었다.[47]

클리블랜드 법무부는 경찰이 생명에 즉각적인 위협이 없다면 도주하는 차량에 총기를 발사하지 않도록 하는 데 합의했다. 하지만 그런 합의는 큰 효과를 나타내지 못했다. 경찰관들은 엔진 폭발음을 총소리로 오인해서 비무장한 운전자와 동승자에게 137발의 총을 발사하여 죽게 했다.[48] 법무부는 경찰기관에 지급되는 연방지원금을 정지시킬 수 있다. 하지만 실제로 권한이 행사된 적은 한 번도 없다. 법무부는 경찰의 정당성을 강화하기 위해 허울뿐인 조치를 취하는 대신에 인종적 불평등과 계층적 불평등에 있어 경찰이 어떤 역할을 하는지 장기적인 재조사를 해나가야 한다.

이런 절차의 또 다른 약점은 법무부가 경찰에게 요구하는 것이 교육훈련의 개선, 대시보드 카메라와 바디캠의 설치, 녹화방식 개선과 같은 이미 실패했던 개혁정책들이라는 점이다. 퍼거슨 경찰에 대한 법무부 보고서는 시(市) 운영을 위한 연방과 주(State)의 부적합한 재정지출, 경찰의 인종적 편향성, 경찰과 법원의 낮은 서비스 수준을 적나라하게 보여주고 있다. 보고서에서 법무부는 자의적으로 활용되는 경찰 출석 요구, 경미한 범죄에 대한 체포와 학교에서의 경찰권 행사 자제를 권고했다. 하지만 불행하게도 이 보고서는 수반되는 여러 문제점들에 대한 충분한 고려 없이 지역사회 경찰 활동 체제를 도입할 것을 주요 권고안으로 제안했고, '마약과의 전쟁', '경찰의 군사조직화'와 '깨어진 유리창 이론에 근거한 경찰활동'에 대한 진지한 논의를 하지 않았다.

트럼프 행정부는 지역경찰을 통제하는 전략을 취할 이유가 없었다. 당시 법무장관이었던 제프 세션스(Jeff Sessions)는 조지 부시(George W. Bush) 행정부에서처럼 지역경찰에게 재량권을 부여할 것이고 연방차원의 조사나 기소는 흔치 않은 일이 될 것이라고 하면서 이러한 입장을 분명히 했다.

3. 바디캠(Body Cameras)

경찰개혁론자들은 경찰관들의 부적절한 행동을 억제하고 책임감 있게 직무를 수행할 수 있는 방법으로 바디캠에 주목했다. 오바마 행정부에서는 바디캠을 도입하기 위해 수천만 달러의 예산을 투입했다. 녹화시간이 더 긴 차량용 블랙박스는 전국적으로 확산되고 있다. 경찰지휘부는 소속 경찰관들을 감시하기를 희망했고, 카메라를 활용하면서 시민들의 민원과 경찰에 대한 소송이 줄어들었다. 어떤 경우에는 기소과정에서 카메라가 유용하게 활용되었다.

그러나 많은 경찰 총기 사건에서 경찰관들이 규정을 준수하지 않고 바디캠을 작동시키지 않았다. 찰스톤(Charleston) 월터 스콧(Walter Scott) 사건에서 총기사고 현장에 있던 경찰관 중 한 명은 바디캠을 착용하고 있지 않았고, 2016년 워싱턴 D.C. 사건에서도 현장에 있던 경찰관 중 단 한 명도 카메라를 켜고 있지 않았다.[49] 시카고에서 18살 폴 오 네일(Paul O'Neil)이 경찰이 쏜 총에 사망했을 때도 마찬가지였다. 한 연구결과에 따르면 실제로 바디캠을 사용하는 경찰기관에서 총기 사용 비율이 더 높게 나타나는 것으로 조사되었

다.[50]

　결론적으로, 현재 시행되고 있는 책무성 확보 제도가 효과적으로 작동될 때 바디캠을 도입한 효과가 나타날 수 있다. 만일, 지방검사나 기소 대배심이 바디캠 증거를 적극적으로 활용하는 것을 꺼린다면, 사법부는 효과적인 경찰 통제 기능을 수행할 수 없다. 지역 민원조사 위원회에 녹화영상에 대한 접근 권한을 주면 일부 조사에서는 도움이 될 수 있지만, 보통 위원회는 아주 제한된 권한만 갖고 있다.
　한편, 바디캠은 사생활 침해와 시민들의 자유권을 침해한다는 논란을 야기한다. 과거에는 경찰이 수집한 영상정보를 활용하여 조직폭력 데이터베이스와 정치활동가들의 비밀 리스트를 만들고, 범죄행위에 관련되어 불기소된 사람들에 대한 방대한 정보를 수집하는 일도 있었다. 이렇게 수집된 정보에는 누가 접근할 수 있었을까? 몇몇 경우에는 일반인들도 정보에 접근할 수 있었고, 정보공개법이 있는 워싱턴 주 시애틀에서는 경찰이 개인식별이 안되는 영상을 유튜브에 게시하기 시작했다. 익명성에 주의를 기울였다고는 하지만 영상 속 상황에 친숙한 사람들은 거의 누군지 알아볼 수 있다. 시민들이 바디캠 도입을 지지했던 주된 이유는 경찰의 책무성을 강화할 수 있기 때문이다. 그러기 위해서는 바디캠 녹화영상은 경찰 이외의 독립된 기구에서 통제되고 관리되어야 한다.[51]

3장　새로운 대안

　경찰의 책무성을 강화하기 위해서는 기본적으로 경찰조직의 투명성과 개방성을 높여야 한다. 경찰조직이 방어적이고 배타적이라는 것은 누구나 아는 사실이다. 유일하게 합법적으로 물리력을 사용할 수 있는 경찰의 특별한 지위는 경찰관들로 하여금 '우리에게 대항하는 그들(them against us)'이라는 사고방식을 갖게 만들고, 조직의 비밀주의 문화를 조장한다. 오랫동안 경찰조직은 시민들의 감시, 연구자들에 대한 개방이나 언론의 탐사에 대하여 스스로 벽을 쳐왔다. 정당한 이유 없이 반복되고 있는 뿌리 깊은 관행들, 조직내 일반구성원들 사이에서의 암묵적이거나 노골적인 인종차별과 시민들에 대한 적대적인 문화를 근절시켜야 한다.

경찰은 시민들, 연구자들과 언론이 요구하는 정보에 대하여 거부하거나 적대적으로 받아들여서는 안 된다. 오히려 주요 의사결정 기구에 시민들을 참여시킴으로써 시민 감시체제를 활성화해야 한다. 병원, 대학, 기업이 지역공동체에서 외부 관리자를 초빙하는 것처럼 경찰도 시민들이 조직 내부로 못 들어오게 막을 것이 아니라 적극적으로 개방해야 한다. 시애틀이나 오클랜드와 같은 곳에서는 시민경찰위원회(Civilian Police Commission)를 설치하여 운영하고 있다. 이상적인 방식은 참여하는 시민들을 경찰이나 지역 정치인들이 추천하는 것이 아니라 지역공동체가 선출해야 한다는 것이다. 이것은 민주적 경찰 활동의 기본 전제이다. 뉴욕대학교 법학 교수인 배리 프라이드먼(Barry Friedman)의 말처럼, 경찰 활동에 대해 적절한 감시가 이루어지지 않을 경우 우리 사회를 위태롭게 할 수 있다. 특히, 새로운 첨단기술로 경찰은 우리의 사생활에서 더 많은 부분을 들여다볼 수 있게 되었다.[52]

경찰권 남용을 막기 위해 소수의 선한 의도를 가진 사람들에게만 의지할 순 없다. 적극적이고 철저한 감시를 위해서는 저항에 대항할 수 있는 권한 있는 조직이 필요하다.

1. 경찰의 비무장화

1900년 이후로 영국에서 경찰에 의해 사망한 사람은 전체 50명에 불과하다. 2016년 3월에만 미국 경찰은 100명을 죽게 했다.[53] 물론, 미국에는 인구가 더 많고, 더 많은 무기가 있는 것이 사실이다. 그러나 경찰에 의한 사망사고는 이러한 비교를 훨씬 뛰어넘는 수준이다. 미국 경찰은 반자동 권총과 AR-15 자동소총부터 유탄발사기와 50구경 기관총까지 놀라울 정도의 무장을 하고 있다. 이와 같은 다량의 군사용 무기들은 1997년 시작되었던 무기이전 사업(1033 프로그램)에 의해 국방부로부터 경찰로 이관되었다. 이 사업으로 40억 달러 규모의 장비가 전국 경찰에 분배되었다.

각 주(State)의 지역 경찰은 군사용 장비들이 어떻게 쓰여야 하는지에 대한 문제의식도 없이 비용 한 푼 안들이고 과잉 장비를 갖출 수 있었다. 지금은 작은 지방자치단체들도 병력수송장갑차, 자동소총, 유탄발사기 뿐만 아니라 고무탄이나 가스총과 같은 다양한 종류의 무기들을 보유하고 있다. 국토안보부(Department of Homeland Security: DHS)는 3백 40억 달러의 예산을 대터러 예산으로 배정했고, 군수물자회사들은 대규모 사업수주를 위해 경찰 무기시장까지 손을 뻗치고 있다.[54]

경찰특공대(SWAT)는 군사용 무기와 전술의 주요 소비주체가 되었다.[55] 중무장한 경찰특공대는 인질상황이나 장애물을 설치하고 대치하는 용의자를 진압하는 본래 목적에 투입되는 경우가 거의 없다. 대신에 지금은 영장집행, 길거리 마약단속 지원과 범죄위험지역 순찰 기능을 담당한다. 경찰의 무장화가 확대된 것은 경찰특공대와 같은 준군사조직의 장비예산을 지원하는 연방정부의 정책추진 때문이다. 지원된 예산은 연방정부가 직접 지원하거나 자산몰수법을 통하여 확보된 것이다.

경찰 내 준군사조직의 활용이 늘어나면서 경찰이 총기를 사용하여 사람이 죽거나 다치는 사건들이 자주 발생했다. 2014년 5월에는 조지아에서 마약단속을 위한 진입 작전 중 경찰이 섬광탄을 유아용 침대에 투척해[56] 아이가 심각한 화상을 입고 코마상태에 빠지는 일이 있었다. 이 작전에서 경찰은 마약을 발견하지도, 용의자를 체포하지도 못했다. 경찰관 한 명이 위증죄로 기소되었지만, 재판에서는 무죄가 선고됐다. 지방검사 측에서 다친 아이에 대해 가족들을 기소하겠다고 위협하는 일도 있었다.

작전이 실패하면 무책임에 가까운 자세로 임하고, 과도한 물리력과 용의자에게 비인격적인 처우를 하는 경찰의 행태를 고쳐야 한다. 이런 군사용 중화기들을 제거하는 것이 첫 시작이 될 수 있다. 그렇다고 휴대용 권총이 문제를 일으키지 않는 것은 아니다. 무장한 경찰관이 정말 가장 적합한 해결책일까?

직무수행 중 경찰관이 죽거나 다치는 경우 때로는 경찰관이 무기를 소지하고 있다는 점이 피해를 가중시킨다. 경찰관을 피해 달아나는 범죄자들은 경찰관이 무장하고 있다는 사실을 알기 때문에 좀 더 치명적인 물리력을 사용한다. 상호 간 무력 사용이 고조되는 것이다. 반면, 무장한 용의자는 비무장한 경찰관을 공격할 가능성이 낮다. 경찰이 무장을 하지 않는다면 용의자들이 경찰의 체포를 피해 달아날 가능성이 높아질까? 아마 그럴 수도 있다. 그러나 경찰이 무장을 하지 않는다면 경찰관들을 포함한 많은 사람들의 생명을 구할 수 있고, 경찰 활동의 정당성이 강화될 수 있을 것이다. 경찰관들이 무기를 휴대하지 않으면 교통단속이 경찰관과 시민들에게 덜 위험한 경찰 활동이 될 수 있도 있을 것이다.[57]

경찰은 총기의 필요성을 강조하지만, 무기를 단 한 번도 사용하지 않는 경찰관들이 많다고 한다. 일부 경찰관들은 직무수행 중에 총기를 꺼내어 본 적도 없다는 것을 자랑한다. 어떤 사람들은 총기를 사용하는 것이 제지 효과가 있고 경찰권위를 강화하기 때문에 오히려 다른 물리력이 필요치 않게 된다고 말하는 사람도 있다. 일정 부분 맞는 이야기일지도 모른다. 그러나 경찰권위에 대한 복종과 협력을 얻기 위해 치명적 물리력 사용에 의존하는 것은 '동의에 의한 치안활동(policing by consent)'과 완전히 모순되는 것이다. 경찰이 끊임없이 물리적 폭력으로 경찰권을 강화할 필요성을 느낀다는 것은 경찰의 사회적 정당성에 근본적인 위기감을 갖는다는 것을 의미한다.

2. 경찰의 역할 재정립

무엇보다 우리에게 정말 필요한 것은 경찰의 사회적 역할에 대해 다시 한번 생각해 보는 것이다. 경찰의 존재 이유와 사회적 기능은 인종과 계층의 불평등을 관리하는 역할과 밀접하게 관련되어 있다. 경찰 활동의 중심에는 항상 노동자 탄압과 유색인종에 대한 밀접한 감시와 통제가 자리하고 있었다. 경찰을 개혁하려는 어떠한 시도도 이러한 현실을 직시하지 않으면 실패할 수밖에 없다.

이제는 절차적이고 형식적인 개혁에만 매달릴 것이 아니라 비판적으로 경찰 활동의 본질적 성과를 평가해야 한다. 시민들이 경찰에게 무엇을 요구하는지, 경찰 활동은 시민들의 삶에 어떤 영향을 미치는지 끊임없이 재평가해야 한다. 경찰이 가난한 사람들을 대상으로 더 친절하고, 더 신사적이고, 더 다양한 방식으로 '전쟁'을 하더라도 그건 여전히 가난한 사람들에 대한 '전쟁'일 뿐이다. 크리스 헤이즈(Chris Hayes)가 지적한 바와 같이, 지방정부 재정을 위해 과태료와 벌금 수금에 집중하는 경찰 활동은 민주주의의 기본 이념을 훼손하는 것이다.[58] 경찰이 마약, 범죄, 무질서와 테러와의 전쟁을 동시다발적으로 수행하는 한, 경찰활동은 나이 어린 가난한 남성 유색인종들을 불균형적으로 범죄자 취급하면서 공격적이고 침략적인 방식으로 이루어질 것이다. 새로운 차별의 시대 한복판에서 우리는 이러한 극적인 경찰권의 확대를 막고, 대량 구금을 초래하는 경찰의 역할을 재검토해야 한다.

우리는 정치적 위기를 목격하고 있다. 모든 계층에서 그리고 정치권 양 진영에서 정치 지도자들은 신보수주의 정책을 채택함으로써 모든 문제를 경찰의 문제로 바라보았다. 정치 지도자들은 정부로 하여금 인종적, 경제적 불평등을 개선하도록 하는 것을 포기했고 이러한 불평등을 더 악화시켜서 그에 대한 사회적 결과를 경찰이 해결하도록 하는 데 열중하고 있는 것처럼 보인다.

수십 년 동안 정치 지도자들은 경찰이 시민들에 대항하여 맞서 싸우도록 했다. 그러면서 경찰에게 더 친근감이 있어야 하고 지역공동체와의 관계를 개선해야 한다고 요구해 왔다. 하지만 경찰은 두 가지를 동시에 할 수 없다. 이런 접근방식의 정책적 실패에 대해 대놓고 이야기 하는 경찰지휘관들이 점차 늘어가고 있다. 댈러스에서 5명의 경찰관이 순직한 사건과 관련해 데이비드 브라운(David Brown) 서장은 이렇게 말했다.

우리는 이 나라에서 경찰관들에게 너무 많은 것을 하도록 요구한다. 모든 사회적 실패에 대하여 경찰관들에게 문제를 해결하도록 미룬다. 충분한 정신건강에 대한 지원 없이 경찰관들 스스로 해결하도록 한다… 여기 댈러스에서 우리는 목줄이 풀린 개 문제가 있을 때 경찰관들에게 목줄 풀린 개를 쫓도록 한다. 학교들이 제 기능을 다하지 못할 때 경찰

관들에게 그 기능을 맡긴다… 너무나 많은 것들을 요구한다. 경찰 활동이라는 것은 결코 모든 사회문제를 해결하는 것이 아니다.[59]

경찰은 우리 사회에서 정의의 전도사라고 불린다. 경찰은 사회질서를 유지하기 위해 존재하며 누구도 경찰로부터 학대를 당해서는 안 된다. 법집행이 중립성을 유지할 때 우리 모두를 자유롭게 한다. 이와 같은 경찰에 대한 이해는 신화적인 이야기라고 할 수 있다. 미국 경찰은 아무리 좋은 의도가 있다고 하더라도 깊게 뿌리 내린 불평등을 관리하는 도구로 전락했다. 미국 경찰은 조직적으로 가난하고 사회적으로 소외된 유색인종들을 불평등하게 대우한다.

문제는 정치인, 언론과 형사사법기관이 정의를 범죄자에 대한 복수와 동일시하는 데 있다. 대중들의 인식에도 고통을 받은 사람들이 해를 끼친 사람들에게 무서운 응징을 하는 복수에 대한 환상이 퍼져있다. 종종 이러한 환상은 힘 있는 자들을 비판하며 소외되었던 사람들이 갖는 환상이고, 이들은 폭력을 통해 힘을 과시하는 환상을 갖는다. 한편, 경찰과 교도소는 이러한 응징을 위해 선호하는 도구가 되었으며, 전체 형사사법제도는 응징을 위한 거대한 공장이 되었다. 삼진아웃제도, 성범죄자 신상등록제도, 사형제도와 가석방폐지제도는 사회 안전에 관한 것이 아니라 응징에 관한 것이다. 우리 사회의 구석구석에는 언제나 '유죄추정의 원칙'이 지배하고 있다. 그러나 이것은 정의가 아니다. 그것은 억압이다. 진정한 정의라면 공동체와 구성원들을 회복시키고, 신뢰와 사회통합을 재건하고, 사람들이 앞으로 나아가야 할 길을 제시하며, 범죄로 몰아가는 사회 부작용을 줄이고, 피해자나 가해자 모두 온전한 인간으로 대우하는 것이다. 경찰과 좀 더 넓은 의미에서의 형사사법제도는 이런 점에서 실패했다고 평가할 수 있고, 그들의 궁극적 목적이 진정한 정의라는 것조차 간과하고 있다.

경찰관들과 다른 형사사법기관 요원들은 그들의 권한을 사용하여 공동체와 개인들을 개선시키고, 악한 사람들로부터 선량한 사람들을 보호하기를 원한다. 그러나 이런 생각은 정의를 '악을 징벌하는 것'이라는 퇴화된 개념으로 바라보는 것이고, 경찰조직에게 주어진 본래의 정치적 사명을 거스르는 것이다. 자신들에게 주어진 임무와 사용하는 수단에 대해 깊이 실망하고 불만을 가지는 경찰관들이 점차 늘어가고 있다. 그들은 대량으로 범죄자를 양산하고 처벌하는 형사사법제도의 일원이라는 것에 염증을 느끼고 지쳐간다.

이런 현상은 특히 아프리카계 미국인 경찰관들 사이에서 심각하게 나타난다. 그들은 경찰 활동으로 자신들의 공동체에 나타나는 끔찍한 결과를 직접 목격하고 있다. 몇몇 사람들이 이러한 문제에 대해 목소리를 내기 시작했다. 'NYPD Twelve'는 일부 경찰기관들이 불법적인 할당제를 시행한다는 이유로 해당 경찰기관에 대해 소송을 제기했다.[60] 그러나 경찰관들은 이러한 문제를 제기하는 것을 두려워한다.

모든 경찰관이 선의를 가지고 있는 건 아니다. 많은 경찰관들이 인종, 성별, 종교나 경제적 조건에 근거해서 권한을 오·남용하고 있다. 미국 경찰사회에서는 명백하고 의도적인 인종차별이 여전히 살아있다. 이런 문제들이 경찰조직 내 '몇몇 썩은 사과들'이 저지르는 일탈행위가 아닌가 생각할 수 있다. 그러나 왜 경찰조직이 그렇게 끊임없이 이런 악행들을 숨기려고만 하는지 생각해 보아야 한다. 편향적인 경찰 활동이 문제가 되었을 때 경찰은 아주 견고한 방어태세를 갖추고, 의도적으로 한 행동이 아니라고 부인한다. 그리고 관련 경찰관에 대하여 징계처분이 이루어지는 것을 방해한다.

우리는 이런 경우를 너무나 자주 보게 된다. 이런 사례는 우리에게 경찰관은 법 위에 있고 편향적으로 직무를 수행해도 결과에 대한 책임이 따르지 않는다는 명백한 메시지를 준다. 그리고 이와 같은 사례들은 경찰조직이 그런 문제점을 근절시키기보다는 조직 자체를 보호하는데 더 관심이 많다는 것을 보여준다.

수백만 명을 교도소에 감금하면서 우리 사회는 정말 더 안전하고 정의로워졌을까? 경찰에게 노숙자, 정신질환자, 학교폭력, 청년실업, 이민자, 청소년폭력, 성매매와 마약 문제를 주도적으로 처리하도록 하는 것이 정말 보다 나은 사회로 가는 방법일까? 과연 경찰은 교육훈련을 통해서 이런 모든 사회문제를 전문적이고 비강제적인 방식으로 해결해 나갈 수 있을까? 나는 이 질문들에 대해서 '아니다'라고 대답한다. 그 이유에 대해서는 다음 편부터 차례로 근거를 보여주고, 문제해결을 위한 대안을 제시할 것이다.

모든 현실적 의제들은 경찰에 초점을 맞출 것이 아니라 공동체가 스스로 문제를 해결하기 위해 역량을 갖추도록 하는 데 초점이 맞춰져야 한다. 가난한 유색인종 공동체들은 높은 범죄율과 무질서가 가져온 부정적인 결과를 겪어 왔다. 총에 맞고 강탈당한 것은 바로 그들의 자녀들이다. 그들은 공격적이고 침략적인 그리고 비인간적인 경찰 활동으로 가장 큰 피해를 입어야 했다. 결코 경찰은 공동체의 역량을 강화하는데 공정하고 효과적인 역할을 할 수 없다. 인종적 불평등과 차별을 시정하고 정의를 확립하는 데는 경찰의 역할을 더욱 기대할 수 없다. 이젠 공동체가 인종 간의 커다란 격차와 가진 자와 못가진 자 사이에 커지는 양극화를 양산하는 정치적, 경제적 그리고 사회적 문제들과 직접 부딪쳐야 한다.

공허한 경찰개혁은 더 이상 필요하지 않다. 우리에게 필요한 것은 건전한 민주주의 사회이고, 그런 사회는 시민들 스스로 자신들의 문제해결을 위해 정부에게 비(非) 징벌적 해결책을 요구할 수 있는 역량을 키워줄 것이다.

제2편

경찰은 누구를 위해 존재하는가?

경찰은 우리의 안전을 지켜주기 위해 존재한다. 주요 미디어와 대중문화에 의해 우리는 그렇게 보고 들어 왔다. 하지만 TV 프로그램들은 중대범죄 발생 건수를 과장하고 대부분의 경찰관들이 실제 일상적으로 수행하고 있는 업무의 성격을 왜곡하고 있다.

범죄통제는 항상 그래왔지만 경찰 활동에서 아주 작은 비중을 차지하고 있다. 중대범죄자를 체포하는 경우는 제복을 입은 경찰관들에게는 흔치 않은 일이다. 대부분은 일 년에 한 번도 이런 상황을 맞닥뜨리지 않는다. 순찰경찰관이 임무 수행 중에 실제로 폭력적인 범죄자를 검거하는 것은 그에게는 경찰경력 중에 기억에 남는 순간이다. 대부분의 경찰관들은 순찰업무를 담당한다.

순찰경찰관들은 보고서를 작성하고, 무작위 순찰업무를 담당하거나 주차 및 교통법규 위반과 소음 민원을 해결한다. 또한 범칙금을 부과하고 공공장소에서 술을 마시는 사람, 소량의 마약을 소지하고 있는 사람 또는 무질서한 행동을 하는 '얼빠진 사람'처럼 경범죄를 저지르는 사람들을 체포한다. 순찰임무를 수행했던 경찰관들은 그들의 일상을 99%의 지루함과 1%의 극심한 공포로 묘사한다. 그 1%도 대부분의 경찰관들에게는 다소 과장된

부분이 있다.

경찰조직에서 약 15%에 해당하는 관리자들은 대부분 절대 해결되지 않을 사건들에 대한 보고서를 쓰면서 시간을 보낸다고 한다. 수사조차 하지 않는 사건들도 많다는 것이다.

경찰이 신고된 모든 사건을 다 수사할 수는 없는 노릇이다. 리얼리티 TV 쇼 'The First 48'이 강조한 것처럼 살인사건조차도 2일 이내에 뚜렷한 용의자가 확인되지 않으면 빨리 미제사건으로 종결될 수 있다. 강도나 절도 사건들은 철저한 수사가 이루어질 가능성이 더 낮으며, 어떤 경우는 전혀 수사가 이뤄지지 않는 경우도 있다. 수사가 이뤄진다고 하더라도 해결되지 않는 것이 대부분이다.

1장 자유주의적 관점에서의 경찰

나는 'Adam-12' 같은 TV 쇼를 보며 자랐다. 이 쇼는 경찰관을 감정에 치우치지 않는 법집행자로 묘사하고 있다. 1960년대와 1970년대 할리우드는 1965년 왓츠(Watts) 폭동의 여파 속에서 로스앤젤레스 경찰청(LAPD)의 직업적 이미지를 구축하는 것을 도와주었다. 지금도 여전히 이와 유사한 경향과 목적으로 제작되는 경찰 드라마와 리얼리티 쇼가 넘쳐나고 있다. 어떤 작품들은 완화된 형태지만 대체로 복잡한 상황 속에서 범죄에 대항하여 고군분투하는 경찰의 모습을 그리고 있고, 때로는 도덕적으로 모순되는 상황을 설정하기도 한다. 'Dirty Harry'와 'The Shield'같은 작품에서 경찰이 부패행위나 악랄하고 잔인한 행동을 할 때마저도, 경찰관들의 주된 동기는 나쁜 범죄자들을 검거하는 것으로 묘사된다.

경찰이 악인들로부터 우리를 보호해주기 위해 존재한다는 생각은 대체로 자유주의자들의 환상이다. 경찰출신 학자인 데이비드 베일리(David Bayley)는 다음과 같이 주장한다.

> 경찰은 범죄를 예방하지 못한다. 이 사실은 현대 사회에서 가장 잘 지켜지고 있는 비밀 중 하나이다. 전문가들과 경찰은 그 사실을 알고 있지만 대중들은 그 사실을 모른다. 경찰은 자신들이 범죄에 대항하여 사회를 지킬 수 있는 가장 훌륭한 수호자인 척 한다. 그리고 끊임없이 더 많은 자원, 특히 인적자원이 주어지면 범죄로부터 공동체를 보호할 수 있다고 주장한다. 이것은 하나의 신화일 뿐이다.[61]

이어서 베일리는 경찰관 수와 범죄율과 어떤 상관관계도 없다는 것을 지적한다.

자유주의자들은 경찰을 '사회 전체의 이익을 위해 물리력을 사용하는 합법적인 조직'으로 생각한다. 그들은 선거와 같은 민주적인 절차를 통해서 수립된 정부와 모든 국가시스템은 사회 일반 의지를 대변한다고 생각한다. 그러므로 정부의 이익에 반하는 행동을 하는 사람들은 경찰을 마주하게 된다. 경찰은 시민들이 존중할 수 있는 방식으로 활동하면서 사회적 정당성을 유지해야 하고, 법치주의와 조화를 이루어야 한다. 자유주의자들은 늘 경찰개혁을 이런 사회적 정당성을 회복하는 문제로 생각한다. 이런 점이 자유민주주의 국가의 경찰을 독재국가의 경찰과 구분할 수 있는 점이다.

그렇다고 자유주의자들이 미국 경찰 활동에 문제가 없다고 믿는 것은 아니다. 그들도 때로는 경찰이 규정을 위반한다는 것을 인정한다. 그러나 자유주의자들은 경찰의 의무 위반 행위가 징계절차나 교육훈련과 감독제도 개선을 통해서 처리되어야 하는데, 그런 통제장치가 제대로 작동하지 않을 때 발생한다고 생각한다. 만일 모든 경찰기관이 차별적이고, 폭력적인데다 전문적이지 못하다면 사회적 정당성이 다시 회복될 때까지 교육훈련, 리더십의 변화 그리고 다양한 감시·감독 체계를 통하여 편향성과 비위행위를 근절하는 노력이 필요하다고 말한다. 그렇게 함으로써 인종차별적이고 폭력적인 경찰관들을 배제할 수 있을 뿐만 아니라 사회 전체 이익을 위해서 공평한 법집행 시스템을 구축할 수 있다고 주장한다. 그들은 훈련이 잘 되어 있는 경찰이 좀 더 책임감을 갖고 직무를 수행하기를 바란다. 또한, 폭력적인 수단 사용을 자제하고 인종차별적인 법집행을 하지 않기를 기대한다.

자유주의자들의 이러한 바램은 바람직한 경찰의 목표라고 할 수 있지만, 이제까지 자유주의자들은 경찰의 기본적인 역할에 대해서는 간과하고 있었다. 우리 사회에서 지금까지 경찰이 담당했던 역할은 실제로는 공공의 안전이나 범죄통제에 관한 것이 아니었다.

정치학자 나오미 무라카와(Naomi Murakawa)는 자유주의자들의 부적절한 관념이 과거 경찰과 형사사법제도의 부적합한 개혁들을 만들어 냈다고 지적한다.[62] 무라카와의 주장에 따르면 자유주의자들은 인종차별의 뿌리 깊은 유산을 외면하기를 원한다. 그들은 노예제도나 인종차별법이 백인들의 부를 생산하고 흑인들의 기본적인 삶의 기회를 박탈하는 데 핵심적인 역할을 했다는 것을 인정하기보다는 몇 가지 개선 방안을 마련하여 집중하기를 원한다. 개선 방안들은 견고한 형사사법시스템의 지원을 받아 흑인들의 행동양식을 변화시키는 것을 내용으로 한다. 이로써 흑인들이 노동시장에서 경쟁력을 갖추고 역량을 잘 발휘할 수 있을 것으로 생각하지만, 흑인들에게 사회적 지위가 낮은 일자리부터 시작하게 함으로써 그들이 형사사법제도의 틀 안으로 쉽게 들어오게 하고, 그 속에서 엄격하게 다루어지도록 한다. 자유주의자들의 접근방식으로 보자면, 정부는 경찰이 특정한 사회 문제를 해결하는데 가장 적합한 조직인가에 대한 비판적 평가 없이 경찰에게 문제를 해결하기를 원하고 있다.

현실에서 경찰은 주로 사회운동을 탄압하고 정치적, 경제적 서열에서 맨 끝에 있는 가난한 사람들과 비(非)백인들의 행위를 통제함으로써 불평등을 양산하고 관리하는 조직으로 존재한다. 데이비드 베일리(David Bayley)는 경찰이라는 기능은 '사적, 집단적 그리고 비공식적 절차에 의해서는 더 이상 관리할 수 없는 사회적 변화속에서 새롭게 나타난 경제적, 정치적 형성체'라고 주장한다.[63] 이런 현상은 초창기 경찰조직의 기원에서 볼 수 있다.

초창기 경찰 활동은 18세기의 기본적인 3대 사회적 불평등 계층인 노예, 식민지 주민, 새로운 산업노동자 계층을 대상으로 한다. 이 시기는 앨런 실버(Allan Silver)가 말하는 '통제된 사회(Policed society)'를 만들었고, 사회적 격변과 정의에 대한 요구 속에서 중앙정부의 권한이 확대되었던 시기이다.[64]

크리스티안 윌리엄스(Kristian Williams)는 "경찰은 시민들의 삶과 국가의 강제력 사이의 접점에 놓여 있다."고 한다.[65] 마크 네오클레오스(Mark Neocleous)에 따르면, "경찰은 사회질서를 유지하기 위해 존재하지만, 그 사회질서는 착취 구조에 기초한다"고 한다. 엘리트 지배층은 노예반란, 총파업 또는 범죄나 거리폭동으로 사회질서가 위태로울 때 이것을 통제하기 위해 경찰에게 의존하는데,[66] 경찰은 공격적이고 적극적으로 사회운동 결성을 막고 대중의 분노표출을 사전에 차단한다. 그리고 필요한 경우 경찰은 폭력적인 수단에 의지하게 된다.

불평등의 성격에 따라 경찰 활동의 형태가 변해왔고, 불평등에 대한 사회적 저항 방식은 시간의 흐름에 따라 변하였지만 경제적, 정치적 불평등 구조를 유지하기 위해서 가난한 사람들, 외국인과 비(非)백인들을 통제하는 경찰의 기본적 역할은 그대로 남아 있다.

2장 초기 경찰조직

대부분의 자유주의와 보수주의 학자들은 이런 주장에 대하여 현대 경찰의 시초로 여겨지는 런던경시청(London Metropolitan Police)을 예로 들어 반박하려 한다. 런던경시청은 1829년 로버트 필(Robert Peel) 경에 의해 창설되었는데, 바비(Bobbies)라는 별칭은 바로 그에게서부터 유래한다.

영국의 새로운 경찰조직은 비공식적이고 비전문적인 야경단(Watch)이나 과도한 폭력과 혐오스런 민병대와 군대보다 더 효율적이었다. 로버트 필 경의 숭고한 노력의 근저에는 '범죄와의 전쟁'이 자리하고 있는 것은 아니지만, 무질서를 관리하고 유산계층을 서민들로부터 보호하는 의도가 숨어 있다. 필은 영국의 아일랜드 식민지를 담당하면서 그의 생각을 구체화하였다. 그는 점차 증가하는 내란, 폭동, 정치적 봉기에 대항하여 지속적으로 정치적이고 경제적인 지배체제를 유지할 수 있는 새로운 형태의 사회통제 방식을 찾게 되었다.[67]

수년 동안 그런 폭도들은 지역 민병대가 대처했고, 필요한 경우 영국 군대가 개입했다.

그러나 식민지가 확대되고 나폴레옹 전쟁으로 이런 군대조직을 활용하는 것이 점점 어렵게 되면서, 영국 식민지배에 대한 저항도 증가하였다.

그뿐만 아니라 무장군대는 폭동이나 다른 형태의 다중범죄에 대처하는데 제한된 수단을 갖고 있었다. 빈번하게 군중들에게 발포하는 바람에 순교자들을 대량 양산했고, 그것이 아일랜드의 저항을 더욱 걷잡을 수 없게 만든 것이다. 필은 적은 비용으로 더욱 정당성있는 사회통제 방식을 개발해야 했다. 그는 전문 직업경찰관들로 구성된 '평화 유지 조직'으로 군중들을 관리하려는 시도를 했다. 경찰관들은 반체제 성향이 강한 지역에 좀 더 밀접하게 접근함으로써 해당 지역에서 문제 유발자들과 주동자들을 파악하고 체포와 위협으로 이들을 무력화 시켰다. 이로써 '왕립 아일랜드 경찰대(Royal Irish Constabulary)'가 탄생하게 되었고, 약 100년 동안 아일랜드의 주요 경찰조직으로 임무를 수행했다. 왕립 아일랜드 경찰대는 영국 법에 의한 식민지 통치와 영국 왕당파가 지배하는 억압적인 농업 체계를 유지하는 데 주요한 역할을 했다. 결국 이 지역에 빈곤과 기아가 퍼져 많은 사람들이 이주하는 계기가 되었다.

전문 직업경찰 조직의 필요성을 보여주는 상징적인 사건은 1819년 '피터루 참사(Peterloo Massacre)'이다. 산업화로 인해 기술직 일자리들이 자동화되면서 빈곤이 확산되었고, 전국적으로 정치개혁에 대한 요구가 거세게 일었다. 1819년 8월, 수만 명의 사람들이 불법으로 규정된 집회에 참석하기 위해 센트럴 맨체스터에 모여들었다. 칼로 무장한 기병부대가 수십 명을 죽였고, 수백 명 이상을 다치게 했다. 이 사건 이후 영국 정부는 부랑자 처벌법을 제정했고, 이를 통해 사람들을 노동에 종사하도록 강제했다.

당시 영국에 필요했던 것은 정치적인 통제와 새로운 산업 자본주의 경제 질서를 유지해 줄 수 있는 강제력을 가진 조직이었다.[68] 내무부 장관이었던 필은 이런 역할을 할 런던경시청(London Metropolitan Police)을 창설하였다. 정치적 중립성의 요구에도 불구하고 새로운 경찰은 사유재산 보호, 폭동 진압, 파업과 기타 노동운동 억제 등 산업 노동 질서유지를 주요 임무로 부여받았다. 새로운 경찰제도는 산업화에 반대하는 노동운동으로 뒤덮인 잉글랜드 전역으로 확대되었고, 신기술 반대론자들은 산업현장에서 파괴 행위를 통해 저항했다.

프랑스 대혁명에 영향을 받은 과격 공화주의자들은 영국 정부에게 항상 우려의 대상이었는데, 그중에서도 가장 위협적이었던 것은 참정권 운동가들(Chartist)이었다. 이들은 가난한 영국 노동자들을 위해 민주주의의 근본적인 개혁을 요구하였다. 지방의 비전문적인 경찰조직이나 민병대로는 이런 사회운동에 효과적으로 대응하거나 새로운 부랑자 금지법을 집행할 수 없었다.[69] 지방에서는 '최소한의 폭력으로 파업이나 사회적 동요를 거의 잠재울 수 있다는 것'을 증명한 런던의 새로운 경찰조직이 필요했다. 하지만 지방의 새로운 경찰조직에 대해 중앙정부가 항상 개입을 하였고, 이것은 종종 사회운동을 걷잡을 수 없이 악화 시켰다. 그래서 대도시들은 런던 모델을 바탕으로 자신들만의 전문 직업경찰조직을 만들기도 했다. 런던 경찰 모델은 1838년 보스턴에 적용되었고, 이후 수십 년 동안 미 북부 도시들로 확산되었다.

영국 경찰 모델은 미국의 환경에 적합하게 적용되었다. 미국 사회는 대량 이민과 급속한 산업화로 사회적으로나 정치적으로 훨씬 더 혼란스러운 환경이었다. 보스턴의 정치·경제 지도자들에게는 폭동을 진압하고 노동계급과 연계되어 확산하고 있는 사회적 무질서를 통제할 새로운 경찰조직이 필요했던 것이다.[70]

1837년 1만 5천여 명의 군중들이 아일랜드 이민자들을 공격하는 폭동이 발생했다. 폭동은 800명의 기마부대를 포함한 민병대 한 개 연대가 투입되고서야 진압되었다. 이 사건 이후 사무엘 엘이엇(Samuel Elliot) 시장은 민간 직업경찰조직을 창설하기로 했다.

1844년 뉴욕은 보스턴을 뛰어넘어 훨씬 방대한 공식적인 경찰조직을 창설했다. 뉴욕은 새로운 이민자들로 넘쳐났고, 이들은 급속도로 진행되는 가혹한 산업화를 걱정어린 시선으로 바라보았다. 산업화는 급격한 사회 변화를 가져왔고 이들을 비참한 삶 속으로 몰아넣었다. 이것은 범죄, 인종과 민족 갈등 그리고 노동 불안으로 표현되었다. 1802년, 1805년, 1828년에는 백인과 흑인 항만노동자들이 파업에 들어갔고 파괴적인 사보타주를 자행했다. 이 사건들로 1829년 일일 10시간 근무제를 요구하는 노동자당(Workingmen's Party)이 창당되었고, 1833년 전국노동조합(General Trade Union)이 결성되었다. 명확하진 않지만, 이 시기에는 정치적 성격을 가진 폭동이 확산됐고 매달 폭동이 발생하기도 했다.

1828년 성탄절 폭동에서는 4,000명의 노동자가 부유한 지역을 행진하면서 흑인들을 구타하고 상점을 약탈하는 일이 발생했다. 이들을 저지하기 위해 야경단(The night watch)이 모였지만, 시의 정치지도자들은 자신들의 저택이나 호텔 연회장에서 폭동이 펼쳐지는 것을 보고 공포에 떨어야 했다. 이 사건으로 언론은 야경단을 확대하여 전문 직업화할 것을 요구하기 시작했고, 마침내 경찰조직이 탄생하게 되었다.[71]

부유한 개신교도 이민 배척주의자들은 새로운 이민자들을 두려워하는 동시에 이들에게 분개했다. 이민자들은 주로 카톨릭 신자이고 교육을 받지 못했는데, 이들은 난동을 부리고 정치적으로 투쟁하며, 민주당을 열렬히 지지하였다. 이민 배척주의자들은 음주, 도박, 성매매를 제한하고, 여성의 헤어스타일, 수영복 길이나 공공장소에서의 입맞춤과 같은 보다 일상적인 행동양식을 규제함으로써 이민자들을 통제하고 규율하려고 시도했다.[72]

시카고 경찰이 만들어진 것은 바로 이러한 시도와 직접 관계되어 있다. 1855년 '법과 질서 당(Law and Order Party)' 소속의 시장 레비 분(Levi Boone)은 당선 후 신속하게 음주 규제를 포함한 다양한 이민 배척주의 법률을 집행할 의도를 가지고 최초의 특별 경찰조직을 설립했다. 수십 명의 술집 주인이 체포되었는데, 한 무리의 독일 노동자들이 이들의 체포에 항의하며 풀어주려고 하는 일이 발생했다. 이 사건은 소위 '라거 맥주 폭동(Lager Beer Riots)'으로 비화된다.

역사학자 샘 미트라니(Sam Mitrani)에 따르면, 지역 정치지도자들은 더 큰 규모의 전문 직업경찰 조직을 설립할 것을 요구하기 위해 '법과 질서(Law and Order)' 간담회를 개최했고, 그 다음 주에 시의회는 시카고의 첫 번째 공식적인 경찰조직을 설립하는 것을 의결하였다고 한다.[73]

이러한 경찰조직의 창설은 폭넓게 '악법'을 집행하는 것이 가능하게 했을 뿐만 아니라 형사법의 집행까지도 가능하게 했다.[74] 이런 도덕률과 같은 법들은 주정부에 더 많은 권한을 부여함으로써 새로운 이민자들의 사회생활에 개입할 수 있도록 했고, 그것은 부패의 원인이 되었다. 부패문제는 전국 경찰관서에 만성적인 문제로 자리 잡았다. 에릭 몽코넨(Eric Monkkonen)에 따르면, 간혹 경찰서 지하에 노숙자들에게 잠자리를 제공하고 경찰관들이 많은 고아들을 관리하는 경우가 있었는데, 이런 노력들은 이들에게 도움을 주기 위해서라기보다는 주로 이들을 감시하고 통제하려는 목적에서 이루어졌다고 한다.[75]

초기 미국의 도시경찰은 부패하고 무능했다. 경찰관들은 보통 정치적 연줄이나 뇌물로 채용이 되었고, 대부분 지역에서 채용시험이나 공식적인 훈련제도조차도 갖추고 있지 않았다. 경찰은 정치적 도구로 활용되어 반대파 지지자들, 노동자 단체와 집회, 파업을 탄압하는 역할을 했다. 만일, 지역 정치인과 가까운 사이의 지역 사업가가 경찰서에 가서 요청만 하면 경찰 한 개 분대가 근로자들을 필요한 만큼 협박, 구타를 하거나 체포하는 것이 가능했다. 도박꾼들이나 밀주업자들이 제공한 뇌물은 경찰관들의 주요 수입원이었고 뇌물은 지휘계통을 따라 상납되었다. 1970년대까지 이런 뇌물 문화는 대규모 경찰기관에서 일반적인 관행으로 남아 있었다. 1970년대에는 프랭크 서피코(Frank Serpico)와 같은 내부 고발자들이 나타나 경찰의 구조적 문제에 저항하기 시작했다. 부패 문제는 특히 마약이나 성매매와 관련하여 늘 사회적 이슈가 되고 있다. 자유주의 개혁론자들이 경찰의 사회적 정당성을 강화하기 위해 노력한 결과, 경찰부패 문제는 내부적 행정통제로 개선되고 있고, 더 이상 구조적이고 만성적인 문제 수준은 아니다.

초기 형사들의 주 역할은 정치적 급진주의자들과 사회 위험인물들을 감시하는 것이었다. 그리고 그들은 과거 보상금을 목적으로 도둑맞은 물건을 찾아주는 현상금 사냥꾼들을 대체하였다. 흥미롭게도 새로운 경찰에게 붙잡히는 도둑들은 거의 찾아볼 수 없었다. 경찰들은 도둑들이나 소매치기들과 함께 일하면서 그들 수입의 일부를 뇌물로 받거나 훔친 물건을 보상금으로 받도록 도와주고 수익을 얻었다(도둑들로서는 훔친 물건을 암거래 시장에서 싸게 파는 것보다 안전하게 보상금을 받는 것이 편리할 수도 있다). 알렉산더 윌리엄스(Alexander "Clubber" Williams, 그는 "Clubber Williams"라는 별칭으로 불렸다)같은 초창기 형사들은 이런 방식으로 막대한 부를 축적했다고 한다.[76]

경찰의 부패는 사회 전반에 폭넓게 퍼져있었다. 정·재계 지도자들, 기자들과 종교 지도자들은 경찰의 부패와 무능함을 고발하기 위해 연대하였다. 이들은 경찰이 직업의식을 가지고 효과적으로 범죄와 사회악에 대처하고, 급진적 정책들을 개선할 것을 요구했다.[77] 이러한 노력들로 19세기 말과 20세기 초 경찰은 채용시험, 체계화된 채용과정, 교육훈련 제도를 도입하였고 최신 장비를 갖춤으로써 직업전문화가 이루어졌다. 또한 공공연한 부패행위와 과도한 물리력 행사가 억제되었고, 과학적 경영기법이 도입되었다. 오거스트 볼머(August Vollmer)와 같은 개혁론자들은 경찰학 과정을 개설하고 교과서를 개발했다. 그들은 새로운 교통수단과 통신기술을 경찰에 활용했고, 지문날인제도와 법과학연구소를 도입했다. 이런 개혁정책 중 많은 부분은 볼머(Vollmer)가 필리핀에 있던 미주둔군에서 얻은 경험에서 나온 아이디어들이다.

3장 필리핀(Philippines)부터 펜실베이니아(Pennsylvania)까지

초기에 만들어진 경찰조직 중에는 특별히 노동운동을 탄압할 목적으로 창설된 경우도 있다. 펜실베이니아는 19세기 후반과 20세기 초반 가장 열성적인 몇몇 노동운동 단체들의 근원지였다. 지역경찰은 수적으로 매우 적었고, 종종 노동자들에게 우호적이었다. 광산업자나 공장주들은 파업을 통제하고 주동자들을 위협하기 위해서 무장한 경찰관들을 파견해 줄 것을 주정부에 요구했다. 초기에 주정부는 이들의 요구에 응하여 '석탄 및 철강 경찰(Coal and Iron Police)'로 불리는 사설경찰조직을 허가했다.[78] 해당 지역의 고용주들은 한 명당 1달러의 수수료를 지불하여 자신들이 선발한 사람을 공식적인 법집행관으로서 권한을 갖는 경찰로 고용할 수 있었.

이들은 간혹 핑커튼(Pinkertons)사나 다른 사설 보안업체의 감독하에 직접적으로 고용주를 위해 일을 하였다. 주 업무는 파업 해산이었으며, 종종 정부 공작원으로 관여하기도 했다. 그들은 폭력을 조장하여 노동자 단체를 해산하도록 만들면서 자신들이 계속 월급을 받는 명분을 만들었다. 이외에도 '석탄 및 철강 경찰(Coal and Iron Police)'은 수많은 잔혹한 짓을 저질렀다. 1897년 '라티머 학살(Latimer Massacre)' 사건에서 19명의 비무장 광부들을 죽였고, 32명을 다치게 했다. 마지막 결정타는 1902년 '무연탄 파업(Anthracite Coal Strike)'이다. 경찰과 파업노동자 간에 5개월간이나 치열한 격전이 있었고, 전국적인 석탄 부족 사태가 발생하기에 이르렀다. 사건의 여파 속에서 정치 지도자들과 고용주들은 노동 문제 관리를 위한 새로운 제도를 고민하였고, 이들은 공공 재원으로 관리되는 새로운 노동관리 체계가 경제적일 뿐만 아니라 더 큰 효율성과 정당성을 가져다 줄 것이라고 결론 내렸다.

이로써 1905년 미국 최초의 주경찰인 펜실베이니아 주 경찰(Pennsylvania State Police)이 창설되었다. 주(State) 경찰은 미군 점령지 질서유지에 활용되었던 필리핀 경찰대를 모델로 만들어졌다. 필리핀 점령지는 미국이 새로운 경찰활동 기법과 기술을 시범적으로 적용해 볼 수 있는 실험장이었다.[79] 필리핀 주민들은 미군의 점령에 분개했고 반식민주의 조직을 만들어 저항했지만, 필리핀 국가경찰은 반체제 활동을 감시하기 위해서 지역사회와 밀접한 관계를 구축했다. 미국은 신속히 전화와 전신 설비를 구축했고, 이를 통해 빠르게 정보를 수집할 수 있게 되었다. 시위가 발생하면 경찰은 방대한 정보망을 통해서 사전에 상황을 파악하고, 정보원과 내부첩자를 투입하여 사전에 차단하거나 주모자나 선동자들을 신속히 검거하고 무력화시켰다.

펜실베이니아의 새로운 준군사적 경찰조직은 지방에서 주정부로의 중대한 권력의 이동을 의미한다. 이러한 권력의 이동은 주(State) 단위 정치인들에게 더 큰 영향력을 행사할 수 있는 대규모 고용주들의 이해관계에 부합하는 것이었다. 말로는 민간 정치권력의 통제를 받는다고 하지만 현실에서 주(State) 경찰은 노동자 파업을 해산시키는 주요 수단이었다. 물론, 과거와 달리 폭력을 적게 사용하면서 좀 더 큰 법적, 정치적 권한으로 임무를 수행하였으나 결과적으로는 파업해산에 관여하고 광부들을 죽게 했다는 점에서 이전과 달라진 것이 없었다. 1910년과 1911년에 발생한 웨스트모어랜드 카운티(Westmoreland County)의 석탄 파업이 대표적인 사례이다. 주(State) 경찰의 빈번한 공격을 받자 슬로바키아 광부들은 경찰에게 '펜실베이니아 코사르 기병'이라는 별명을 붙였다. 사회주의자인 주 의회 의원 제임스 모러(James H. Maurer)는 주 경찰의 과도한 물리력 사용 사례를 고발하는 편지들을 모아서 『어메리칸 코사르 기병(The American Cossack)』이라는 제목으로 출

간하였다.[80] 흥미롭게도 이 편지들은 새로운 경찰이 일상적으로 범죄예방에는 관심을 보이지 않고, 공식적으로 예산지원을 받는 파업해산자로서의 역할을 충실히 수행한다고 지적했다. 1915년 주 산업관계위원회는 새로운 경찰을 다음과 같이 묘사했다.

> 이들은 파업을 해산시키는데 매우 효과적인 조직이다. 그러나 파업과 관련된 폭력을 예방하고, 분쟁 당사자들의 법적·시민적 권리를 보호하거나 시민안전을 확보하는 것에는 성공적이지 못하다. 분쟁이 있는 산업현장에 이들이 개입하면 폭력이 감소하는 것이 아니라 오히려 증가하고, 수많은 사건 현장에서 노동자들의 법적·시민적 권리가 침해되었다.[81]

필리핀에 주둔하던 미 점령군 주요 인사였던 제스 가우드(Jesse Garwood)는 점령지에서의 군대 첩보활동과 정치적 탄압활동의 다양한 기법들을 가져와서 펜실베이니아 광부들과 공장 노동자들을 압박했다.

필리핀에서 미 점령군의 경찰 활동 경험은 미국 국내 경찰 활동에 영향을 미쳤다. 20세기 가장 중요한 경찰인사인 오거스트 볼머(August Vollmer)는 필리핀에서의 임무를 마치고 캘리포니아 버클리 경찰수장이 되었고, 가장 영향력 있는 현대경찰의 교과서를 집필하였다. 볼머는 현재 일반적인 업무로 여겨지고 있는 무선 순찰차, 지문제도 그리고 여러 가지 과학적 경찰 활동을 도입하는 현대경찰의 선구자였다. 해군 장성 스메들리 버틀러(Smedley Butler)는 아이티 경찰(Haitian Police)을 창설하고 니카라구아(Nicaragua) 미 점령군에서 중요 직책을 맡았다. 버틀러는 1924년 필라델피아 경찰수장으로 근무하면서 경찰의 기술적 현대화를 추진하고 군사적 경찰작전을 도입하였는데, 그의 강압적인 방식에 불만을 가진 시민들의 항의를 받고 직위에서 물러났다.[82]

20세기 초 미국은 중앙아메리카와 카리브해 연안 국가들에 추가적인 식민지 경찰조직을 만들었다. 제레미 쿠즈마로프(Jeremy Kuzmarov)는 미국이 아이티(Haiti), 도미니카 공화국(Dominican Republic), 니카라구아(Nicaragua)에서 억압적인 경찰조직을 창설하는 데 개입했다고 기록한다.[83] 국가건립과 현대화라는 개혁 프로그램의 일환으로 창설되었지만,

목적과 달리 미국의 지원을 받는 정권의 도구로써 활용되어 강압적인 경찰 활동을 추진했다고 한다. 이와 같이 미국방식으로 훈련된 치안조직들은 고문, 강요, 납치, 집단학살과 같은 끔찍한 인권유린 행위를 자행했다.

미국은 제2차 세계대전 이후 외교정책의 일환으로 계속해서 여러 국가들에 경찰조직을 창설했다. 일본, 대한민국, 남베트남에서도 미국이 만든 경찰조직이 설립되었는데, 경찰조직의 주 임무는 정보수집과 반체제활동에 대항하는 것이었다. 전후 경찰개혁가인 월슨(O. W. Wilson)은 제2차 세계대전 중 헌병대 대령으로 복무했고, 전쟁이 끝나고 독일의 비(非)나치화에 관여하였다. 월슨은 버클리에서 경찰학을 가르쳤고, 1960년 시카고 경찰청장으로 임명되었다. 월슨이 주장한 예방경찰 개념은 한 세대의 미국 경찰수뇌부들에게 영향을 끼쳤다.

4장 텍사스 레인저스(Texas Rangers)

미국이 식민지 경찰모델을 국내에 도입한 것이 텍사스 레인저스(Texas Rangers)이다. 초창기 레인저스는 통제되지 않은 비정규부대였고, 새롭게 정착하는 식민지 백인 주민의 이익을 보호하기 위해 고용되었다. 텍사스 지역은 처음엔 멕시코 정부의 관할이었으나 나중에 독립 텍사스 공화국이 되었고, 최종적으로 미국 연방으로 하나의 주(State)가 되었다. 레인저스의 주요 업무는 백인 정착민들을 공격한 원주민들을 추격하고, 소도둑과 같은 범죄를 수사하는 것이었다.

레인저스들은 스페인계와 멕시코계 주민들과 백인 정착민들과 분쟁이 있는 경우 백인들을 위한 경비원 역할도 수행했다. 한 세기가 넘게 이들은 폭력, 협박, 정치적 개입을 통해서 멕시코인들을 몰아내고 백인 정착지를 확장하는 데 중요한 역할을 하였다.

이런 일도 있었다. 백인들이 멕시코인 목장에서 소를 훔치고는 멕시코 목장주가 소를 되찾으려고 하니까 레인저스에게 신고한 것이다. 레인저스는 멕시코인 목장주에게서 소를 빼앗아 백인들에게 주었는데, 멕시코인이나 아메리카 원주민이 레인저스의 권위에 저항하면 그들은 죽거나, 두들겨 맞거나, 체포되거나 협박을 당했다. 마이크 콕스(Mike Cox)는 텍사스에서 벌어진 이런 일들이 원주민들을 거의 전부 죽이거나 쫓아내는 말살 정책과 다름없다고 표현했다.[84]

캐리건(Carrigan)과 웹(Webb)의 『잊혀진 죽음: 1848-1928 미국에서 멕시코인들에게 자행된 집단적 폭력(Forgotten Dead: Mob Violence against Mexicans in the United States, 1848-1928)』은[85] 피해자 가족들, 학자들 그리고 스페인 정착민 공동체가 함께 숨겨진 역사를 밝히려는 노력의 결실이었다. 저서 발간으로 '불록 주립 역사박물관(Bullock State History Museum)'에서 '삶과 죽음의 경계에서(Life and Death on the Border)'라는 전시회가 열렸다. 전시회에서는 백인 정착민들이 텍사스 레인저스의 도움을 받아 멕시코 출신의 텍사스인들을 쫓아내고 학대한 어두운 역사를 연대순으로 보여주었다.[86] 사건 중에는 1918년 발생한 끔찍한 포브니르(Porvenir) 학살사건이 포함된다. 이 사건에서 레인저스는 15명의 비무장 지역 주민들을 살해했고, 나머지 주민들을 멕시코로 몰아냈다. 이 사건으로 1919년 주(state) 의회 청문회가 여러 차례 열렸다. 백인 목장주의 이익을 위해서 초법적인 살인을 하고 인종차별적인 폭력을 행사한 레인저스들에 대해 조사가 이루어졌지만 어떤 공식적인 변화도 이루어지지 않았다. 레인저스들의 이런 악행의 기록은 그들의 영웅적인 기록에 어떠한 오점도 남기지 않기 위해 50여 년간 밀봉됐다.

이런 극심한 폭력은 일정 부분 텍사스에 있던 멕시코 분리주의자들에 의해서 초래되었다. 그들은 백인들의 끊임없는 영토 강탈, 분리주의 정책, 정치적 배제에 시달렸고, 이 모든 것들이 레인저스와 지역경찰에 의해 집행되었다. 저항운동은 무시무시한 반발을 초래했고, 지역 신문들은 이렇게 묘사했다.

우리가 아는 노상강도와 범법자들이 코요테처럼 사냥을 당하며, 한 명씩 살해되고 있

다… 이들을 발본색원하는 전쟁은 폭동에 가담한 것으로 알려진 사람들이 모두 제거될 때까지 계속될 것이다.[87]

1960~70년대 정치인들은 레인저스를 이용해서 멕시코계 미국인들의 정치적·경제적 권리를 탄압했다. 레인저스는 농장 노동자들의 회합을 무산시키고, 지지자들을 위협하고, 시위대와 조합 지도자들에게 물리력을 사용하거나 체포함으로써 노동운동을 와해시키는데 중추적 역할을 했다.[88] 그리고 그들은 지방선거에서 멕시코계 미국인들이 투표하지 못하도록 위협하는데 동원되기도 했다. 대부분의 라틴계 미국인들은 일종의 인종차별법에 종속되어 투표권이 부정되었고, 호텔, 레스토랑, 버스정류장 대기실, 공공 수영장, 목욕탕과 같은 공공 또는 민간 편의시설 이용이 제한되었다. 이런 인종차별 제도에 대해서 1963년 크리스탈 시티(Crystal City)의 작은 농촌마을에서 직접적인 저항이 일어났다. 이곳에서는 멕시코계 주민이 다수를 차지하고 있었지만, 이들을 대변할 정치적 대리인이 없었다.

백인 정치 단체는 인종차별 정책을 강제하고, 라틴계 주민들에게 높은 세금을 부과하면서 수준 이하의 공공서비스를 제공했다. 1962년 지역의 멕시코계 미국인들은 선거인 명부에 등록하기 시작했고, 이들은 지역 경찰과 고용주들로부터 끊임없이 시달리고 위협을 당했다. 이런 노력은 외부의 지원, 언론의 관심과 법적 소송과 함께 결실을 보았고, 마침내 선거인 명부에 등록하고 1963년 지방 시의회 후보자 명단을 작성하였다. 이에 대항하여 텍사스 레인저스는 조직적인 방해공작 임무를 맡았다. 그들은 유권자 집회를 막으려 했고, 후보자와 그 지지자들을 협박하거나 물리적 공격을 한 것은 물론 체포하기까지 했다. 이 때문에 레인저스는 외부 언론의 관심이 고조되면서 방해공작 임무를 포기했고, 결국 멕시코계 미국인들의 후보자들이 선거에서 압승했다. 이 사건은 멕시코계 미국인들의 시민권이 강화되는 계기가 되었다.

1935년 월터 웹(Walter Webb)은 레인저스에 대한 대대적인 역사서를 저술했다. 『텍사스 레인저스: 한 세기의 국경수비』라는 책인데, 이 책은 레인저스의 영웅담을 찬양하고 그들을 미국 경찰의 본보기로 추켜세웠다.[89] 존슨 대통령(President Lyndon B. Johnson)은 나중의 발간본에 서문을 쓰기도 했다.⁹⁰ 웹의 저서는 한 세대의 영화와 소설에 영감을 주었고, 레인저스의 영웅담을 칭송하는 수많은 작품들이 나왔다. 1990년대 TV 시리즈 '워커(Walker), 텍사스 레인저스(Texas Ranger)'에는 공화당 지지자인 무술전문 배우 척 노리스(Chuck Norris)가 출연했다.

5장 노예제도의 역할

노예제도는 초창기 미국 경찰활동의 형태를 결정지었던 또 하나의 주요한 요인이었다. 런던경시청(London Metropolitan Police)이 설립되기 이전에 뉴올리언스(New Orleans), 사바나(Savannah), 찰스톤(Charleston)과 같은 미 남부 도시들은 제복을 착용하는 직업 경찰관을 채용했다. 고용된 경찰관들은 지역 민간 공무원들의 관리를 받았으며, 넓게는 형사사법제도와 관련하여 업무를 수행하였다. 초기 경찰은 북동부 지역에서와 같이 비공식적 야경단에서 유래한 것이 아니라 노예를 감시하던 경비원으로부터 시작되었고, 노예폭동을 사전에 방지하기 위해 확대되었다.⁹¹

그들은 노예들이 무기나 도망자를 숨겼는지, 회합을 하는지, 읽고 쓰는 것을 배우고 있는지를 확인하기 위해 사유지에 들어갈 수 있는 권한을 가지고 있었다. 그리고 도로에서 정기적인 순찰을 하며 노예들이 북부로 탈출하는 것을 막는 데 중요한 역할을 하였다.

대부분의 노예순찰 제도는 시골에서 시행되었는데, 이들은 전문 직업경찰관이 아니었다. 반면, '찰스톤시 경비순찰대(Charleston City Guard and Watch)'와 같은 도시 지역의 순찰 제도는 1783년부터 직업 전문화가 되었다. 1831년까지 찰스톤 경찰은 백 명의 유급 시(City) 경비원과 60명의 주(State) 경비원을 고용하고 있었다. 도보 순찰과 기마 순찰이 기본 업무였으며, 하루 24시간 근무가 원칙이었다. 산업화가 진행됨에 따라 노예들은 종종 주인의 사유지 내 창고, 작업장, 일터에서 멀리 떨어진 다른 곳으로 일을 하러 다녔다. 이것은 관리인의 동행 없이도 통행증이 있으면 도시를 돌아다닐 수 있었다는 것을 의미한다.

노예들은 다른 사람들과 회합을 할 수 있었고, 불법 지하 술집을 다닐 수도 있었다. 그들은 종교단체나 자원봉사단체를 결성할 수도 있었는데, 이것은 종종 백인들 사이에서 사회적 분노의 대상이었던 자유 흑인들과 결탁하여 진행되었다. 이런 상황에서 직업 경찰관들은 필수적인 존재로 여겨졌다. 리차드 웨이드(Richard Wade)는 1845년 찰스톤 시민 한 사람을 다음과 같이 인용했다.

사람들이 밀집해서 살고 있지 않은 시골지역에서는 흑인들이 생활 정착지 안에서 주인들의 즉각적인 감시와 통제 아래에 있다. 노예들은 나쁜 짓을 저지르기 위해 배회할 수 없었다…간간히 말을 타고 순찰을 하거나 경비원 한 명이 감시하는 것만으로도 충분하다. 그러나, 도시에서는 반드시 적극적이고 면밀한 감시 체계가 있어야 한다. 인구가 밀집되어 있고 주거가 인접해 있는 도시에서는 보다 주의를 기울여 경계해야 한다.[92]

웨이드에 따르면, 결과적으로 경찰은 흑인 공동체가 결속하는 것을 억지하는데 전력을 기울였고, 보다 세부적으로는 조직화한 유색인종 공동체가 성장하는 것을 차단하려고 노력했다.[93] 경찰은 끊임없이 흑인들을 감시하고 통제했는데, 중무장한 경찰들이 고용되어 일하러 가는 노예들과 자유 흑인들의 통행증을 정기적으로 검사하였다.

특히 경찰은 지하 술집, 학습 모임, 종교 모임을 폐쇄하여 흑인들이 결집하는 것을 끊임없이 차단하려고 노력했다. 경찰권에 대한 유일한 제한은 이들 흑인 노예들이 백인 누군가의 소유물이라는 점이다. 노예 한 명을 죽이면 주인에게 민사적 책임을 부담할 수 있다. 농촌에서는 노예순찰에서 경찰로 전환되는 것이 더디게 진행되었지만, 기본적인 역할은 경찰로 전환된 후에도 이전과 밀접한 관련성을 갖고 있다.[94]

노예제도가 폐지되자 노예순찰도 사라졌다. 소도시와 농촌지역에서는 새롭게 자유인이 된 흑인들을 관리하기 위해 새로운 형태의 전문적인 경찰조직을 만들었다. 이 시기 미국 사회는 흑인들의 폭동을 예방하는데 그렇게 큰 우려를 하지 않았다. 왜냐하면, 새롭게 자유인이 된 흑인들은 정치적으로나 경제적으로 여전히 백인들에게 굴종하는 지위에 놓였기 때문이다. 새로운 부랑자 처벌법들은 흑인들의 노동을 강제하는 수단으로 폭넓게 활용되었다. 흑인들에게 주어지는 대부분의 일자리는 소작형태의 일자리였다. 지역 경찰은 백인들의 정치적 통제를 확보하기 위해 이들에게 인두세를 부과하고 투표권 행사를 방해하는 노력을 기울였다.

누구든 취업했다는 것을 증명하지 못하면 바로 경찰권 행사의 대상이 되었다. 지역 경찰은 당시 사악한 착취 제도였던 재소자 노역과 교도소 농장에 인력을 공급하는 투입구 역할을 했다. 지역 보안관들은 증거도 없이 혐의가 없는 흑인들을 체포하고, 그들을 잔인하고 비인간적인 형사사법제도 속에 집어넣었다. 흑인들은 종종 사형이 선고되어 처벌되기도 했는데, 보안관들과 판사들이 사업주들로부터 사례금을 받기도 했다. 사업주들을 위해서 건강하고 성실한 흑인들 명부를 만들고 이들을 구금하면, 사업주들은 이들을 재소자 강제노역으로 활용하여 이익을 취했기 때문이다.

더글러스 블랙먼(Douglas Blackmon)은 수천 명이 강제노역 중에 목숨을 잃은 열악한 환경의 탄광과 벌목장을 연대순으로 기록하였다.[95] 인종차별법 시대에 미 남부의 경찰은 인종적 불평등을 유지하는 도구였다. 이러한 역할은 백인 비밀단체(Ku Klux Klan)와 같은 임시 야경단 조직들의 지원을 받았고, 이들은 지역 경찰과 긴밀히 협력하였다. 그리고 단체에 소속되어 활동하던 사람들이 지역 경찰로 유입되기도 했다.[96]

북부지역의 경찰활동은 노예해방에 의해 많은 영향을 받았다. 북부의 정치지도자들은 새롭게 자유인이 된 농촌지역의 흑인들이 북부로 이주하는 것을 두려워했다. 이들은 인종적 관점이 아니라 하더라도 사회적 관점에서 흑인들을 열등하고, 교육을 받지 못한 범죄자로 여겼다. 북부 도시들에서는 빈민정착지(Ghettos)가 만들어지고, 늘어가는 흑인 빈민들을 이곳에서 통제했다. 이들을 통제하는 동시에 지역의 평온을 유지하는 역할이 경찰에게 맡겨졌다. 1960년대까지 인종차별적인 법집행과 과도한 물리력 사용을 통하여 미국 경찰은 이러한 역할을 수행해 왔다. 흑인들은 자신들의 행동적 제약과 지리적 제한이 무엇인지, 남부의 인종차별정책이나 북부의 빈민 거주지 정책 속에서 자신들을 통제하는 경찰의 역할이 무엇인지 잘 알고 있었다.

6장   2차 세계대전 이후 정치경찰

미국에서 시민인권운동의 시작은 더 억압적인 경찰활동을 초래했다. 남부지역에서 경찰은 시민인권운동을 탄압하는 최일선에 있었다. 경찰은 시위허가를 거부했고, 시위자들을 위협하거나 폭력을 행사했으며 임의적인 체포를 자행했다. 또한, 분노한 군중들이나 자경단원들로부터 시위자들을 보호하는 데 실패했다. 시위대들은 구타, 납치, 폭발물 투척, 살인까지 당하였는데, 이는 공식적인 인종차별 정책과 경제적 착취를 유지하기 위해 발생한 것이다.

북부와 서부 지역 도시들은 처음엔 좀 더 완화된 방식으로 시민인권운동을 탄압했지만, 이런 방식이 실패하자, 곧 공공연한 폭력으로 대응했다. 많은 도시들이 단지 가벼운 제한을 두는 것 이외에는 폭넓게 다양한 저항운동을 허용했다. 남부 연합을 지지하는 보이콧과 피켓이 폭넓게 허용되었고, 이런 시위들은 외형적으로 지방정부에 대하여 일자리, 교육, 사회 서비스를 요구하는 것이 목적이었다. 하지만 시민인권운동이 확대되고 열성 지지자들이 참여하면서 훨씬 강압적인 방법으로 공권력이 개입하였다.

새로운 정보경찰 기구 'Red Squads'가 만들어지면서 정보원, 내부 잠입자, 공작원까지 동원하여 정보를 수집했다. 이들은 '블랙 팬더스(Black Panthers)'와 '인종평등회의(CORE: Congress of Racial Equality)'와 같은 시민단체를 와해시키기 위해 적극적으로 개입했다. 지역경찰은 종종 FBI와 공조하면서 이런 단체들을 공공연히 탄압하였다. 날조된 혐의를 가지고 특정 인물들을 체포하고 영향력 있는 시민운동가들을 살해하기까지 했다. '블랙 팬더(Black Panther)'의 리더 프레드 햄프턴(Fred Hampton)은 경찰이 한밤중에 그의 아파트를 급습하는 과정에서 빗발치는 총격전 중에 살해됐다. '아메리카 인디언 시민운동

(American Indian Movement)', 라틴계 기반의 '갈색 베레모(Brown Berets)', '영 로드(Young Lords)'와 같은 단체들도 유사한 형태의 핍박을 받았다.

한편으로 시민인권운동은 당시 미국의 대외정책에서 파생된 반란진압전술에 기반하여 탄압되었다. 1962년부터 1974년까지 미국 정부는 대규모 국제 경찰훈련 프로그램을 추진했다. 이 프로그램은 경험 많은 미국 경찰 지휘부로 구성된 공공안전국(Office of Public Safety)에서 담당하였다. 공공안전국은 CIA와 긴밀히 협력하면서 남베트남, 이란, 우루과이, 아르헨티나, 브라질과 같은 냉전으로 갈등이 빚어지는 지역에서 경찰훈련을 담당하였다. 내부보고서에 따르면 경찰훈련은 첩보술, 폭발물 제조법, 심문기법과 같은 반란진압전술에 중점을 두었다.

훈련받은 경찰관들은 세계 각지에서 고문, 납치, 초법적 살인과 같은 인권유린 사건에 개입했다. 2억 달러 이상의 무기와 장비들이 외국 경찰기관에 배치되었고, 해외에서 1,500명의 미국인이 백만 명의 외국 경찰관들 교육에 참여했다. 더 문제가 되는 것은 해외 경찰교관들 중 많은 사람들이 미국 내 법집행기관으로 유입되었다는 것이다. 그들은 마약단속국(DEA: Drug Enforcement Agency), FBI와 수많은 지역경찰 및 주(State)경찰 기관에 채용되었고, 시민사회운동을 탄압해야 하는 냉전체제의 명제 속에서 첩보전, 군사적 폭동 진압 전술, 강압적인 범죄 통제와 같은 군사적 시각의 경찰활동 방식을 국내에 도입하였다.[97] 그들은 국내 정치적 시위들에 대해 이와 같은 반란진압전술방식을 적용했다.

공공안전국(OPS) 국장 바이런 엥글(Byron Engle)은 '시민 무질서에 관한 커너 위원회(Kerner Commission on Civil Disorders)'에서 "다양한 국가의 경찰들과 함께 일을 하면서 우리는 시위나 폭동에서부터 게릴라 전투까지 다양한 수준의 폭력에 대응하는 수많은 경험을 축적했다. 이런 경험의 상당 부분은 미국에서 유용하게 사용될 수 있다."고 증언했다.[98] 결과적으로 존슨 행정부는 경찰에 대한 예산을 대규모로 확대했다. 경찰 직업전문화를 명분으로 연방정부는 경찰 교육훈련과 장비를 보강하는데 아무런 조건 없이 수억 달러를 집행했다. 놀라운 일은 아니지만, 경찰 직업 전문화를 통해 인종차별적인 경찰활동이 줄어들었다기보다는 단순하게 경찰권이 강화된 것 뿐이며, 직접적으로는 경찰특공대와 같은 조직들이 늘어나게 되면서 대규모 구금으로 귀결되었다.

7장 오늘날의 경찰

우리는 지난 몇십 년간 경찰활동의 범위와 강도가 급격히 확대되는 것을 보았다. 경찰은 과거 어느 때보다 다양하고 많은 법집행을 하고 있고, 이로써 상상할 수 없는 수준의 구금, 경제적 착취와 권한 남용이 초래되고 있다. 경찰활동이 확대되는 것은 대규모 구금이 이루어지는 것을 의미한다. 대규모 구금은 1960년대 범죄와의 전쟁의 기치 아래 시작되었고, 오늘날까지도 양대 정당의 지지를 받으며 계속 강화되고 있다.

경찰권의 강화는 경제적, 정치적 위기 상황과 밀접한 관련이 있다. 정치적 측면에서 정치인들은 시민인권운동의 파도 속에서 백인 유권자들의 지지를 끌어낼 새로운 대안이 필요했다. 미쉘 알렉산더(Michelle Alexander)와 일부 사람들은 닉슨이 '법과 질서'라는 명분을 내세워 남북전쟁 이후 처음으로 남부 백인들의 지지를 얻기 위해 인종적 두려움을 결집했다고 지적했다. 1988년 민주당 대선후보 마이클 듀카키스(Michael Dukakis)가 범죄에 관대하다는 여론에 밀려 조지 부시(George H. W. Bush) 공화당 후보에게 참패한 이후 민주당도 이런 전략을 수용하였다. 이렇게 해서 빌 클린턴(Bill Clinton)은 대통령으로 당선된 후 1994년 범죄대처법안(Crime Bill)을 제정하여 경찰인력 수만 명을 증원하고 '마약과의 전쟁' 및 '범죄와의 전쟁'을 확대했다.

변화하는 아메리카의 경제적 현실도 경찰활동의 변화에 중요한 역할을 하였다. 크리스티안 패렌티(Christian Parenti)는 1970년대 연방정부가 노동운동을 저지하기 위해서 어떻게 경제상황을 이용했는지 보여주고 있다. 수백만 명이 일자리를 잃었고, 아프리카계 미국인들은 일반적으로 정규 경제시장에서 배제되는 영원한 하층민으로 새로이 편입되었다.[99] 이에 대응해서 정부는 경찰활동을 강화하고 대규모 구금을 통해 이들 새로운 '잉여인구'를 관리하기 위해 전방위적인 노력을 하였다. 특히 저소득층과 유색인종 공동체에 대한 경찰활동은 더욱 강화되었다. 실업, 빈곤, 노숙자가 증가하면서, '깨어진 유리창 이론(Broken-windows theory)'이나 '초포식자 신화(Superpredator myth)'를 바탕으로 정부, 경찰, 검찰은 협력하여 수많은 사람들을 범죄자로 만들었다.

모든 경찰활동을 사회운동을 탄압하고 소수인종을 통제하는 것으로 축소할 수는 없다. 오늘날 경찰은 분명 공공의 안전 및 범죄예방과 관련된 문제들에 관심이 있지만, 문제 해결의 방식은 잘못 안내되고 있다. 사실 컴스탯(Compstat)이나 다른 기술적 관리방식들은 중대범죄에 대응하기 위해 도입된 것이고, 이를 위해 상당한 자원이 투입되었다. 그러나 범죄와의 전쟁은 그 자체로 사회통제의 한 형태이다. 조나단 사이먼(Jonathan Simon)의 '범죄를 통한 통치(Governing Through Crime)'부터[100] 미쉘 알렉산더(Michelle Alexander)의 '새로운 인종차별법(The New Jim Crow)'까지[101] 많은 연구들이 범죄로 분류되는 것은 무엇이고 통제의 대상으로 정해지는 것은 누구인가 여부는 인종과 계층 간 불평등에 대한 우려와 사회적, 정치적 변혁의 가능성에 의해서 결정된다는 것을 보여주고 있다.

제프리 레이먼(Jeffrey Reiman)은 그의 저서 『부자는 더 부자가 되고, 가난한 사람은 감옥에 간다(Rich Get Richer and the Poor Get Prison)』에서 형사사법제도가 사회적으로 심각한 해악성을 갖는 부자들의 범죄에 대해서는 관대하고, 사회적 해악성이 거의 없는 가난한 사람들과 유색인종들의 행위에 대해서는 철저하게 범죄화한다고 비판한다.[102] 부자들의 범죄는 일반적으로 행정벌이나 민사적 책임으로 처리가 된다. 반면, 가난한 사람들이나 유색인종들의 범죄에 대해서는 대체로 공격적인 경찰 활동, 형사기소, 구금이 적용된다. 2008년 금융위기 당시 광범위한 사기와 미국 경제의 약탈이 있었고, 결과적으로 대규모 실업과 노숙자가 발생하고 경제혼란이 야기되었다. 하지만 어떤 금융가도 감옥에 가지 않았다.

미국의 범죄통제 정책은 정의로운 제도로 가장한 처벌주의를 중심으로 설계되었다. 처벌은 소위 '위험한 계층'을 관리하기 위해 사용된다. 경찰은 범죄통제를 명분으로 사회통제를 위한 경찰의 역할을 자신들의 의도대로 설정했다. 해외에서든 국내에서든 민병대나 군대를 민간 경찰조직으로 전환한 것은 국가의 사회통제 역할에 대해 시민들이 좀 더 잘 수용할 수 있도록 하는 과정이었다.

오늘날 현대 경찰은 식민주의 시대의 경찰과 크게 달라지지 않았다. 그때와 마찬가지로 인종차별적인 방식으로 경제적 불평등을 양산하고 유지하는 법률을 집행하고 있다. 미쉘 알렉산더(Michelle Alexander)가 말했던 것처럼 말이다.

우리는 공동체 내에서 효과적으로 범죄를 예방하고 통제할 수 있는 제도가 필요하다. 그러나 현재의 제도는 우리가 필요로 하는 그런 제도가 아니다. 지금의 제도는 오히려 범죄를 양산하고 특정 계층을 영원히 범죄자로 낙인찍도록 만들어졌다… 만일 누군가 형사사법제도는 범죄를 예방하고 통제하도록 만들어진 것이라고 가정하더라도, 대규모 구금정책은 최악의 실패작이라고 말하는 것이 합당하다. 하지만, 대규모 구금정책이 사회통제 제도, 특히 인종차별적 통제라고 이해한다면, 이 정책은 최고의 성공작이다.[103]

가장 최악의 사례는 마약과의 전쟁이다. 이를 통해 수백만 명의 흑인들과 다른 유색인종들이 형사사법제도의 굴레에 속박되었고, 그들의 삶은 파괴되었으며 공동체는 불안정해졌다. 하지만 마약 사용이나 거래가 줄어들지 않았다.

누구나 안전한 공동체에서 살기를 원한다. 하지만, 개인과 공동체가 문제 해결을 위해 경찰에게 의지하면, 그것은 본질적으로 그들 자신을 억압하는 조직을 만들고 있는 것이다. 자주는 아니겠지만 경찰이 범죄통제의 움직임을 보일 때는, 노골적인 적대감은 아니라도 일종의 계층과 인종에 대한 회의주의에 입각해서 범죄통제 정책을 추진한다. 개별 경찰관들이 깊은 인종적, 사회적 편향성을 가지고 있지 않더라도, 항상 경찰조직의 궁극적 목적은 진정한 정의를 추구하는 것이 아니라 가난한 사람들과 유색인종을 통제하는 것이었다.

사람들이 자신들에게 안전과 평온을 제공해주는 경찰에게 의존하는 것은 이해가 된다. 특히, 가난한 사람들은 길거리 범죄의 위험에 노출되어 있다. 수십 년간의 신자유주의적 긴축재정 이후 지방 정부들은 무장한 경찰을 활용하지 않고 범죄와 무질서에 대처할 수 있는 개선된 사회정책을 추진할 의지도 능력도 없다. 사이먼(Simon)이 지적한 것처럼, 정부는 기본적으로 가난한 주민들을 시장(Market)의 힘에 맡겼고, 강압적인 형사사법제도는 이것을 뒷받침해 주었다. 형사사법제도는 공포문화를 조성하면서 자신의 권위를 유지하고 있고, 그것이 유일한 접근 방법이라고 주장한다.[104] 빈곤이 심해지고 주거비가 상승하면서 정부의 주거비 지원정책은 사라졌다. 대신 노숙자 쉼터와 깨어진 유리창 이론에 기반한 공격적인 경찰 활동이 그 자리를 대신했다. 정신질환치료시설이 문을 닫으면서, 경찰은 정신질환자 위기 상황에 대처하는 초기대응기관이 되었다. 청소년들은 적합한 학교나 일자리, 또는 여가를 위한 편의시설 없이 방치되면서 서로를 보호하기 위해 폭력조직을 만들고, 생존을 위해 장물이나 마약 거래, 성매매에 가담한다. 그리고 형사사법제도는 이들을 무자비하게 범죄자로 처벌한다.

현대 경찰 활동은 주로 가난한 자들과의 전쟁이라고 표현할 수 있다. 이런 경찰 활동은 사람들을 더 안전하게 하고 공동체를 더 강하게 만드는 것에는 거의 도움이 되지 않는다. 설령, 도움이 될지라도 그것은 수백만 명의 삶을 파괴하는 정부의 강압적인 권한 행사를 통해 가능하다. 우리는 경찰에게 우리 문제를 해결해 달라고 요청하는 대신에 진정한 정의를 구현해 줄 것을 요구해야 한다. 그리고 다른 모든 것을 희생해서라도 경제적 풍요로움을 추구하는 사회가 아니라 사람들에게 인간적으로 필요한 것을 충족시켜 줄 수 있는 사회를 만들어야 한다.

제3편
학교에서 또 다른 학교로

   2005년 플로리다에서 3명의 경찰관들이 학교에서 비행을 저지른 5살짜리 아프리카계 미국인 소녀를 강압적으로 체포했다. 이 장면은 비디오로 녹화되었고, 가수이자 인권운동가인 해리 벨라폰트(Harry Belafonte)도 이 영상을 본 여느 사람들과 마찬가지로 분노했다. 이 사건을 계기로 그는 '정의를 위한 결집(the Gathering for Justice)'이라는 후속세대 인권운동가 교육을 위한 캠페인을 시작했고, 이후 미국 흑인 인권운동에서 중요한 역할을 하는 '정의연대(Justice League)'가 설립되었다. 인권운동 단체의 핵심 요구사항은 학교에서 아동과 청소년들을 범죄자화하는 것을 중단하자는 것이다.[105]

1장   학교전담경찰관(School Resource Officers)

지난 20년 동안 학교에 상주하는 경찰관 수는 폭발적으로 증가했다. 그리고 이것은 경찰권과 경찰업무 범위를 확대하는 정책 중에서 가장 비효율적인 정책 중 하나이다. 2013~14학년도 미국에는 4만 3천 명 이상의 학교전담경찰이 있었다.[106] 지금은 전체 40% 이상의 학교에 경찰관이 배치되어 있고, 배치된 경찰관들 중에서 69%는 학교 내에서 안전 유지와 법집행 업무를 담당하기보다는 학교규율을 집행하는 데 관여하고 있다.

학교전담경찰관 제도가 시작된 것은 1950년대이지만, 정책적으로 급격한 변화가 있었던 것은 1990년대이다. 법무부가 '학교 내 경찰관 배치(Cops in Schools) 프로그램'을 추진하면서 6,500명의 학교전담경찰관을 채용하기 위해 7억 5천만 달러의 예산을 투입했다.[107] 많은 경찰관들이 학생들에게 안전한 환경을 만들어 주고, 조언자로서 또는 멘토로서의 역할을 하기 위해 열심히 노력했다. 그러나 학교 내의 문제를 무장한 경찰관에게 의존하는 접근방식은 체포되는 학생들의 수를 대량으로 증가시켰고, 근본적으로 학교의 교육목적이 훼손되도록 만들었다. 학교를 또 다른 구금시설의 하나로 변하게 하면서 '학교(School)'에서 '학교(Prisoon)'가는 파이프라인이 있다는 비판이 제기되었다.

1990년대 학교전담경찰관이 양적으로 증가하게 된 것은 사회적·정치적 요인들의 결합 때문이었다. 그것은 지금도 계속되고 있다. 우선, 1995년 보수주의 범죄학자 존 딜룰리오(John Dilulio)는 '깨어진 유리창 이론(Broken-windows Theory)'의 저자인 제임스 윌슨(James Q. Wilson)과 함께 미국이 곧 소년범죄의 범람을 경험하게 될 거라고 경고했다. 그는 마약거래, 편부모 가정비율의 증가, 사회적 가치와 도덕성의 추락을 야기하는 인종 관련 사회문제들이 소년범죄를 증가시킨다고 주장했다.[108] 2010년까지 추가로 27만 명의 소년범죄자들이 더 늘어날 것이며, 강력범죄가 대량으로 증가할 것이라고 예견했다.

그는 이들을 "매우 충동적이고 무자비하고 공격적이며…", "점심 도시락 대신에 총을 들고 학교에 가는 초등학생들", "인간 생명에 대한 존중심이 전혀 없는"이라고 묘사하면서 '경화된(hardened) 범죄자'라고 표현했다.[109] 딜룰리오와 그의 동료들은 이런 청소년들은 다른 사람들에게 해악을 끼치지 못하도록 사회적으로 격리시키는 것 외에는 다른 방법이 없고, 결론적으로 가능한 오랫동안 구금시켜야 한다고 주장했다. 딜룰리오의 주장은 그럴싸한 잘못된 근거에 바탕을 둔 것이고 이념적 동기에서 제기된 가정일 뿐이다. 결국 모두 부정확한 것으로 판명났다. 이후로 미국에서는 매년 학교 안과 밖에서 발생한 청소년 범죄가 감소한 것으로 나타났다.[110]

소년 범죄자에 대한 강력한 처벌을 옹호하는 '초포식자 신화(superpredator myth)'는 사회적으로 매우 영향력이 컸다. 많은 언론과 편집자들이 관심을 가졌고, 관련 입법들이 만들어졌다. 직접적인 결과 중 하나는 성인형사책임 연령을 낮추는 새로운 법률들이 제정되기 시작한 것이다. 정부의 '집단 구금과 자격 박탈 정책' 기조와 함께 연령을 낮추면서 나이 어린 사람들이 성인 교도소에 구금되었다. 또한, 학교규율을 엄격하게 적용하고 교내에 배치되는 경찰관을 늘리는 것도 이러한 정책의 일환이었다.

다음으로, 중요한 요인은 1999년에 발생한 콜럼바인(Columbine) 고등학교 총기살인 사건이다. 무장 경찰관이 학교 내에 있었음에도 두 명의 학생들이 12명의 다른 학생들과 한 명의 교사를 살해했다. 이 끔찍한 사건은 극단적인 사건의 성격과 일반적으로 범죄율이 낮은 백인 거주의 교외에서 발생했다는 점에서 믿기 어려울 정도로 많은 관심을 받았다. 중산층 가정들에서는 비(非)백인 위주의 도시지역 학교에서 빈번하게 폭력이 발생하는 것은 쉽게 무시하게 되는데, 이번 사건을 계기로 중산층 가정들도 학생들에게 더욱 안전한 학교를 만들기 위해 특별한 조치가 취해져야 한다고 생각하게 했다.

강경한 형사사법 조치가 필요하다는 인식과 함께 따돌림, 정신질환, 총기접근성과 같은 근본적인 사회문제에 대한 접근보다는 학교 내에 무장 경찰관을 늘리는 대책이 마련되었다. 따돌림에 대한 일부 대책이 마련되었지만 주로 처벌위주의 조치들이었다. 이런 조치들로 교내 규율 절차에 추가적인 무관용 원칙을 적용하였고, 경미한 위반행위에 대해 철저한 증거조사도 없이 체포하고, 정학 및 퇴학 조치가 내려졌다.

마지막 주요 요인은 신자유주의 학교 교육개혁의 등장이다. 신자유주의 교육개혁은 경쟁과 성과를 중요시하는 시험제도를 적용했고, 예산절감과 처벌 중심의 학교규율을 강조했다. 점차 학교들은 전적으로 학생들의 교육성과를 측정하기 위한 표준화된 시험으로 평가됐다. 교사의 급여, 자율 예산 그리고 학교의 존폐까지도 시험평가 결과와 결부되었다. 시험성적을 높이는 것이 학교의 가장 중요한 관심사가 되면서 교사들과 학교행정가들의 관심은 학생들의 관심사와 동 떨어져갔고, 학교는 불안감이 커져가는 상황이 되었다.[111] 일자리를 유지하고 싶거나 보너스를 받고 싶어 하는 교사나 학교행정가는 낮은 시험성적으로 평균을 갉아먹는 학생이나 나쁜 행동으로 면학 분위기를 해치는 학생들을 퇴출하도록 했다. 이러한 제도는 학교로 하여금 그런 학생들을 정학처분을 통해 일시적으로 배제시키거나 퇴학이나 자퇴로 영구 배제시키도록 장려하게 만든다.

2장　고부담시험(High-Stakes Testing)과 사회적 통제

고부담시험은 평가 결과가 학교 재정지원과 교사들의 급여와도 직결되어 큰 부담으로 작용한다. 이런 방식에 중점을 두는 주(State)에서는 학교교육이 시험 준비와 주입식교육으로 전환되는 경향이 있다. 이런 교육방식은 창의성과 맞춤형 교육을 가로막게 된다. 결국, 무관심한 학생들이 늘어나고 분노하게 되면서 규율위반 문제들이 늘어가게 된다. 그리고 학교는 이런 문제들이 발생하게 되면 더 억압적이고 처벌 중심적인 규율제도로 대응하게 되는데, 결과적으로 학생들을 학교에서 내몰아 형사사법제도로 몰아넣게 되어서 정학, 체포와 퇴학이 증가하게 된다. 이런 환경에서 교사들의 사기는 떨어지고, 중도탈락률은 증가하게 되는 것이다.

노스캐롤라이나(North Carolina)는 1996년 이러한 제도를 채택한 첫 번째 주(State)들 중 하나였다. 제도 도입 후 교사들은 점점 많은 시간을 시험 준비를 위해 쓰게 되고, 사회,

과학, 체육과 같이 시험 과목이 아닌 과목들은 큰 폭으로 축소되었다. '낙오되는 학생이 없는 학교(No Child Left Behind)'라는 교육목표가 한창 유행일 때 만들어진 새로운 처벌위주의 학교규율 제도 때문에 학생들의 정학과 체포가 늘었다. 10일 이하의 정학이 41% 증가했고, 장기 정학은 135%나 증가했다. 2008년까지 학교전담경찰관이 두 배로 늘었고, 16,449명의 학생이 체포되었다. 정학 처분에서도 인종적 불균형이 심해졌다. 징계 대상 학생들 중에서 흑인 학생들이 3.5배 이상 더 높은 비율로 정학 처분을 받는 것으로 나타났다.[112]

플로리다(Florida)는 1998년에 고부담시험제도(High-Stakes Testing)를 도입했다. 2003년까지 정학이 20% 가까이 증가했고, 2004년에만 28,000명의 학생이 학교에서 체포되었다. 체포된 학생들의 약 2/3는 학교 내에서 해결될 수 있는 경미한 위법행위를 저질렀다고 한다. 평가 대상에서 제외하기 위해 더 많은 학생이 장애아로 분류되는 일까지 있었다.

2006년 설문조사에서 절반이 넘는 교사들이 가르치는 것을 그만두고 싶다고 응답할 정도로, 교사들의 사기는 곤두박질쳤다. 설문조사가 있던 그 해에 플로리다의 졸업률은 57%로 전국 하위 4번째였다. 높은 퇴학률과 중도 탈락률 때문에 2003년부터 2007년까지 검정고시 응시자는 25% 증가했다고 한다.[113]

이런 변화의 진원지는 텍사스(Texas)이다. 텍사스에서는 민영화와 공공부문 긴축 정책이 추진되었고, 이와 함께 사회 통제를 위한 처벌 제도가 확대되었다. 1990년대 텍사스는 일찍부터 고부담시험제도를 채택했다. 주지사였던 조지 부시(George W. Bush)는 고부담시험제도를 확대하였고 무관용 원칙에 중점을 둔 연이은 처벌조치들을 제도화하였다. 앞서 본 바와 같이 고부담시험제도는 교사들로 하여금 학업능력이 떨어지는 학생들이나 면학 분위기를 해치는 학생들을 배제하도록 만들었고, 정학률은 천정부지로 높아졌다. 정학 처분을 받은 학생들의 95%는 경미한 위반행위로 처벌되었다.[114] 2009~10학년도까지 텍사스에서는 200만 건의 정학 처분이 내려졌고, 그중 190만 건은 중대한 위법행위가 아닌 지역행동강령(local code of conduct) 위반으로 처리되었다.

폭발적으로 늘어난 정학 처분에 대한 대응책으로 주(state) 의회 공화당 지도자들과 가까운 영리기업들은 소위 '최고의 보안시설을 갖춘 학교(supermax school)'를 개발했다.115 아네프 푸엔테스(Annette Fuentes)가 명명한 이 학교들은 지문인식기, 금속탐지기를 활용하고, 빈번한 수색과 철저한 CCTV 감시가 이루어진다. 또한, 정규학교에서 쫓겨난 학생들을 통제하기 위해 엄격한 규율제도로 관리한다. 이곳에서는 대부분 복도나 학생식당에서의 대화가 허용되지 않는다. 이곳에는 전문교육을 받은 교사가 거의 없고, 급여가 낮아 정규학교보다 자격을 갖춘 교사들이 더 적다. 그리고 학생들에게는 온라인 학습과 수시평가에 중점을 두고 교육이 진행된다. 이들 학교에 대한 외부의 감시는 철저히 통제되었다. 몇몇 외부 평가만이 최악의 교육성과와 구금시설 같은 교육환경을 비판했다.

시험평가 점수가 향상된 것을 근거로 자칭 '텍사스의 기적(Texas Miracle)'이라고 말하는데 이것은 눈속임에 의한 평가결과이다. 천문학적인 정학 처분과 중도 탈락률을 만들면서, 문제 학생들을 주(State)의 시험평가 적용을 받지 않는 구금시설과 같은 학교로 이동시켜 얻은 결과이다. 부시는 이런 교묘한 눈속임을 백악관에 가서도 계속했고, 「학생 낙오 방지법(No Child Left Behind Act)」을 만들어 텍사스의 제도를 전국으로 확대했다.

교육에 있어서 이런 변화를 단적으로 표현하는 말은 '차터스쿨 운동(charter-school movememt)'이다. 차터스쿨은 전적으로 고부담시험제도와 처벌중심의 규율제도를 도입하여 운용하는 학교이다. 지지자들은 차터스쿨에 교실 규율을 지키게 하는 방법으로 '깨어진 유리창 이론'을 도입할 것을 요구했다.116

간혹 이런 방식에 대해서 사소한 일들을 침소봉대하고, 무관용으로 일관하는 규율이라는 반대의 목소리도 있지만, 미국교원연합과 혁신교육센터와 같은 공립학교 교사교육에 영향력 있는 단체들도 이런 교육방식을 강조했다. 교육적 미사어구들은 헌신적인 직업교사들에게 난관을 극복하고 열심히 학생들을 가르칠 것을 다짐하게 할지 모르지만, 현실에서는 엄격한 규율이 만들어지고 처벌의 강도와 빈도가 늘어가면서 시험 점수를 갉아 먹는 학생들을 배제시키고 있다.

특히, 흑인 남학생들이 가장 많은 피해를 보고 있다. 그들은 학업에 실패해서 학교를 나가는 것이 아니라 교실에서 계속 얌전히 앉아 있지 않거나 규정에 맞는 색깔의 신발을 신지 않았다는 이유로 학교에서 쫓겨난다. 뉴욕 차터스쿨의 한 학생은 1학년 동안 19번 정학을 받았다. 학교 측에서는 그 학생이 "지적능력 면에서는 타고났지만 행동적인 측면에서 많은 문제가 있다"고 답했다.[117] PBS NewsHour는 차터스쿨들이 행동규칙을 위반한 것으로 유치원생처럼 어린 학생들을 정학처분하고 있다고 밝혔다.[118]

이 중에서 일부는 부모들이 지속적인 징계 회의나 정학처분을 감당할 수 없기 때문에 형평성에 맞지 않게 차터스쿨을 떠나기도 한다. 뉴욕타임즈 보도에 따르면, 뉴욕 차터스쿨 연합의 경우 전체 평균 정학 처분 비율이 10%에 이르고 일부 학교는 23%에 달했다. 반면, 일반 시립 학교들은 3%에 불과했다.[119] 한 엄마는 6살짜리 딸이 계속해서 수업 중에 문제행동을 하면, 교사가 911에 신고할 수 밖에 없을 거라는 말을 들었다. 어떤 학교는 엄격한 행동규칙에 적합하지 않은 학생들을 퇴출시켜야 할 명단으로 작성하기도 했다.

결과적으로, 많은 차터스쿨들이 대부분 여자 학생들만 졸업을 시키게 되었고, 매우 높은 졸업률을 나타내었다. 왜냐하면, 중도에 학교를 포기하는 학생들은 학업실패 이외의 다른 사유로 인해 스스로 학교를 떠났기 때문이다.

3장 학교에서 교도소로의 연결관(Pipeline)

마침내, 위와 같은 교육정책들은 국가 전체의 대량 구금을 초래하는 강경한 처벌주의 경향과 맞아떨어졌다. 1990년대 이미 정치인들은 '범죄는 깊이 내재된 도덕적 타락'이라고 인식했고, 이것은 어떤 변화에도 영향을 받지 않는다고 생각했다. 이들은 장기구금을 유일한 대응책이라고 보고, 삼진아웃제와 최소 의무 형량제를 도입했다. 이런 정치적 환경 속에서 공공의 안전을 해치는 모든 행위들은 곧바로 엄중한 처벌과 통제의 대상이 되었다.

빌 클린턴 대통령은 이런 경향에 기꺼이 응했고, 1994년 「총기 없는 학교 법(Gun-Free Schools Act)」을 제정했다. 이 법이 시행되면서 무관용 원칙의 학교규율 정책이 도입되기 시작했다. 법안이 시행된 이후 입법자들과 학교행정가들은 엄격한 처벌규정을 만들고, 감시시스템과 금속 탐지기를 설치하고 학교 내에 많은 경찰관들을 배치했다.

이러한 정책들은 전체 범죄율이 감소함에도 청소년 범죄율이 증가하는 결과를 낳게 했는데 교육부 발표에 따르면, 2011~12학년도에 92,000건의 체포가 있었다.[120]

관련 연구에서 인종이나 소득수준과 같은 학생들의 인구사회학적 요인을 통제했음에도 불구하고 학교전담경찰관이 배치된 학교에서 배치되지 않은 학교보다 거의 5배 넘게 체포되는 비율이 높게 나타났다.[121] 이런 정책들의 영향은 특히 유색인종 학생들이나 장애학생들에게 가혹했는데 유색인종 학생들의 비율이 높은 학교들은 무관용 원칙 정책들을 도입할 가능성이 크며, 더 많은 정학과 퇴학, 체포가 이뤄진다고 한다.[122]

미 교육부가 2011~12학년도에 72,000개 학교를 대상으로 설문조사한 결과 흑인, 라틴계, 특별관리가 필요한 학생들이 모두 불균형적으로 많은 비율로 형사사법조치의 대상이 되었다.[123] 흑인 학생들은 전체 재적학생들 중 16%를 차지하고 있는데, 법집행기관에 관련된 학생들 중에서 흑인 학생들은 27%를 차지하고 있고, 학교와 관련되어 체포된 학생들 중 31%가 흑인 학생들인 것으로 나타났다.

반면, 백인 학생들은 전체 재적학생 중 51%이고, 법집행기관에 관련된 학생들 중에서 41%, 학교와 관련되어 체포된 학생들 중 39%를 차지하고 있다. 몇몇 개별 구역에서는 훨씬 더 극명한 차이를 보인다. 시카고에서는 2013년과 2014년 2년 간 8,000건의 체포가 이루어졌고, 흑인 학생들이 백인 학생들보다 27배나 더 많았다.[124] 그리고 체포된 학생들의 50% 이상은 15세 이하였다.

학생들은 교사에게 복종하지 않거나 수업을 방해하는 행위와 같은 경미한 위반행위들로 자주 체포된다. 예를 들면, 핸드폰 사용, 교사에 대한 불손한 행동, 시끄러운 말다툼 행위 등이다. 학교전담경찰관이 배치된 학교들은 점점 학교 내 규율위반 사건들을 경찰관에게 떠넘긴다. 학교들은 사건이 발생하면 교육적인 징계 제도를 통해서 힘들게 이성적인 학급 환경을 만드는 노력을 하는 것보다 경찰관이 들어와서 문제 학생을 체포해서 데려가 주는 것이 훨씬 수월하다는 것을 안다. 교육목적을 가진 선의의 교사들조차 선택의 폭이 넓지 않다. 건강하고 효과적인 학교 규율제도는 수고로움을 필요로 하고, 인적·물적 자원이 요구된다. 하지만 보통 이렇게 소요되는 비용이 무장 경찰관을 추가로 배치하는 것보다는 훨씬 경제적이다.

연구결과 정학 처분을 받은 학생은 나중에 체포될 가능성이 크다고 한다. 이런 정학 처분도 인종적으로 매우 불균형적이다. 2010년 남부 빈곤·법 센터(Southern Poverty Law Center)에서 전국적으로 조사한 결과에 따르면, 9,000곳의 중학교에서 정학 처분을 조사해 보니 28%의 흑인 남학생들이 백인 남학생들보다 3배나 더 자주 정학 처분을 받는 것으로 나타났고, 흑인 여학생들은 백인 여학생들보다 4배 높은 비율로 정학 처분을 받았다고 한다.[125] 오하이오 아동보호재단(Children's Defense Fund)도 흑인 학생들이 백인 학생들보다 4배 이상 높은 비율로 정학 처분을 받는 것으로 발표했다. 이 연구결과들은 미 전역에 걸친 연구에서도 마찬가지 결과였다.[126]

경찰에 인계된 학생들의 1/4은 특수 교육이 필요한 학생들이다. 한편, 이들은 전체 학생 중 약 14%를 차지한다. 경찰에 인계된 이런 학생들에게 때로는 끔찍한 결과가 초래되기도 한다.[127] 2015년 봄 한 라디오 방송(Public Radio International)에서 버지니아(Virginia)주 린치버그(Lynchburg)의 11살짜리 자폐증을 앓고 있는 학생 사례를 보도했다. 학교전담경찰관은 반복해서 이 학생을 위법행위로 형사입건했다.[128] 이 학생은 잘못된 행동으로 혼이 난 이후에 쓰레기통을 발로 걷어찼고, 학교전담경찰관은 무질서행위로 이 학생을 입건해서 소년법원에 보냈다. 다른 사건에서는 학교전담경찰관이 교실에서 내보내려 하는데 이 학생이 반항하자 바닥으로 밀쳐서는 수갑을 채웠다. 이 사건으로 학생은 무질서행위에 대한 경범죄와 경찰관 공격행위에 대한 중범죄로 처벌 대상이 되었다. 놀라운 것은 가정

법원 판사가 모든 혐의에 대해서 유죄를 선고했다는 것이다. 알고 보니, 버지니아는 학교 관련 범죄로 기소되는 학생들의 비율이 미 전역에서 가장 높다고 한다.[129] 이는 성소수자 학생들도 마찬가지이다. 성소수자 학생들은 다른 학생들로부터 배척당할 뿐만 아니라 교사들마저도 이들을 외면하면서 나중에 반사회적 행동을 저지르기도 한다.

2015년 8월 미국시민자유연합(American Civil Liberties Union)은 켄터키(Kenturky) 부보안관을 연방법원에 제소했다. 이 부보안관은 장애가 있는 8살 소년과 9살 소녀에게 장애로 비롯된 경미한 무질서행위를 이유로 두 어린이에게 수갑을 채웠다. 아이들이 너무 작아서 수갑을 팔뚝에 채웠고, 이로 인해 아이들은 더 고통스러웠다. 소년에게 수갑을 채우는 모습이 녹화 되었고, 영상 속에서 경찰관은 소년에게 "넌 우리가 하라는 대로 해야 해, 그렇지 않으면 대가를 치르게 될 거야"라고 말했다.[130] 이 경찰관은 특수교육이 필요한 학생들을 대하는 전문적인 훈련을 받은 적이 없었다. 제대로 된 훈련을 받지 않은 무장 경찰관에게 학생을 맡긴 학교의 결정이 가장 큰 문제였다. 미국시민자유연합은 이에 대하여 「장애인보호법(Americans with Disabilites Act)」 위반과 인권침해 행위라고 주장했다.

4장   학교의 군사화

또 다른 우려 사항은 학교가 점차 군사화되어 간다는 것이다. 국가 전체적으로 경찰은 국방부로부터 엄청난 양의 군사장비들을 추가로 떠맡게 되었다. 학교 경찰 담당기관도 이에 동참했고, 지뢰방호차량, AR-15 소총, 샷건, 유탄발사기와 같은 군사용 장비들을 구매했다. 워싱턴 포스트(Washington Post) 보도에 따르면 전체 30개 주에서 학교 안전업무를 담당하는 경찰기관 중 최소 120개 기관이 무기이전 사업(1033 프로그램)에 동참했다.[131]

2003년 사우스 캐롤라이나(South Carolina)의 구스 크릭(Goose Creek) 고등학교 관리자들은 경찰특공대가 학교 내 마약과 총기를 수색하는 대규모 작전에 협력했다. 무장 경찰관들은 특별한 혐의점이 없는데도 총을 겨누며 대부분 흑인인 수백 명의 학생에게 땅에 엎드리라고 명령했다. 그리고 학교 관리자들은 수색하고 체포할 학생들을 지목하면서 돌아다녔다. 촬영된 영상을 보면, 검정 복장을 한 경찰관들이 벽과 계단에서 갑자기 들이닥쳐 총을 겨누고 소리치며 명령하자 학생들은 공포감에 꼼짝하지 않고 서 있거나 무릎을 꿇고 있었다.[132] 특공대는 마약을 찾기 위해서 마약 탐지견을 동원하면서까지 수색 작전을 펼쳤지만, 아무것도 발견되지 않았다. 학교 책임자는 경찰에 의한 수색작전이 펼쳐진 것에 대하여 학부모에게 사과하면서도, '한번 경찰이 교내에 들어와 활동을 하면 학생들은 통제 된다'는 점을 강조했다. 바로 그런 인식이 문제이다.[133]

총기와 군사용 장비들을 사용하게 되면 공포와 통제가 교육적인 수단을 대체하면서 기본적인 학교 교육의 이념을 훼손하게 된다.[134] '전국 학교전담경찰관 연맹(National Association of School Resource Officers)'은 학교교육의 이런 변화에 대한 열렬한 지지자들이다. 이 단체가 매년 개최하는 컨벤션에는 많은 군수물자 계약자들이 몰려든다. 이들은 학교에 새로운 보안시스템을 판매하고 경찰관들에게 준군사적 기법과 기술을 훈련시키려고 한다. 이를 위해 학생들이 자신들 뿐만 아니라 외부인으로부터 끊임없이 위험에 노출되고 있는 것을 증명하려고 노력한다. 아네뜨 푸엔테스(Annette Fuentes)는 한 컨벤션에 참석했고, 기조연설자로 나선 대테러전문가의 발표에 간담이 서늘해지는 것을 느꼈다. 발표자는 국내 법집행 훈련이나 교육을 받은 적이 없는 사람인데 참석한 수백 명의 경찰관들에게 다음과 같이 경고했:

여러분들 학교에는 지금 당장 콜럼바인(Columbine) 사건을 계획하고 있는 사람들이 있습니다. 버지니아 텍(Virginia Tech)에서 총기 사건을 일으킨 조군과 같은 학생이 지금 모든 도시와 모든 대학에 있습니다. 그리고 모든 주에는 테러를 계획하는 알카에다 조직원이 있습니다. 모든 학교가 잠재적 테러의 대상입니다… 경찰관 여러분들은 학교 내에서 이런 위험에 맞서 싸우는 유일한 공권력입니다… 여러분들은 살아남기 위해서 충분한 무기와 탄약 그리고 방탄복을 가지고 있어야 합니다… 여러분은 매일 완벽한 장비를 갖추고, 반자동 소총과 5개의 탄창을 휴대하고 학교순찰을 돌아야 합니다… 더 이상 스스로를 평화적인 경찰로 생각할 여유가 없습니다… 여러분은 자신을 전쟁에 나선 군인으로 생각해야 합니다. 왜냐하면, 우리가 여러분에게 군인처럼 행동할 것을 요구할 것이기 때문입니다.[135]

이런 사고방식은 학교 내 경찰관들에게 널리 퍼져있다. 2010년 '남부 빈곤·법 연구소(Southern Poverty Law Center)'는 버밍햄(Birmingham) 알라바마(Alabama) 학교들에 대해 집단소송을 제기했다. 연구소는 이들이 조직적으로 과도한 물리력을 사용하고 있다고 고발했다.[136] 연구소는 2006년부터 2014년까지 199명의 학생에게 최루가스액이 섞인 페퍼 스프레이 'Freeze+P'가 사용되었는데, 이 스프레이는 극심한 고통과 피부질환을 유발하고 호흡과 시력 장애를 일으킬 수 있다고 주장했다. 스프레이가 뿌려진 학생들은 모두 아프리카계 미국인 학생들이었다. 이 중에 한 학생은 임신 중이었으며 대부분의 학생들이 아무 잘못 없는 구경꾼들이었다. 일부 학생들에겐 전혀 폭력적이지 않았는데도 스프레이를 쏘았다고 한다. 경찰관들은 별도의 조치를 하지 않았고, 몇몇 학생들은 경찰서 유치장에서 스프레이가 뿌려진 옷을 입은 채로 조사를 기다려야 했다. 2015년 연방법원은 이들 학교에 대해 인권침해로 유죄를 선고했고, 스프레이 사용을 금지했다.[137] 텍사스에서는 학교전담경찰관이 싸우고 있는 17살 고등학생에게 테이저건을 쏘았다. 이 학생은 쓰러지면서 머리를 심하게 다쳤고 52일간 의식불명상태에 있었다.[138] 감시카메라 영상에서는 경찰관이 테이저건을 쏠 때 학생은 뒷걸음질을 치며 물러서고 있었던 것으로 드러났다.

학교전담경찰관들의 일상적인 폭력이 학교 내에 만연하다. 2015년 10월 한 학생이 촬영한 영상은 이를 잘 보여준다. 학교에 배치된 사우스 캐롤라이나(South Carolina) 부보안관이 교실에서 핸드폰을 가지고 있던 10대 여학생을 폭력적으로 체포하는 장면을 촬영한 것이다. 부보안관은 그 여학생을 책상과 함께 뒤로 휙 젖히고는, 그녀를 질질 끌고, 던지고, 다리를 걸어 넘어뜨렸다.[139] 경찰관은 장면을 촬영하고 있던 한 동급생을 위협하고는 말로 항의하자 체포했다.

2010년에는 특수학교에서 일리노이주 댈튼의 한 경찰관이 셔츠를 밖으로 빼서 입는다는 이유로 과거에 정신적 외상을 가져오는 뇌손상을 입었던 15살 학생을 폭행했다. 이 장면은 감시카메라에 녹화가 되었지만, 경찰관은 사건을 보고조차 하지 않았고, 그에 대해서 어떠한 조치도 취해지지 않았다.[140] 이런 문제제기는 전국 학교에서 빈번하게 발생하고 있다.

'마더 존스(Mother Jones)' 매거진 보도에 따르면, 2010년부터 2015년 사이 28명의 학생이 학교전담경찰관에게 폭행을 당해 심각하게 다쳤고, 한 명은 사망했다.[141] 2010년에는 샌안토니오(San Antonio) 교외에서 14살 데렉 로페즈(Derek Lopez)가 학교전담경찰관이 쏜 총에 맞아 사망했다. 로페즈는 운동장에서 다른 학생을 주먹으로 때렸고, 이것을 목격한 경찰관 다니엘 알바라도(Daniel Alvarado)는 로페즈에게 중지할 것을 명령했다. 그리고는 달아나는 로페즈를 학교 뒤뜰 창고까지 쫓아가서 총을 쏘았다. 경찰관 알바라도는 창고 문을 열자 로페즈가 자신에게 돌진했다고 주장했다. 2012년 8월 대배심은 알바라도를 기소하는 것으로 결정했다.[142]

좀 더 낮은 수준의 물리력 행사는 훨씬 더 폭넓게 퍼져있다. 연방정부나 주정부에서 요구하지 않기 때문인지 모르지만 이에 대해 확인할 수 있는 전국적인 통계자료는 없다. 그러나 지역별로 수행된 연구들은 물리력 사용이 심각함을 보여준다. '휴스턴 크로니클(Huston Chronicle)'은 2010년부터 2014년 사이 10곳의 휴스턴 교외에 있는 학교에서 경찰이 물리력을 사용한 사건들이 1,300건이라고 보도했다.[143] 많은 대규모 교육청들이 이런 데이터를 가지고 있지 않을 뿐만 아니라 협조하기를 거절했고, 교육청이나 경찰의 감사관실도 그런 자료에 대한 보고를 요구하지 않는다.

학교전담경찰관이 대규모로 증가하게 된 이유는 이들을 배치하면 학교가 더 안전해 질 것이라는 생각 때문이다. 그러나 이 생각은 잘못된 것이다. 연구결과 경찰관이 상주하는 학교들에서 경찰이 없는 유사한 학교들보다 오히려 안전감을 덜 느낀다고 한다. 학교전담경찰관이 범죄를 줄이는데 기여한다는 점은 증명되지 않았다. 단지 몇몇 사례에서 총기범죄를 예방하는데 학교전담경찰관들이 역할을 한 경우가 있을 뿐이다. 하지만 이 경우도 대부분 총기 위협 사건들이다.

한편, 2013년 애틀란타(Atlanta)에서 발생한 사건에서 학교전담경찰관이 교내 총기사건이 발생하고 있는 것을 제지했다고 한다. 그러나 목표로 했던 희생자는 이미 다른 학교 교직원과 함께 총을 맞았고, 체포 당시에 범인은 더 이상 총을 쏘고 있지 않았다고 한다.[144]

연구결과에 따르면, 일반적으로 학교전담경찰관이 배치되면 실제 보고된 범죄가 증가하는 것으로 나타난다.[145] 그런 결과가 나타나는 것은 일정 부분 이전보다 학생들이 몰래 가져오는 불법 물품들을 더 많이 적발하고, 더 많은 사건들을 형사사건으로 처리하기 때문이다. 학교전담경찰관들이 절도나 폭력을 감소시킨다는 것이 명확하게 증명되지 않았다는 것은 바로 이런 점 때문이다.[146]

5장 개혁정책

학교전담경찰관들에게 점차 더 많은 책임이 부여되고, 안전에 대한 실질적 위협이 없는 시간에도 무언가 할 일을 해야하기 때문에 이들의 역할은 계속 확대될 수밖에 없었다.

현재 많은 학교들에서 무장 경찰관은 공식적으로 또는 비공식적으로 진로상담사 역할을 하고 있다. 그리고 학교전담경찰관들은 '마약 오·남용 예방교육(Drug Abuse Resistance Education)'과 다른 마약 관련 프로그램들을 담당하고 있다. 하지만 불행히도 이런 역할을 위해 학교전담경찰관들에 대한 관리·감독이나 교육은 이뤄지고 있지 않다. 보통 상담이나 멘토링, 교육법에 대한 지도를 거의 받지 않는다고 한다. 일부 경찰관들의 노력은 정말 칭찬받을 만하나 거의 대부분은 터무니없는 경우가 많다. 수십 년 동안 연구한 결과를 보면 '마약 오·남용 예방교육'과 같은 프로그램들은 비효율적인 것으로 조사되었다. 더군다나, 학생들에게 경찰관을 멘토나 상담사로 대하도록 하는 것은 근본적인 모순이 있다.

학교전담경찰관들은 학생들이 솔직하게 비밀을 털어놓기를 바라지만, 엄연히 그들은 경찰관으로써 법집행을 하는 사람들이다. 즉, 경찰관들과 나눈 대화가 증거로 사용될 수도 있고, 범죄의 단서가 되어 바로 법집행이 이루어질 수도 있다는 것이다. 경우에 따라서는 멘티 학생에 대해 법집행이 이루어질 수도 있다. '무관용 원칙'이 지배적인 시기에는 이것이 엄청난 결과를 가져올 수 있다.

미 교육부는 2014년 '학교규율 모범사례 교육지침(Guiding Principles)'에서 학교전담경찰관들에게 아동발달, 퇴화, 내재적 편견 그리고 장애학생 대응, 트라우마 역사 등에 대한 교육을 받을 것을 요구했다.[147] 학교전담경찰관들이 롤모델이나 멘토 역할을 하는 것이 가치 있는 일이라고 이야기하는 사람들이 있다. 다만, 그것은 경찰관들이 학교규율 담당자가 아니라 학교와 학생들에게 안전을 제공해주는 역할로 인식할 때 그렇다.[148] 그러나 코치, 교사, 상담사와 교육행정가가 아니라 제복을 입은 경찰관에게 이런 역할을 수행하도록 하는 접근 방식은 한 가지 내재적 가치를 가정하고 있다.

거기에 내포된 궁극적 목적은 학생들의 눈에 경찰의 중요성과 사회적 정당성을 보여주는 것이다. 공식적인 권위의 상징이라는 것만으로도 학교에 있는 경찰관들은 가치가 있다. 이런 관점은 제대로 정립된 권위에 대한 인정을 통해서 어린 학생들에게 유익한 교육이 된다고 주장한다. 이것은 우리가 제1편에서 논의했던 절차적 정의를 고수하는 자유주의자들에게 내재된 모습이다. 문제는 학교 내에 주(State)정부 공권력의 상징인 경찰이 배치되어 있다는 것이 아니다. 이 경찰관들이 부적절하게 행동하고 중요한 권한을 남용하고 있다는 점이 문제이다.

초창기 학교에 경찰을 배치할 때도 이런 사고방식이 널리 퍼져 있었다. 1950년대 미시건(Michigan)주 프린트(Flint)에서는 어린 학생들에게 경찰의 사회적 정당성을 바로 세우고 사회적 가치를 알려준다는 의도로 경찰관들을 학교에 배치했는데, 그때는 청소년 범죄가 증가하고 사회적 불만이 높았던 시기였다. 1960년대에도 같은 의도로 학교 내 경찰관 배치가 증가했다.[149] 이 당시에는 학교와 학생들의 안전이나 평온을 위한 것이 아니었다. 실제로 초창기 학교 내 경찰을 배치하는 프로그램들은 대부분 고등학교에 비해서 범죄와 폭력이 훨씬 적게 발생하는 초등학교나 중학교에서 시행되었다. 이것은 여러 측면에서 지역사회 경찰 활동(Community Policing) 이념의 확장과 같다. 경찰관들을 지역 사회에 깊숙이 개입하게 함으로써 정보를 수집하고 경찰에 대한 호의를 갖게 한다. 그리고 이를 통해 보다 심층적이고 침략적인 방식의 경찰활동으로 나아간다.

'전국 학교전담경찰관 연맹(National Association of School Resource Officers)' 회장인 케빈 퀸(Kevin Quinn)은 정보수집을 용이하게 하기 위해 관계를 형성하는 것이 그들 업무의 중요한 요소라고 말한다. 그는 "학교전담경찰관이 지역사회에 자리매김하면, 아이들은 기꺼이 다가와서 사소한 일들을 보고하고, 이메일을 보내고, 음성 메세지를 남기고, 사무실에 직접 찾아와서 여러 가지 정보를 말해준다."고 이야기한다.[150] 더 적합한 교육을 받고 학생들의 건전한 발달에 더 열정이 있는 상담사라고 해도 법집행 기관인 경찰관보다 이런 관계를 잘 형성해 낼 수는 없을 것이다.

일부에서는 학교전담경찰관들의 교육훈련과 업무수행을 위한 전국적인 표준지침이 만들어져야 한다고 제안했다.[151] '21세기 경찰 활동(Twenty-First Century Policing)'을 위한 '오바바 TF(Obama Task Force)'에서 이 주제에 대해서 몇 가지 혼합된 방식의 제안을 했다. '오바바 TF'는 경찰기관들이 지금 추진하고 있는 정책들을 개선하고 학생들을 형사사법제도 속으로 밀어 넣고 있는 절차를 개선할 것을 권고했다. 그러나 권고안에는 학교에서 경찰관들을 철수시키는 것에 대해서는 침묵하고 있다. 오히려, '오바바 TF'는 경찰의 역할을 확장한다. 경찰기관들이 학교규율 제도를 개선하고 감독하도록 권고하고, "발전적인 성과들이 계속 도출될 수 있도록 학교관리자들과 함께 상호 협력할 것"을 제안한다. 그러나 리사 투로(Lisa Thurau)와 요한나 왈드(Johanna Wald)가 이야기한 것처럼, 왜 교육을 받거나 관련 경력을 가지고 있지 않은 경찰관이 학교 교육정책과 관행을 만드는 것을 도와야 하는지 의문이다.[152]

최근 몇몇 교육청은 경찰 중심의 무관용 원칙의 접근 방식을 벗어나 다른 대안을 찾고 있지만 처벌위주의 방식을 전적으로 포기하는 것에는 주저하고 있다. 2007년 로스엔젤레스(Los Angels) 교육청연합은 '능동적 행동 개입 및 지원(Positive Behavioral Intervention and Supports)'이라고 불리는 새로운 접근방식을 도입했다. 학교들은 새로운 접근방식으로 교육계획에 사회관계 형성과 행동관리에 관한 교육을 포함시켰는데,[153] 학교에 잘 적응하지 못하는 학생들은 자기통제 방법에 대한 개인지도와 상담으로 추가적인 관리의 대상이 된다.

교사들은 가까이서 학생들의 행동을 관찰하여 'Good'과 'Bad'로 구분하고, 학생들이 잘 따라올 수 있도록 단계적인 제재를 적용한다. 이런 방식이 정학처분과 경찰의 법집행처분을 감소시켰지만, 여전히 전통적인 통제이론과 유사한 하향식 규율방식에 의존하고 있다. 전통적 방식은 부모와 다른 사람들에게 아이들의 부적합한 행동을 확인하고 통제함으로써 이들을 사회화 시키도록 장려한다. 한편, 학교규율 전문가 알피 콘(Alfi Kohn)은 학생들의 행동교정 교육을 '아이들을 반려동물처럼 대하는 것(Treating Kids Like Pets)'으로 비유한다. 왜냐하면, 이런 방식은 제재가 아닌 보상을 사용하는 통제 기반의 접근 방식이기 때문이다.

6장 새로운 대안

뉴욕에서 한 연구팀이 조사한 바에 따르면, 처벌 위주가 아닌 규율 제도를 가진 학교들이 학생들에게 좀 더 안전하다는 생각을 갖게 하고 상대적으로 낮은 체포나 정학 비율을 나타낸다. 또한, 빈민 지역이나 범죄율이 높은 지역에서도 이런 방식의 규율 제도를 갖는 학교가 좀 더 낮은 범죄발생률을 보여준다.[154] 문제행동의 근본적인 원인을 파악할 때까지 학생들을 학교에서 관리할 수 있는 비징벌적 규율 제도가 먼저 필요함에도 불구하고 학교 관계자들은 종종 이것을 간과한다. 학교가 학생들 문제를 모두 다 해결할 수는 없다. 하지만 학교는 형사사법제도의 일부분이 아니라 문제 해결의 일부분이 될 수는 있다. 그렇게 하기 위해서는 모든 학생들을 관리할 수 있는 인적·물적 자원이 필요하다. 어린 학생들의 감성과 신체적 건강을 희생하면서 단지 평가를 위해서 가르치고 필수적인 지식과 기술을 강조할 수만은 없다. 수많은 연구에서 증명된 것처럼 어린 학생들이 감정적으로나 육체적으로 산만해지면 효과적인 학습이 이루어질 수 없다. 학교전담경찰관에게 의존하는 것은 학생들의 신체적, 감정적, 행동적 측면에 대한 책임을 교사로부터 경찰에게 떠넘기는 것이다. 이것이 가장 큰 실수이다.

교사들에게 필요한 것은 교육과 상담사 그리고 학생들과 가족들에게 의미 있는 서비스를 제공할 수 있는 지원 인력이다. 현재 뉴욕시 학교에는 상담사들보다 많은 뉴욕경찰청(NYPD) 인력이 있다. 그리고 이들을 위해 매년 약 7억 5천만 달러를 지출하고 있다.[155] 우리는 지역사회와 가정에서의 문제를 해결하기 위해 학교와 방과 후 서비스에 투자해야 한다. 교사들은 스스로 이런 문제들을 해결할 수 없다. 특히, 줄어드는 예산과 고부담시험 제도 아래서는 더욱 불가능하다. 대신에 교사들은 자신들이 학생들을 교실에서 내보내고 결국 학교 밖으로 내쫓아 형사사법제도로 밀어 넣도록 내몰리고 있다는 것을 안다.

최근 이러한 요구에 응답해서 '미국 교원 연합(American Federation of Teachers)'은 '지역공동체 학교(Community School)' 설립을 지원하고 있다.[156] 이 학교에서는 성인 교육과 부모 상담 뿐만 아니라 신체 및 정신 건강 돌봄 서비스, 개인상담, 개인지도, 사회봉사, 사회 정의 프로그램 등 포괄적인 서비스를 제공한다. 이런 서비스는 주로 학교와 협력관계에 있는 지역 시민단체들이 제공하고, 이로써 지역사회의 특별한 수요가 반영이 된다.

유타(Utah)주 솔트레이크시티(Salt Lake City)에서는 자선단체 'United Way'가 11곳의 지역공동체 학교와 협력해서 만 명 이상의 학생들에게 서비스를 제공했다. 학생들의 절반 이상은 저소득층 가정의 자녀들이고, 1/4 이상은 영어를 배우는 학생들이다. 이 프로그램은 학업성과를 높여주었고, 향후 문제 유발 가능성의 척도인 고질적인 결석 문제를 감소시켰다. 볼티모어(Baltimore)에서는 45곳의 지역공동체 학교가 대다수의 저소득층 학생들과 소수인종 학생들을 관리하고 있다. 이를 통해 학교 출석률을 향상시켰으며, '회복적 사법 프로그램(Restorative Justice Programme)'으로 정학처분을 줄어들게 했다. 많은 학교에서 졸업률과 시험성적이 눈에 띄게 개선되었다고 한다. 볼티모어 일부 학교에도 제복을 착용한 경찰관이 배치되어 있지만 주(State) 법률을 통해 경찰관들은 비무장 상태로 근무

해야 한다고 한다.[157]

일반적으로 지원이 많이 필요한 학교에 더 많은 예산을 지원하는 것 외에 학교 관계자들은 경찰에 의존하는 정책보다 경제적이고 효율적인 검증된 개혁방안들을 도입해야 한다. 대표적으로 사회 정서 교육(social and emotional learning), 행동 관찰 및 강화(behavioral monitoring and reinforcement), 평화 학교 프로그램(peaceable-schools prgramms), 회복적 사법제도(restorative justice systems) 등이 통제와 처벌 방식에 의존하지 않고도 학교에서의 규율 문제들을 감소시킨다는 것이 증명되었다.

이런 대안들 중에서 회복적 사법 프로그램은 가장 체계화된 것 중 하나이다. 이 프로그램은 원래 지역사회에서 범죄를 예방하기 위해 도입되었는데 학교에서 인기를 끌고 있다. 미국 전역에서 많은 학교들이 학생들의 행동 교정을 위해 기존의 처벌위주의 접근 방식에서 벗어나 새로운 프로그램들을 도입하고 있다. 이런 프로그램들은 현재의 학교규율 제도에서 이루어지는 것처럼 학생들을 학교 밖으로 내모는 것이 아니라 문제 행동의 근본 원인에 접근하고 학생들이 책임감을 가지고 지역사회의 구성원으로 생활하도록 만드는데 주안점을 두고 있다.

회복적 사법 프로그램들은 전 세계의 다양한 지역 토착적 관행에 기반을 두고 있다. 이런 관행들은 전통적이고 긴밀한 네트워크로 엮인 지역공동체에서 지배적으로 나타난다. 이런 공동체에서는 공동체의 안정, 통합, 지속가능성을 장려하는 방법으로 지역사회의 문제를 해결한다. 이를 위해 다양한 형태의 방법을 활용하고 있다. 예를 들면, 동료배심제(peer juries), 문제해결 동아리(problem-solving circles), 지역사회봉사(community service), 갈등중재(conflict mediation)와 같은 프로그램들이 활용된다. 이런 프로그램들이 정말 효과를 나타내기 위해서는 학생들과의 신뢰관계를 구축하기 위해 교사와 학교 행정가들이 시간을 두고 이런 프로그램들을 받아들여야 한다. 이런 모든 과정의 중심에는 어떤 문제 학생이더라도 학교가 이들을 환대하는 장소가 되어야 한다는 생각이 자리한다. 그리고 이러한 과정은 문제해결을 위해서 학교공동체와 학생의 이익을 가장 최우선으로 고려하여 여러 주체가 협력적으로 노력하는 것을 기반으로 한다.

전국교육연합(National Education Association), 미국교사연맹(American Federation of Teachers), 진보프로젝트(Advancement Project)와 같은 단체들은 교사들을 위한 안내서를 만들어 배포함으로써 이러한 노력에 동참했다.[158] "회복적 실천: 학교 내 건강한 관계형성과 긍정적인 규율제도를 장려하는 실천방안(Restorative Practices: Fostering Healthy Relationship and Promoting Positive Discipline in Schools)"에서 기본적인 원리를 제시하고 있다. 예를 들면, 갈등을 해소하는 방법으로 사람들에게 자신의 행동에 대한 의미 있는 책임감을 갖게 하고 스스로를 변화시키도록 노력하게 한다던지, 학교를 통해 건강한 관계를 형성하고, 해악적 행동을 줄이고 교정하도록 함으로써 긍정적 관계를 회복시키도록 하는 것들이다.

이러한 프로그램들을 운영하기 위해서는 인적·물적 자원이 투입되어야 한다. 교사들은 교육훈련이 필요하고, 수업시간을 별도로 짜야 한다. 더군다나 예산 삭감으로 어려움을 겪고 있고, 생존을 위해 고부담시험 평가에서 좋은 성적을 올리려고 안간힘을 쓰고 있는 학교들은 이런 프로그램들을 지원하고 활성화하는 분위기를 구축하는 것이 어려울 것이다. 이런 학교들은 교육시간 중 프로그램이 효과적으로 정착하는 데 필요한 시간을 별도로 마련하는 것을 탐탁지 않게 생각할 것이다. 단순히 정직처분 대신에 복도청소와 같은 사회봉사를 강제하는 것이 모든 것을 바꾸지는 못한다.

사회·정서 교육은 학교에서 갈등문제를 해결하고 효율적인 학교생활을 위해 학생과 교사가 함께 다양한 사회생활의 방법들을 배울 수 있는 기회를 제공한다.[159] 프로그램은 과정별로 5가지 원칙(자기인식, 자기관리, 사회인식, 관계기술, 책임의사결정)에 의해 운영된다. 가장 잘 알려진 프로그램은 1995년 시작되었던 '창의적 갈등관리 프로그램(Resolving Conflict Creatively Program)'이다.

뉴욕시 학교들과 수십 곳의 다른 학교들이 적극적으로 이 프로그램을 도입하였는데 이 프로그램에서는 상호작용 기법을 활용하여 학생들에게 분노조절, 협상, 중재, 협동, 다문화 이해 등을 가르쳐준다. 광범위한 연구결과 이 프로그램들은 학교규율 상황과 학업성과를 모두 개선시켰다. 이런 것이 바로 학교수업 또는 방과 후 수업으로서 인종과 상관없이 장애 학생이든 정상적인 학생이든 모든 학생을 위한 참된 교육이다.[160] 콜롬비아 대학의 연구결과에 의하면 교사로부터 '창의적 갈등관리 프로그램'을 이수한 학생들이 다른 학생들보다 긍정적으로 발전했다. 프로그램을 이수한 학생들은 덜 적대적인 시각으로 사회를 바라보고, 폭력을 어떠한 경우에도 용납될 수 없다고 생각한다. 그리고 갈등해결을 위해 비폭력적인 방법을 선택한다. 또한, 이 학생들은 읽기와 수학 과목의 표준화된 평가에서 더 높은 점수를 받았다.[161]

'행동관찰과 강화(Behavioral Monitoring and Reinforcement)'는 주로 중학교에서 활용하는 프로그램이다. 이 프로그램은 마약을 사용하거나 자퇴한 이후 형사사법기관으로 갈 위험성이 높은 학생들을 지원하기 위해 설계되었고, '긍정적 강화와 권한 부여(Positive reinforcement and empowerment)' 전략에 기반하고 있다. 프로그램에 참여하는 실험집단 학생들은 다른 통제집단 학생들보다 상대적으로 높은 점수를 받았고, 출석률이 높았다. 1년간의 추적조사에서 실험집단 학생들은 통제집단 학생들과 비교하여 자기보고 범죄, 마약사용, 정학, 결석, 지각, 학업실패, 실업 등이 더 낮게 나타났다. 5년간의 추적조사에서는 실험집단 학생들이 통제집단 학생들보다 지방법원에서 재판을 받은 비율이 낮게 나타났다.[162]

이런 프로그램들은 현재 강조되고 있는 고부담시험제도와는 양립할 수 없다. 고부담시험제도는 학교의 성공 여부를 오로지 고부담시험을 통한 학생 평가 결과로만 측정한다. 흔히 학생들의 전반적인 행복을 추구하는 프로그램들은 중요한 시험 준비를 하는 데 방해가 되는 것으로 여겨진다. 하지만 학교를 좀 더 안전하고 비징벌적 방식으로 운영하기 위해서는 그런 접근방식의 교육으로부터 벗어나야 한다. 더욱 전인적인 방식으로 학생들의 요구를 충족시켜야 한다. 이를 위해 학생들의 개별 요구를 충족시키면서 교육적인 가르침이 이루어질 수 있는 좀 더 넓은 시야에서 접근해야 한다.

많은 연구들은 학생들이 안전하고 지원받고 있다고 느낄 때 학생 학습이 향상된다고 한다. 무관용 원칙의 규율을 집행하는 무장 경찰관은 비록 잘 훈련되고 좋은 의도를 가졌다고 하더라도 이런 교육이념에 부응할 수 없다. 경찰의 본질적 속성은 질서와 통제를 위해 공권력을 행사하는 것이다. 경찰관들이 아무리 긍정적인 멘토가 되려고 해도, 교사나 상담사와 달리 경찰관들에게는 항상 처벌과 강제력이 뒷받침하고 있다.

금속탐지기, 학교경찰, 무관용 원칙의 규율은 학생과 교사의 사이를 틀어지게 하고, 불신 분위기를 조성한다. 교육학 교수인 매튜 메이어(Matthew Mayer)와 피터 레온(Peter Leone)은 1999년 학교 범죄에 관한 연구에서 이런 불신문화가 실제 문제행동과 범죄행동을 증가시킨다고 밝혔다.[163] 또한 불신문화는 학생들이 교사나 학교 행정가에게 학교에서 발생할 수 있는 위험을 알릴 수 있는 기회를 감소시킨다고 한다. 학생들이 저지른 대부분의 대규모 교내 총기난사 사건에서 범죄계획과 위협이 있다는 것을 인지한 다른 학생들이 있지만, 이들 거의 대부분이 그런 우려점을 알리지 않았다. 메이어와 레온 교수는 "반기지 않는, 거의 감옥 같은, 과도하게 세심히 살피는 학교 환경은 학교 행정가들이 피하고 싶어 하는 폭력과 무질서를 조장할 수 있다"고 경고한다.[164] 두 교수는 통제보다는 효과적인 소통이 학생들 마음에 학교 규율제도의 정당성을 심어줄 수 있는 가장 좋은 방법이라고 한다. 그리고 이것을 인식하면서 학교들이 노력을 기울여야 한다고 강조한다.[165]

학교에서 경찰을 활용한다는 생각을 이젠 포기해야 한다. 경찰관들은 긍정적인 역할을 하지 못한다. 오히려 비경찰 인력들이 누구보다 잘 수행할 수 있다. 외부의 침입으로부터 학교를 보호해야 할 필요성이 있다고 하지만, 이제까지 무장경찰이 학교에 있다는 것이 그에 대한 해결책으로 보이진 않는다. 설령 무장경찰이 필요하다고 하더라도 무장경찰이 학교 운동장에서 활동할 일은 없다. 필요하다면 학교 주변에 상주하거나 필요할 때만 출동할 수 있다. 물론, 학교에 비극적인 참사가 발생할 수도 있다.

하지만, 더 많은 무장경찰을 학교에 배치하는 것이 그런 사건을 감소시키는 데 효과적이라는 것은 증명되지 않았다. 반면, 무장경찰을 배치하는 것은 어린 학생들을 학교 밖으로 내몰고 수십만 명을 형사사법제도 속에 집어넣는 것에 믿기 어려울 정도로 효과적이었다. 학교 내 무장경찰이 일부 폭력사건을 줄이는데 효과적인 수단이 될 수 있을지 모른다. 하지만 그런 미미한 효과를 위해 막대한 사회적 비용을 지출하는 것은 용납될 수 없다. 학교를 무장 요새나 교도소로 만드는 것이 아니라 아이들을 보다 안전하게 해줄 수 있는 더 좋은 방법을 찾아야 한다. 이젠 학교에서 경찰을 배제하고 징벌적 관점에서 학교를 운영하는 방식을 멈춰야 할 시점이다. 우리의 아이들에겐 강제와 통제가 아닌 공감과 보살핌이 필요하다.

제4편

경찰에게 도움을 요청하다

1장   "경찰에게 도움을 요청했는데, 그들이 내 아들을 죽였다!"

    지난 40년 간 경찰의 역할은 다양한 분야로 확대되었다. 그러나 그 중에서 가장 끔직한 일 중의 하나는 경찰이 정신질환자 및 정신장애자에 대한 대응을 담당하게 된 것이다.[166] 경찰은 항상 범죄를 저지르거나 심각한 공공질서 위반행위를 하는 정신질 환자들을 처리해왔다. 정신건강관련 정부의 지원서비스가 대규모로 축소되면서 정신질환자에 대한 경찰의 개입 범위가 확대되었고 양적으로도 증가했다. 경찰은 종종 정신질환자들로 인한 긴급 상황이나 치료과정에서 주요 담당기관으로 개입한다. 대부분 경찰이 개입하면서 원만히 처리가 되지만, 빈번하게 체포나 구금이 이루어지고 경찰권 행사 과정에서 정신질환자들이 부상을 입거나 사망에 이르는 경우가 있다. 경찰에게 부여된 다른 역할들을 고려할 때 특히 정신질환자 문제에 대처하는 것은 경찰에게 어울리는 역할이 아니다. 정신건강에 문제가 있는 사람들에 대처하기 위해서 경찰이나 유치장, 응급실에 의존하는 것은 비용이 많이 소요될 뿐만 아니라 효율적이지도 않다. 그리고 무엇보다 대상자들의 삶의 질을 향상하는 데는 아무런 효과가 없다.

특히, 미국은 부실한 정신건강 관리 체계로 많은 문제점을 안고 있다. 최근 수십 년 동안 정신질환 관련 의약품으로 많은 사람들이 도움을 받았지만 아직도 많은 사람들은 약물치료를 지속할 수 없거나 꺼리고 있다. 또한 많은 사람들이 국가가 제공하는 기본적인 정신건강 서비스에 접근하지 못하고 있고, 지역사회에서는 이런 공공서비스를 계속 유지하는데 어려움을 겪고 있다. 결과적으로 위급한 상황에서 부모와 가족들은 911에 도움을 요청하는 방법 외에 다른 선택이 없고, 도움에 응답하는 것은 늘 경찰일 수밖에 없다.

에곤 비트너(Egon Bittner)는 1967년 연구에서 경찰관들이 현장에 도착했을 때 마주하게 되는 어려운 선택들을 분석했다.[167] 전형적으로 경찰관들은 현장 상황을 평가한 후 대상자를 본인 동의하에 일시적으로 정신병원 응급실에 보호조치 해야 하는지, 법적 권한에 따라 강제로 보호조치 해야 하는지 여부를 결정한다. 또는 대상자를 체포하거나 비공식적으로 문제를 해결하려고 시도한다. 일반적으로 경찰관들은 후자의 방법을 선호한다. 하지만 대상자의 행동이 심각한 위험성이 있거나 특별한 조치를 취하지 않으면 진정되지 않고 계속될 우려가 있을 때 어쩔 수 없이 다른 방법을 선택할 수밖에 없다. 심각한 위험성이 있는 경우 때로는 본인의 의사에 반해 대상자를 유치장으로 데려가야 한다. 가능하면 대상자를 말로 잘 타일러서 데려가지만 그렇지 않은 경우는 강제력을 사용한다.

가디언(Guardian)지가 발표한 통계에 따르면 매년 수백 명의 정신질환자가 경찰에 의해 사망한다.[168] 비영리단체 TAC(Treatment Advocacy Center)가 경찰의 치명적인 물리력 사용 사건을 분석한 결과 경찰에 의한 사망사건 4건 중 한 건은 정신질환자라고 한다. 이것은 일반인에 비해서 정신질환자가 경찰관에 의해 사망할 가능성이 16배 높다는 것을 의미한다.[169] 정신질환자가 경찰에 의해 사망하는 사례는 몇 가지 유형으로 구분할 수 있다. 일부 사례를 보면 경찰이 현장에 도착했는데 대상자가 드라이버나 주방도구와 같은 무기로 보여 지는 물건을 들고 있고, 경찰이 이런 사람과 대치하게 된다. 대상자는 물건을 내려

놓으라는 경찰의 경고를 무시하고 때로는 경찰관과 다른 사람들을 위협하면서 경찰의 총기 사용을 촉발하게 된다. 이런 유형은 최근 비디오로 녹화된 3건의 사례에서 볼 수 있다.

- 2014년 8월 카지엠 파월(Kajieme Powell)은 명백히 제정신이 아닌 상태였고 칼을 들고 있었다. 경찰관들이 현장에 도착해서 수십 피트 멀리서 투항명령을 했다. 파월이 경찰관들에게 몇 발짝 다가가자 경찰관들이 총을 발사했고 그는 사망했다.[170]

- 2015년 5월 제이슨 해리슨(Jason Harrison)의 엄마는 해리슨이 약을 복용하는 것을 거부하자 911에 도움을 요청했다. 경찰이 현장에 도착했고, 그녀는 무심코 밖으로 걸어 나왔다. 이때, 그녀의 아들이 드라이버를 손에 들고 뒤따라 나왔고, 경찰관이 그를 보자 드라이버를 내려놓으라고 경고했다. 하지만 몇 초도 안 되는 사이에 경찰이 총을 발사했고, 아들 해리슨은 사망했다.[171]

- 2014년 12월 뉴욕 경찰은 한 유대인 학교에서 칼로 누군가를 찌르고 "유대인을 죽였다"고 소리치고 있는 남자 한 명에게 총을 발사하여 사망케 했다. 녹화된 영상을 보면 지역 교인들이 남성을 진정시키려고 하고 있고 경찰에게 총을 쏘지 말라고 애원하고 있었다. 하지만 경찰은 경고 명령을 하고 총을 겨누면서 오히려 상황을 위태롭게 만들었다.[172]

위의 사례들에서 대부분의 경찰관들은 이미 정신질환자와 대치된 상황에서 현장 갈등 상황을 완화시키는 기법을 교육 받았음에도 불구하고, 이들은 흉기를 가지고 있는 용의자에 대응하는 표준 절차에 따라 경고 명령을 하고 총기 사용을 준비했다.

일반적으로 경찰이 무기를 휴대하지 않는 영국이나 다른 국가들에서는 이런 사건들이 매우 드물다. 이들 국가에서는 경찰이 정신질환자와 대치했을 때 상대적으로 덜 치명적인 수단을 사용한다. 다음 3건의 사건들이 이것을 잘 보여준다.

- 2014년 9월 편집증적 조현병을 앓고 있는 니콜라 살바도르(Nicolas Salvador)는 이웃의 목을 칼로 베고는 런던의 주거지 일대를 미친 듯이 날뛰며 돌아다녔다. 비무장한 지역경찰이 그와 마주쳤고 대화를 시도하면서 근처에 있는 아이를 구조했다. 결국, 무장경찰이 도착해서 테이저건을 사용하여 진압했다.[173]

- 2014년 8월 경찰은 버킹험 궁전(Buckingham Palace) 밖에서 칼을 휘두르는 남성을 제압했다. 이때 경찰은 총기가 아니라 테이저건을 사용했다.[174]

- 2011년 런던 남부에서 큰 칼을 들고 있는 남자 한 명이 7분간의 경찰과의 대치 끝에 검거되었다. 약 30명의 경찰관들이 출동해서 쓰레기통, 경찰봉을 사용하고 마지막에는 경찰방패로 용의자를 봉쇄해서 넘어뜨려 제압했다.[175]

위의 영국 사례들에서 보듯이 경찰은 치명적인 물리력을 사용하지 않고 상황을 해결하기 위해서 스스로를 위험에 놓이게 하고, 설령 치명적 물리력을 사용하는 것이 법적으로 정당한 경우라도 최대한 자제하는 것을 볼 수 있다. 만일 이 사건들이 미국에서 발생되었다면 대부분의 경우 경찰의 총기사용으로 많은 용의자가 사망했을 것이다.

또 다른 극적인 유형은 '경찰을 이용한 자살'이다. 이 유형은 자살하고 싶어 하는 사람이 경찰에게 위협을 가하는 것처럼 행동해서 무장 경찰의 총기 사용을 유도하는 방식이다. 자살 충동을 느끼는 사람들은 경찰이 총기를 사용하기를 기대하면서 장난감 총이나 위험성이 없는 다른 도구를 사용한다. 이런 경우 경찰이 총기를 사용하면서 그들의 의도대로 결론이 난다. 어떤 측면에서는 이런 유형은 불가피한 문제라고 볼 수 있다. 그러나 여기에서 몇 가지 생각해봐야 할 점들이 있다. 자살을 하려는 사람이 계획하는 시나리오는 그가 무장 경찰관과 대면할 것이라는 가정에 기초하고 있다. 만일 그와 대면한 사람이 무장경찰이 아니라 경험 많은 민간 정신건강 종사자나 비무장 경찰관이었다면 상황은 완전히 달라질 수 있다. '경찰을 이용한 자살' 유형은 경찰이 무장할 개연성이 낮은 영국에서는 거의 발생하지 않는다.[176]

그렇다고 정신질환자를 대하는 영국 경찰이 문제가 아예 없다는 것을 말하는 것이 아니다. 영국 국립보건원(National Health Service)은 위기에 처한 사람이나 만성적인 정신건강 문제로 지원이 필요한 사람들을 위한 실질적인 대안을 제공한다. 영국 경찰은 정신질환을 앓고 있는 사람을 '안전한 장소'로 이송한다. 여기서 안전한 장소는 병원, 지역사회 의료 서비스 기관, 또는 최후의 수단으로 경찰서가 될 수도 있다.

영국은 '정신건강 연락관(Mental Health Liaison Officer)' 제도를 운용하고 있다. 이 제도는 일부 경찰관들에게 필요한 교육을 통해 문제 상황에 대응하게 하는 것이다. 이들은 정신건강 서비스 제공자와 경찰 간의 원활한 행정연계가 이루어지도록 한다. 한편, 경찰관서에 파견 나와 상주하고 있는 정신건강 의료종사자는 현장대응 경찰관에게 환자병력에 관한 정보를 제공하고 실시간 의료적 지원을 한다.

또한, 영국에서는 정신건강 의료종사자가 현장 출동 경찰관과 함께 동행하는 '정신건강 긴급대응팀(Street Triage Team)'을 확대하고 있다. 이와 같이 영국에서는 경찰 활동의 전체적인 접근방식이 위험을 무력화시키는 것이 아니라 일종의 보건·의료적 관점에서 대응한다.

하지만 실무적으로는 여전히 많은 문제점들이 있다. 몇 차례의 사망사고와 경찰의 부적절한 대응으로 세간의 이목을 끄는 사건들이 발생한 후, 2013년 영국 정부는 특별위원회를 구성하여 제도 운영의 전반적인 실태를 조사하였다. 위원회는 조사결과에서 부적합한 교육, 정신건강 연락관에 대한 경찰기관의 협력 부족, 경찰서 내 부실한 의료서비스, 과도한 물리력의 빈번한 사용 등을 정신질환자를 대응하는 영국 경찰 활동의 문제점으로 지적했다. 또한 경찰, 병원 그리고 지역공동체의 정신건강 의료종사자들 사이에 원활한 업무협조 관계가 이루어지지 않는 점을 지적했다.[177]

연구들에 따르면 미국 전역 어디에서나 경찰사건의 5~20%는 정신질환자와 관련된 사건이라고 한다. 그리고 이런 사건들을 처리하는데 더 오랜 시간이 소요되고 결국 체포로 이어질 가능성이 높다고 한다.[178] 또한, 미국에서 수감되는 정신질환자 수가 급격히 증가했다. '전국 정신질환자 지원 단체(National Alliance on Mental Illness)'의 보고에 따르면 매년 2백만 명의 사람들이 미국 교도소에 수감되는 데 그중에서 남성의 15%, 여성의 30%가 심각한 정신질환을 앓고 있다고 한다.[179] 미국에서 가장 큰 정신질환자 수용시설은 LA 카운티 교도소(LA County Jail), 뉴욕 라이커스 아일랜드 교도소(Rikers Island Jail)와 시카고 쿡 카운티 교도소(Cook County Jail)이다. 교도소에 수감된 정신질환자가 주립정신병원에 있는 환자보다 10배나 더 많다.[180] 교도소 내 사망사고의 원인 중 두 번째로 높은 비율을 차지하는 것이 자살이다. 보통 경찰서 유치장에서 곧바로 교도소로 이감된다. 그러나 교도소에서는 아주 제한적인 검사가 이루어지고 일관성 없는 정신건강 관리 서비스가 제공될 뿐이다.[181]

'전국 정신질환자 지원 단체'는 교도소에 수감되어 있는 정신질환자의 83%가 필요한 치료를 받고 있지 못한다고 추산한다.[182] 정신질환자들에겐 수감되어 있는 동안 주로 약물치료가 이루어지고, 풀려나게 되면 기껏해야 알약 한 병과 위탁치료를 주선해 준다. 이들의 근본적인 정신질환이 전혀 개선되지 않고 출소함으로써 이후에도 체포와 구금이 반복된다. 정신질환자들이 첫 번째로 체포되는 상황에서 그들의 문제행동 원인은 주로 이런 회전문식 처리 방식 때문이다.

여기서 우리가 주목해야 할 점은 근본적으로 정신질환자 대응의 최일선에 경찰을 배치함으로써 결국 '정신질환' 자체를 범죄화하게 된다는 점이다. 특히, 노숙자들이나 양질의 정신건강 서비스를 받을 수 없는 사람들은 범죄화의 주요 대상이 된다. 최근 몇십 년 동안 이런 사람들이 눈에 띄게 증가했다. 「건강보험개혁법(Affordable Care Act)」을 제정하며 일부 개선을 약속했지만 2011년 정신건강상의 문제를 경험한 사람들의 60% 이상이 정신건강 의료서비스를 이용하지 못하고 있는 실정이다.[183] 정신건강 의료서비스를 이용하는 것이 가능한 경우라도 이용자에게 적합하지 않은 서비스를 제공하는 경우가 많다. 안정적인 주거나 수입이 없는 사람들은 정신건강 문제가 악화되고 치료가 더 어려워진다. 그리고 이런 상황에 있는 사람들은 그들의 정신장애로 인한 문제행동을 공공연히 드러내게 된다. 결국, 이런 모든 문제점들은 정실질환자에 대한 경찰 개입의 가능성을 높이는 요인이 된다.

사회적 서비스를 줄이고 징벌적 사회통제 제도로 대체하는 것은 효과적이지 않고 오히려 많은 비용을 수반한다. 한편, 정신질환자를 범죄자화 하는 것은 경제적인 효율성 보다는 이념적인 측면과 관련이 깊다.[184] 정신질환을 공공보건 서비스의 신자유주의적 개편의 희생으로 바라보지 않고 집중적이고 공격적인 경찰 활동을 통해 통제해야 할 위험한 무질서의 원천으로 바라보는 시각이다. 정신질환자에 대한 경찰 활동의 부정적 효과를 줄이기 위해서는 이런 경찰 활동의 이념적 접근방식을 근본적으로 개선해야 한다.

2장 개혁정책

1. 교육훈련(Training)

경찰관 교육을 확대하고 개선하기 위한 몇 가지 시도가 있다. 첫째, 심각한 자살충동을 느끼는 사람들의 생각과 행동에서 사전징후를 파악하는 방법과 이런 사람들을 안정시키는 기법을 경찰관들에게 교육함으로써 이들을 안전하게 유치할 수 있도록 한다. 둘째, 경찰관들에게 지역기반 의료서비스나 외래진료소와 같은 활용 가능한 의료기관에 대한 정보를 제공하고, 응급실 임시입원을 포함한 긴급치료서비스를 활용하는 방법들을 교육한다. 마지막으로, 경찰관들에게 정신질환의 다양한 특성과 전통적인 물리력을 사용하지 않고 위기상황에 대처할 수 있는 기법들을 교육한다.

그러나 이러한 접근 방식에는 심각한 문제점이 있다. 우선, 현장에서 순찰경찰관에게 환자에 대한 의미 있는 임상평가를 기대한다는 것은 합리적이지 않다. 경험이 있는 일부 경찰관들은 몇 가지 정신질환자들의 전형적인 행동들을 식별할 수 있겠지만, 그렇다고 정신질환자에 대한 구체적이고 정확한 평가는 가능하지 않을 것이다. 그리고 경찰관이 대상자에 대해 어떤 평가를 하느냐는 상황을 어떻게 접근해야 하는지 판단하는데 결정적인 역할을 한다. 노련한 경찰관들은 능수능란하게 말로써 잘 대처할 수 있을지 모르지만, 그렇지 못한 경찰관들은 이런 상황이 위협적이라고 생각하고 공격적으로 대응하게 된다. 특히 경험이 없는 경찰관들이라면 더욱 그렇게 된다.

또 다른 문제점으로는 대부분 지역에서 정신질환자 대응을 위해 활용 가능한 기관들이 거의 없다는 것이다. 특히, 심각한 위기 상황에 있는 사람이 아니면 적합한 의료보건 서비스를 이용하기 어렵다. 경찰 출동 요청 신고의 상당수는 반복적으로 대응하게 되는 정신질환자들의 문제이다. 이들은 공공장소에서 자주 신고가 되고, 경찰에게는 공공의 안전에 대한 실질적 위험요소라기 보다는 골칫거리 존재이다. 응급실의 경우 이들을 수용하기에 적합하지 않을 뿐만 아니라 일반적으로 이런 사람들을 입원환자로 받지 않는다. 경찰관들에게 현장에서 이용할 수 있는 정신건강 의료기관에 대한 정보를 제공하고, 의료서비스의 부족한 점을 말해 주는 것은 그들에게 혼자 힘으로 처리하라는 것과 같다. 그런 의료서비스를 이용하는 대신에 비공식적으로 해결하거나 체포해야 한다고 말하는 것과 마찬가지이다.

마지막으로, 표준적인 경찰 교육훈련은 경찰관들에게 전사(戰士)적 사고방식을 주입시킨다. 경찰관들은 출동 현장에서 잠재적 위험요소를 파악하고, 경찰의 가시적 효과, 행동요령, 구두경고 및 명령법을 훈련 받는다. 또한, 폭력적 위협 상황과 상대방이 무기를 휴대하고 있는 상황에서 신속하고 공격적으로 대응하도록 훈련 받는다. 이러한 훈련 방식은 직접적으로 경찰관들이 정신질환자를 대응하는데 부정적으로 작용한다. 관련 연구들에 따르면 일선에서 활용되는 표준 경찰 접근법은 실제로 경찰작용의 대상자를 불안정하게 하고 갈등을 고조시키는 경향이 있다고 한다. 경찰이 경고 명령을 하고 총기를 꺼내들면 정신질환자는 도망을 가거나 더욱 공격적으로 변한다. 망상증을 가지고 있거나 정신병증세가 심한 경우 경찰의 명령을 알아듣지 못해 지시에 따를 수 없을지도 모른다. 결국 이들에게 끔찍한 결과가 발생할 수 있다.

최근에는 일부 경찰청에서 기존의 명령-통제 방식의 경찰대응 방식에 대한 대안으로 의사소통, 고립 및 격리, 유관기관과의 협력을 강조하는 교육훈련 방식을 도입했다. 새로운 교육방식이 현장의 갈등상황을 완화시키는데 일부 도움이 되지만, 여전히 비극적 결과가 발생할 수 있다. 한 아파트에 출동한 뉴욕 경찰관들이 정확하게 새로운 교육방식에 따라 대응하면서 정통 유대교인 남성과 대치하고 있었다. 이 남자는 종교의식에 사용되는 작은 장식용 망치를 가지고 있었고, 그가 망치를 들고 자신의 아파트에서 나오려고 하자 경찰관들은 훈련받은 대로 그를 둘러싸서 고립시키려고 했다. 그러나 이 남자가 경찰의 포위를 피해 달아나려 하자 총을 발사했고 결국 사망했다.[185] 더 최근에는 샌프란시스코 경찰이 주변 사람을 칼로 찌르고 칼을 든 채 경찰과 대치하고 있는 남자에게 같은 방식으로 대응했다. 경찰관들은 칼을 내려놓으라고 명령하며 가해자를 코너 쪽으로 몰아서 포위했고, 그에게 충격용 발사기를 두 번 발사했다. 그러나 가해자는 계속 칼을 든 채로 도망가려 했다. 그러자 경찰관들은 그에게 총으로 15발을 발사했고, 그는 사망했다.[186] 고립 및 격리 조치와 치명성이 낮은 무기를 사용하더라도 여전히 사망사고로 이어질 수 있다는 것을 보여주는 사례이다.

정신적으로 문제가 있는 것 같은 사람이 경찰관 본인과 다른 사람들에게 위협이 되는 상황에서 경찰관들은 권위를 세우기 위해 강압적인 방식으로 대응하며 대부분의 시간을 보내고 있다. 경찰관들이 이런 기존의 대응 방식을 바로 변경할 것을 기대할 수는 없다. 비록 정신질환 관련 교육을 받은 경찰관이라고 하더라도 무기를 휴대하고 있는 정신질환자와 대치하는 상황에서 비극적으로 상황이 종료되는 것은 바로 그런 이유 때문이다.

2. 위기대응팀(Crisis Intervention Teams)

'멤피스 모델(Memphis Model)'은 소규모 전문화된 경찰관들을 활용하여 정신건강 상 문제가 있는 사람들에 대한 출동요청에 대처하는 방식이다.[187] 이들은 많은 전문지식을 습득하게 되고 경험을 축적한다. 이를 통해 정확하게 상황을 평가할 수 있고, 임상적으로 적합한 조치를 취함으로써 대상자와 대립이 격화되는 것을 피할 수 있다. 이 모델을 도입한 도시에서는 긍정적인 효과가 나타나기 시작했다. 다만, 긍정적 효과는 경찰과 협력할 수 있는 활용 가능한 정신건강 의료기관이 있는 지역에서 나타났다. 하지만 협력 가능한 의료기관이 없는 경우가 많고, 여전히 체포나 물리력 사용을 통해 문제 상황을 해결하려는 경향이 강한 경찰 중심의 대응방식은 문제로 남아있다.

일부 국가들은 훈련된 정신건강 의료종사자를 포함한 위기대응팀을 만들어 체포와 물리력을 사용하려는 경향을 탈피하려고 노력한다. 캐나다, 영국, 유럽과 오스트레일리아에서는 일반적으로 이런 방식으로 대처하고 있다. 이들 국가에서는 특별교육을 받은 경찰관들이 의료종사자와 함께 정신질환자 관련 출동요청에 대응한다. 대부분 현장에서 정신건강 의료종사자가 주도적으로 대응하고, 경찰은 꼭 필요한 상황에서 지원하는 역할을 담당한다. 위기대응팀은 경찰의 체포나 물리력 사용을 감소시키는데 많은 성과를 내었고, 의료시설에 후송하는 건수도 감소시켰다. 왜냐하면 현장에서 정신질환자의 상태를 좀 더 정확하게 평가하고, 대상자를 안정시키면서 적합한 외래진료 서비스를 연계시켜 주었기 때문이다.

3. 아웃리치팀(Outreach Teams)

일부 지역의 공무원들은 공공장소에서 정신질환자들로 인한 문제로 골치 아픈 상황에 놓여있다. 이들은 노숙자들이거나 임시주거에 살고 있으며, 직업도 없이 어떠한 사회활동도 하지 않으면서 대부분의 시간을 거리에서 보낸다. 종종 급성 정신질환 문제로 긴급 상황이 발생하기도 한다. 하지만 경찰은 사회 무질서의 주원인이라고 생각하고 이들을 주목한다. 이 사람들은 공공장소에서 음주, 노상방뇨, 무질서 행위를 하고, 공원, 지하철, 길가에서 아무렇게나 잠을 자는 사람들로서 경찰의 눈에는 삶의 질을 저해하는 질서위반행위자들로 비춰진다. 일부 관할 구역에서는 이들에 대한 봉사와 지원활동을 담당하는 경찰 아웃리치팀을 운영하여 문제에 대처하고 있다. 노숙자들을 주 대상으로 하는 아웃리치팀이 운영되기도 하고, 정신질환자를 특정 대상으로 하는 경우도 있다. 그러나 기능이 중복되는 경우가 많다.

그런데 왜 무장경찰관이 만성 정신질환자나 정신질환이 있는 노숙자에 대한 봉사와 지원활동을 수행해야 하는지 의문이다. 무장경찰관을 활용하는 것은 비용이 많이 소요될 뿐만 아니라 이로운 점이 거의 없다. 이런 일들은 훈련된 정신건강 의료종사자나 사회복지사들로 구성된 아웃리치팀이 완벽하게 처리할 수 있다. 경찰 중심으로 구성된 팀과는 달리 민간 아웃리치팀은 대상자들과 장기적인 관계설정이 가능하고 그들의 신뢰를 얻을 수 있다. 신뢰 확보는 복합적인 정신질환을 앓고 있거나 약물중독 문제가 있는 사람들처럼 고립되어 있는 사람들을 지원하는데 필수적 요소이다. 경찰이 강제력을 사용할 수도 있다는 개연성은 고립된 사람들에겐 오히려 치료로 나아가게 하기 보다는 이들을 더욱 고립시키게 된다. 또한, 민간 아웃리치팀을 운영하는 것이 경제적으로도 유리하다.

4. 다이버전 프로그램(Diversion Programs)

정신질환자들에게 구금 대신에 전환형벌제도인 다이버전 프로그램을 적용하려는 노력을 하고 있다. 시애틀에서 시행되고 있는 '법집행기관 지원 다이버전(Law Enforcement Assisted Diversion, LEAD)' 프로그램은 경찰 중심의 다이버전 프로그램으로 지속적으로 경미범죄를 저지르거나 질서위반 행위를 하는 사람들을 특정하여 경찰관들이 운영하는 프로그램이다.

이 프로그램은 정신건강 문제, 약물 오·남용 문제, 성매매나 마약거래로 이어지는 빈곤문제 등 대상자들의 근본적인 문제해결을 목적으로 한다.[188] 체포와 구금 비율을 낮추는데 기여했으며, 도움이 필요한 사람들에게는 새로운 서비스를 제공하여 지역공동체의 불안감을 경감시켰다.

그런데 왜 경찰이 이런 영역에서도 '문지기(gatekeeper)' 역할을 해야 할까? 이런 프로그램을 경찰 활동이라는 프레임으로 짜 맞추게 되면 필요한 서비스에 접근하느냐 여부가 경찰관이 얼마나 공공질서 문제 해결을 위해 동기부여가 되어 있느냐에 따라 결정된다. 경찰은 다리 밑에 숨어서 자살 충동을 느끼는 집 없는 10대보다 유명한 쇼핑몰 거리에서 헝클어지고 냄새나는 옷차림으로 혼자 중얼거리고 있는 사람에게 주의를 기울이는 경향이 높다. 둘 다 지원이 필요한 사람들이지만 경찰이 자살 충동을 느끼는 10대를 대면할 가능성이 훨씬 낮고, 대면하게 되더라도 정신건강의 문제로 판단하여 처리할 가능성이 낮다. 반면, 아웃리치팀의 정신건강 의료종사자라면 자살하려는 10대가 좀 더 위급한 상황에 놓여있다고 판단하고, 안정시킬 수 있는 조치를 취할 것이다.

'정신질환자 전문 법원(Mental health courts)'이 만들어진 것은 또 다른 중요한 변화이다. '정신질환자 전문 법원'의 설립 목적은 정신질환 범죄자들을 교도소로 보내는 대신에 다이버전 프로그램으로 적절한 치료를 받게 하는 것이다. 법원은 이들에게 적합한 서비스 기관을 연결시켜 주고, 이와 동시에 감시·감독을 실시한다. 프로그램에 참여하지 않거나 법원의 명령에 따르지 않는 경우 구금할 수도 있다.[189] 판사들은 정신질환자들을 모니터링 하고 진전이 있는 사람들에게 보상하는 적극적인 역할을 한다. 드물긴 하지만 일부 피고인들에게는 안정된 삶으로 나아가기 위한 중요한 경로가 되기도 한다. 정신질환자 전문 법원을 운영하는 것이 일반 경범죄를 담당하는 형사법원을 운영하는 것보다 크게 경제적인 것은 아니다. 그러나 정신질환자 전문 법원은 많은 비용이 소요되는 구치소(Jail) 수감 인원을 줄이는 효과가 있다. 구치소(Jail)는 수감자들이 단기로 빈번하게 교체되면서 교도소(Prison) 운영비 보다 훨씬 많은 비용이 소요된다. 연간 1인 수감 비용이 20만 달러 이상으로 추산된다.[190]

하지만 프로그램을 원활하게 운영하기 위해서는 지속적으로 징벌적 처벌을 받을 수 있다는 점을 부각시켜 대상자를 강제할 수밖에 없다. 일반적으로 다이버전 프로그램 처분을 받기 위해서는 유죄인정이 전제되기 때문에 사례 관리 계획에 따라 프로그램 이수에 실패한 사람들은 언제든지 구치소로 돌려보내질 수 있다. 한편, 다이버전 프로그램으로 법원에서 제공하는 지원서비스를 받게 되는 사람들은 범죄행위로 체포된 사람들이 해당된다. 즉, 지역사회에 이런 지원서비스가 필요한 많은 사람들이 있더라도 체포되지 않는다면 다이버전 프로그램을 통해 서비스를 이용할 수 없다는 것을 의미한다. '법집행기관 지원 다이버전(LEAD)' 프로그램과 마찬가지로 '정신질환자 다이버전 프로그램'은 그들에게 필요한 정신건강 의료서비스를 제공하는 합리적 제도라기보다는 비용을 절감하고 그들이 야기하는 범법행위를 줄이는데 중점을 두고 있다.

3장 　　　　　　　　　　　새로운 대안

경찰과 정신질환자의 상호작용을 완전히 단절하는 것은 불가능하다. 경찰관들에 대한 교육을 강화하고, 위기대응 시나리오를 통해 사례 유형별 모의훈련을 실시하는 것이 필요하다. 우리는 정신질환자들을 대량으로 범죄자화하고 있다. 그렇다고 현재의 법·제도들이 경찰관들에게 정신질환자에 대해 편향성을 가질 것을 요구하거나 재량권을 오·남용하도록 하는 것은 아니다. 관련 연구들을 보더라도 일반적으로 경찰관들은 정신질환자 대응에 있어 그런 행위를 하지 않는다.[191]

문제는 현재의 법·제도는 근본적으로 결함이 있는 정신건강 의료서비스 체계 속에서 운영되고 있고, 사람들에게 적합한 의료서비스를 제공할 수 없다는 점이다. 위기에 처해 있는 사람들이 원하던 원하지 않던 이들에 대한 대응 책임이 경찰에게 전가되고 있다. 물론, 정신질환 위기대응팀, 정신질환자 전문 법원, 교육훈련의 강화로 현재의 형사사법제도로 인한 부작용을 줄이고, 반대로 정신질환자들이 형사사법제도 운영에 미치는 부정적 영향을 감소시킬 수 있다. 그러나 이러한 제도들이 합리적이고 실효성 있는 정신건강 의료서비스 체계를 대체할 수 있는 것은 아니다.

의식 있는 경찰관들과 지휘관들은 이러한 문제점을 잘 이해하고 있다. 많은 사람들은 정신질환자를 경찰이 대응하는 것에 대하여, 경찰 활동 중에서 가장 바람직하지 않고 걱정스러운 부분이라고 우려를 나타낸다. 또한 회전문처럼 응급실, 구치소, 유치장으로 보내지는 정신질환자들을 보면서 이런 방식으로는 결코 문제 해결이 될 수 없다는 깊은 좌절감을 느끼고 있다. 경찰관들은 종종 정신질환자들을 체포할 수밖에 없는 상황에 놓인다. 왜냐하면, 활용할 수 있는 종합병원, 개인병원 또는 다른 지원프로그램이 없는 경우가 많고, 있다고 하더라도 이들 기관에서 대상자를 수용할 수 없거나 수용하려고 하지 않기 때문이다. 경찰관들도 이런 문제에 대해 목소리를 내기 시작했다. 뉴욕(New York) 뉴윈저(New Windsor) 경찰 수장이었던 마이클 비어소티(Michael Biasotti)가 대표적 인물이다. 그는 뉴욕주 경찰지휘부협회장 시절에 35만 여 명의 정신질환자들을 구치소나 교도소에 수용하는 것은 불합리한 정책이라고 비판하고, 정신건강 의료서비스 기관의 예산 증액을 위해 노력했다. 그는 진정한 다이버전 프로그램을 다음과 같이 설명 한다.

다이버전 프로그램은 심각한 정신질환까지 지원을 확대해야 하고, 경찰이 문 밖에 오기 전에, 법정에서 판사 앞에 서기 전에 그리고 구치소에 수감되기 전에 대상자가 치료를 받을 수 있도록 해야 한다… 지원을 확대한다는 것은 형사사법제도가 개입하는 것을 줄이는 것을 의미하고, 정신질환자 본인과 그 가족들의 삶의 질이 개선되는 것을 의미한다.[192]

위스콘신(Wisconsin) 매디슨(Madison) 경찰국장 마이크 코발(Mike Koval)은 경찰에 의해 정신질환자들이 사망하는 사건들이 발생한 이후 수년간 지역사회 기반의 정신건강 의료서비스를 확대할 것을 주장했다. 그는 교육을 강화하거나 전문적인 대응팀을 활용하더라도 여전히 경찰이 할 수 있는 일은 한계가 있다는 것을 실감했다. 마이크 코발은 "개인들의 정신건강 문제가 심각한 단계까지 가기 전에 선제적으로 사전 대책을 마련하고 기관 간 협업을 통해 대응해야 한다"고 주장한다. 그렇지 않으면 정신질환자와 관련한 경찰의 다양한 시도들은 더 끔찍한 결과로 나타날 것이라고 경고한다.[193] 한편, 마이크 코발은 정신건강 의료기관을 폐쇄하려는 주정부에 대한 소송을 담당할 수 있도록 매디슨시의 허가를 받았다. 그는 주(state) 정부의 조치로 인해 경찰관들이 더 멀리 떨어진 곳으로 사람들을 후송해야 하기 때문에 범죄예방에 투입하는 경찰자원과 예산의 상당부분을 다른 쪽으로 전용하게 된다고 주장 했다.

플로리다 정신건강 연구소(Florida Mental Health Institute)에 따르면 만성적 정신질환자관리가 형사사법기관의 주요 재정 지출원이라고 한다. 연구소는 97명의 만성 정신 질환을 앓고 있는 범죄자들이 5년이 넘는 기간 동안 2,200건의 체포, 27,000일 간의 구치소 수감, 13,000일 간의 위기상황실, 주립 병원과 응급실 수용 처분을 받은 것을 확인했다. 이들을 위해 납세자들이 지출한 비용이 1,300만 달러에 이른다. 정신질환자 한 명당 연간 27만 5천 달러를 지출하는 것이다. 마이애미 데이드(Miami-Dade) 구치소에서는 약 1,400명의 재소자가 정신치료 약물을 복용한다. 이 교정시설들은 플로리다에서 가장 큰 정신 질환자 수용소나 마찬가지이다. 이 지역 납세자들은 정신건강치료에 연간 8천만 달러를 부담하고 있다.[194] '베라 사법연구소(Vera Institute of Justice)'에 따르면 정신질환자를 수감하는 것이 지역사회 기반 정신건강 의료기관을 활용하는 것보다 2~3배 많은 비용이 소요된다고 한다.[195]

단지 전문화된 경찰조직과 구치소와 교도소의 정신건강 의료서비스를 강화하는데 힘겹게 증액시킨 예산을 투입하는 대신에 우리의 정신건강 의료서비스 체계에 대한 대대적인 점검이 필요하다. 최근 몇십 년 사이 공공 정신보건서비스를 위한 예산이 수십 억 달러 삭감되었다. 주정부는 고비용의 경영상태가 열악한 병원을 폐쇄시켰지만 지역사회 기반의 정신보건서비스에 대한 예산지원은 이루어지지 않았다. 이젠 강제적인 치료에 의존하는 대신에 필요하다면 다양하고 문화적 적합성을 갖춘 지역사회 기반의 지원서비스를 제공함으로써 대상자들이 쉽게 접근할 수 있도록 해야 한다. 안정된 삶의 여건 속에서 장기적인 지원서비스가 제공되면 심각한 장애를 가지고 있는 사람들도 지역 공동체에 제한적인 영향을 미치며 독립적으로 살아갈 수 있다. 일부 지역에서는 이미 이러한 방향으로 나아가고 있다. 마이애미(Miami)에서는 폐쇄된 병원을 중증 정신질환자들을 위한 사회복귀 지원 공간으로 탈바꿈시키기 위해 노력하고 있다. 이 시설에서는 안전한 상담·지원 공간, 치료시설, 단기숙식 장소를 제공한다.

이런 노력이 한걸음 올바른 방향으로 나아가는 것으로 볼 수 있지만, 여전히 적합한 의료지원서비스와 함께 안정적인 숙식을 제공하는 장기적인 해결책은 되지 못하고 있다. 한편, 시설의 일부는 '정신질환자 전문 법원(Mental Health Court)'이 사용하게 되는데, 이곳에 사용되는 예산은 오히려 숙식과 의료서비스를 제공하는 예산으로 사용하는 것이 바람직하다.

또한, 조현병과 같은 심각한 정신질환을 앓고 있는 사람들을 위한 의료서비스에 특별한 관심을 가져야 한다. 이들이 제대로 치료받지 못하는 경우 심각한 반사회적 행동을 보이거나 잠재적으로 매우 위험한 행동까지도 할 수 있다. 이런 사람들에게 약을 나눠 주고 노숙자쉼터나 복지시설에서 숙식을 제공하는 것이 적합한 대처방안은 아니다. 안정적 생활 여건이 갖추어지지 않고 지원이 없다면 환자들이 약을 복용하는 것을 중단할 가능성이 높다. 강제 수용이나 강제 약물치료보다는 안전하고 제대로 된 지원서비스가 갖추어진 주거환경이 이들에게 더 안정감을 줄 것이다. 일정한 주거가 없고 정신치료 약물을 중단하고 있는 사람들을 위해서 현장에 나가 이들을 지원할 수 있는 민간 아웃리치(outreach)팀과 안전한 상담·지원공간이 필요하다.

마지막으로, 정신건강 문제로 심각한 위기상황이 발생하는 경우 대상자와 가장 대립과 갈등이 적은 방식으로 접근해야 한다. 이를 위해서 훈련된 민간 정신건강 의료종사자가 기본적으로 배치되어야 한다. 이들은 정신질환자들에게 위협을 가하거나 갈등이 격화되는 것을 최소화할 수 있다. 물론, 이들도 정신질환자들을 대응하면서 위험에 처할 수 있지만 정신질환자를 다루는데 경험이 있고 훈련된 사람들은 이런 위험성을 잘 알고 있고, 이들을 원만하게 다루는 기술을 가지고 있다. 폭력성 있는 사람들이 수용되는 주립 정신병원에서도 의료종사자들은 보통 최소한의 물리력을 사용하여 환자들을 다룬다. 물론 어떤 경우에는 과도한 물리력을 사용하기도 하지만 무장 경찰관보다는 사망사고를 일으킬 가능성이 훨씬 적을 것이다.

제5편

노숙자들을 범죄자로 만들다

1장 노숙자 문제의 근본 원인

   노숙이 범죄는 아니지만 노숙하는 사람들은 경찰과 빈번하게 접촉하는 경향이 있다. 특히, 성인 노숙자나 정신질환 노숙자는 더욱 그렇다. 경찰은 노숙자들을 위해 사회복지 서비스를 제공하거나 질서를 유지하고 법을 집행하도록 요구받는다. 결국 경찰은 노숙자들을 체포하거나 다른 사회복지기관에 위탁한다. 그리고 이들에게 노숙하는 장소에서 떠나도록 명령한다. 하지만 이런 조치들은 노숙자들에게 거의 도움이 되지 않는다.

   가난한 사람들과 노숙자들에 대한 경찰활동은 새로운 것이 아니다. 현대적인 형태의 노숙은 1980년대에 나타났지만, 이미 19세기와 20세기 초에 대량의 노숙자들이 출현하기 시작했고 이들은 경찰에게 심각한 사회 문제로 대두되었다. 1800년대 후반 이민자들이 쇄도하면서 도시에서는 일자리를 찾지 못해 집값을 낼 수 없는 사람들이 넘쳐났다. 호황기에는 이런 것이 문젯거리도 아니었지만, 금융 및 재정 붕괴 시기에는 많은 사람들이 실업자와 노숙자로 전락했다. 일부 사설 자선단체를 제외하고 사회안전망이 없었기 때문에 많은 사람들이 절망적인 상황에 놓여졌다.

경찰에게 노숙자들을 위한 몇 가지 지원을 해줄 것을 기대했지만, 이보다 더 중요한 것은 노숙자들이 일반 시민들에게 미치는 영향을 최소화해주는 것이었다. 뉴욕, 시카고, 워싱턴, 보스톤과 같은 도시들은 경찰서 지하 공간을 야간 노숙자 임시 거처로 활용했다. 더러운 바닥과 열기 약한 난로에 불과하더라도 노숙자들에게는 이런 공간이 악천후를 피할 수 있는 쉼터가 되었다.

그러나 다른 정부기관 건물이 아니라 경찰서에 노숙자들을 수용하는 결정은 경찰이 일반 사회질서 유지의 역할을 한다는 것을 나타냈고, 노숙자들이 잠재적인 사회적 위해요소라는 것을 암시했다.

오늘날 대부분의 도시들은 일정 수준의 긴급 임시거처를 제공하고 있다. 특별히 가족을 위한 거처도 제공된다. 하지만, 수용 가능한 인원이 항상 부족한 상황이다. 몇몇 임시 거처에서는 추첨으로 야간 침상을 배정하고, 배정 받지 못한 사람들은 노숙을 할 수밖에 없다. 공원이나 다른 장소에서 노숙하는 사람들은 끊임없는 경찰 단속에 시달린다. 왜냐하면, 인근 지역 주민들이나 상인들이 노숙자들로 인해 그들의 '삶의 질'이 저하된다고 민원을 제기하기 때문이다. 경찰은 일상적으로 노숙자들의 야영시설을 해체하고, 이들을 더 멀리 외진 곳으로 내몬다. 결국 노숙자들은 강·절도, 폭행 등 범죄와 악천후로 더 열악한 상황에 내몰린다.

야간에 머물 곳을 얻은 사람들조차도 낮에는 상황이 바뀐다. 사회서비스기관을 찾아다니거나 할 수 있는 한 일거리를 찾는 것 이외에는 거의 할 일이 없다. 이들 중 많은 사람들이 정신질환을 앓고 있거나 약물중독자들이다. 혹은 두 가지 문제를 다 가진 사람들이다. 이 사람들이 공원, 지하철, 인도에 나와 있는 자체가 더 위협적인 것으로 보인다. 일부는 암거래 시장에서 일을 한다. 또 다른 사람들은 일반 평균적인 사람들의 행동양식을 준수하는데 무관심하거나 아예 그렇게 살 수가 없다. 결과적으로 사람들은 이들의 행동을 규제하도록 경찰에게 대응을 요청한다. 어떤 경우는 엄중한 경고나 다른 곳으로 이동할 것을 명령하는 것으로 충분하고, 또 다른 경우에는 쓰레기 투기, 노상방뇨나 다른 경범죄로 범칙금 통고처분서를 발부한다. 이들에게 발부되는 범칙금 통고처분서는 거의 납부처리 되지 않고, 보통 경범죄 위반과 범칙금 미납 전과기록이 쌓이면서 법원, 구치소 그리고 재체포의 악순환이 반복된다. 범칙금 통고처분은 이들이 처한 상황을 개선시키는데 아무런 효과가 없고, 그들의 행동양식을 변화시키기 보다는 일정한 장소에서 노숙자들을 쫓아내는데 주로 활용된다. 노숙자들에 대한 잦은 구금은 이들로 하여금 사회 서비스에 접근하는 것을 방해하게 되고, 노숙자 상태를 벗어 날 수 있는 수단을 제거함으로써 결국 고용 가능성을 저하시킨다.

이런 전략이 성공적이지 못할 때 도시들은 흔히 한층 강화된 전략으로 고개를 돌린다. 새로운 법을 만들어 경찰에게 노숙자들을 관리할 수 있는 더욱 많은 권한을 부여한다. '국립 노숙자·빈곤 법 센터(National Law Center on Homelessness and Poverty)'는 노숙자들과 관련한 행위를 처벌하는 새로운 법들이 증가하고 있는 현황을 조사하였다.[196] 187개 도시를 조사한 결과, 도시 전역에서 공공장소 야영을 금지하는 곳이 33%, 특정 장소에서 금지하는 곳이 57%였고, 이중 18%는 공공장소에서 잠자는 행위를 금지하고, 27%는 특정 장소에서 잠자는 행위를 전면 금지하고 있었다. 그리고 조사 대상 도시의 1/4이 도시전역에서 구걸행위를 제한하고 있고, 33%는 도시전역에 적용되는 부랑자 금지법을 시행하고 있다.

또한, 특정 구역에서 앉거나 눕는 행위를 금지하는 도시가 53%, 차량에서 취침하는 행위를 금지하는 곳이 43%로 조사되었고, 9%의 도시들은 무료급식을 나누는 행위를 금지하는 법을 시행하고 있다.

이런 유형의 규제 법률들은 계속 증가하고 있는 것으로 조사되었다. 2011년부터 2014년까지 행위 유형별로 야영금지 60%, 지정된 지역의 노숙금지 34%, 도시 전역 구걸행위 금지 25%로 규제 법률이 증가했고, 부랑자금지법은 35%, 앉거나 눕는 행위 금지법 43%, 차량 내 취침을 금지하는 규제 119%가 증가했다. 한편, 이런 현상은 미국 전역에서 제기되고 있는 문제이다.

시애틀은 노숙행위를 강력하게 처벌하는 도시이다. 다양한 법률을 실험한 이후 시애틀에서는 새로운 민사적 규제 접근방식을 도입했다. 노숙행위와 관련된 어떤 경범죄 위반 행위를 저지르는 노숙자가 발견될 때마다 체포하는 대신에 특정 지역의 출입을 금지하는 방식이다. 예를 들면, 공원, 저렴한 모텔지역 또는 주거구역 전체에 대해서까지도 금지시킨다. 출입금지 기간은 하루인 경우도 있고, 더 길게 정해지는 경우도 있다. 출입금지를 위반한 사람들은 체포되고, 보다 장기간의 출입금지 처분을 받는다. 이 경우 좀 더 넓은 구역의 출입금지 처분을 한다. 수년이 지난 후 일부 노숙자들은 도시 전역의 모든 공원과 주요 구역에 출입이 금지되었다. 캐더린 베킷(Katherine Beckett)과 스티브 허버트(Steve Herbert)는 이런 규제 방식은 가난하고 혐오의 대상인 사람들을 관리하는 전략으로서 마치 중세시대의 불명예스러운 추방조치로 회귀하는 것이라고 비판한다.[197]

이러한 조치는 형사적 명령이 아닌 민사적 처분이기 때문에 경찰에게 출입금지 처분을 내리거나 집행하는데 있어 전적으로 재량권이 있다. 베킷(Beckett)과 허버트(Herbert)는 경찰관들이 특정 행위보다는 그들이 인식하는 사회적 지위에 근거하여 재량적 조치를 취하는 사례들을 조사했다. 경찰관들은 처분 대상자들에게 진술의 기회를 주지 않는 경우가 많고, 이들은 변호인 선임권도 갖지 못한다. 또한, 경찰은 처분을 위한 입증책임을 거의 부담하지 않는다. 일반적으로 경찰관들은 출입금지 처분을 다른 법집행 효과를 기대하며 사용한다. 자신들의 관할 구역에서 문제를 제거하고 다른 곳에 떠넘기면서 더 나아가 노숙자들을 고립시키고 궁핍하게 한다.

크고 작은 도시를 막론하고 노숙자의 수는 증가하고 있다. 뉴욕, 로스앤젤레스, 시애틀 모두 최근 몇 년 사이에 노숙자와 긴급 임시거처 숙박자들이 급증했다. 결과적으로 이들 도시뿐만 아니라 다른 도시들도 공공장소에서 질서위반 행위들이 증가하고 있다. 행동거지가 아주 바른 사람들조차도 밖에서 살다보면 흉물스런 모습으로 변한다. 노숙자들의 음식, 침구, 소지품들은 보잘 것 없는 모습을 하고 있다. 노상방뇨를 하거나 공공장소에서 잠을 자는 것은 이들에게 어쩔 수 없는 선택이고 이로 인해 범죄인으로 취급되어 끔찍한 형사사법체계 굴레에 빠지게 된다. 사실 모든 노숙자들이 올바른 행동을 하는 것은 아니다. 정신질환과 약물중독으로 질서를 어지럽히고 불법적 행위를 하는 사람들이 있다. 이들은 공공장소에 사람들이 오기 싫게 만들거나 흔치는 않지만, 위험한 곳으로 만들어 지역사회를 어지럽힌다.

범죄화를 통해 노숙자들을 배제하려는 몇몇 시도들은 경제적 개발 계획과 관계되어 있다. 로스앤젤레스 '안전 도시 계획(Safe Cities Initiative)'은 역사적인 '스키드 로우(Skid Row)' 지역에 고급 주택단지를 조성하기 위해서 노숙자들을 몰아내기 위한 뻔뻔한 시도였다.[198] 아이러니하게도 스키드 로우 지역 자체도 본래 최빈곤층 사람들을 다른 거주 지역으로부터 격리하기 위해 사회정책의 일환으로 조성된 빈민 집단거주지의 하나였다. 하지만 LA 도심가가 발전하고 매력적인 곳이 되면서 스키드 로우 지역도 부동산 개발업자들에겐 가치 있는 지역으로 변했다.

'안전 도시 계획'의 공식적인 목표는 깨어진 유리창 이론에 근거한 집중적인 법집행활동을 통해 대상지역인 55구역의 범죄율을 감소시키는 것이었다. 이 구역에 수많은 전문 대응팀과 함께 50명의 경찰관이 추가로 배치되었다. 노숙자 야영캠프가 철거되었고, 수천 명이 체포되고 더 많은 사람들에게 소환장이 발부되었다. 또한, 경찰은 공개적으로 노숙자들을 사회적 지원 서비스를 받도록 하는 데 이용되었다. 이를 위해 경찰은 공식적인 대체형벌 프로그램이나 비공식적인 순찰활동 등 다양한 방법을 활용하였다. 포레스트 스튜어트(Forrest Stuart)는 일상적으로 경찰관들이 사회적 지원 서비스를 거부하는 사람들보다 프로그램에 참여하는 사람들에게 어떻게 관대하게 대하는지를 잘 묘사하고 있다. 하지만 이런 프로그램들은 자립을 위한 12단계 방식으로 이루어지는데 부분적으로라도 성공하는 경우가 거의 없다. 왜냐하면, 영구적인 주거, 직장 또는 지속적인 보건·의료 서비스가 제공되지 않기 때문이다. 이런 구조는 프로그램 참여자들이 자립에 실패하고 다시 노숙자가 되는 회전문 현상을 가져오고, 실패한 책임이 실제로는 잘못된 사회안전망 때문인데도 이들 노숙자에게 책임을 전가하게 만든다.

결론적으로, '안전 도시 계획' 지지자들은 이를 통해 대상 지역의 강·절도 범죄를 연간 약 50건 줄였다고 강조한다. 여기에는 6백만 달러 이상의 경찰활동 비용과 법원, 교도소 운영을 위해 추가적인 1억 천 8백만 달러가 투입되었다. 이에 반해 시, 주정부와 연방정부가 LA 카운티 전체의 노숙자 지원을 위해 지출하는 비용은 연간 약 6억 달러에 불과했다. 물론, 집중적이고 침략적인 방식의 경찰활동이 노숙자들을 다른 곳으로 이동시키면서 아마도 일부 범죄도 이전시킨다. 그러나 노숙자 전체 규모를 감소시키는 데는 아무런 효과가 없다.

몇몇 사례에서 강압적인 노숙자 추방은 치명적인 결과를 초래했다. 2014년 3월 알부커크(Albuqerque) 경찰은 교외지역의 공개된 장소에서 허가받지 않은 야영캠프를 철거하는 과정에서 제임스 보이드(James Boyd)를 사살했다.[199] 인근 주민이 조현병으로 소리를 지르는 보이드에 대해 경찰에 민원을 제기했고, 출동한 경찰은 칼을 들고 위협하는 보이드와 맞닥뜨렸다. 훈련된 위기협상팀이 장시간 협상을 진행했고, 5시간의 고립 이후 보이드는 여러 차례 총을 맞고 사살되었다. 사건 장면이 촬영된 바디캠 영상을 보면 사살될 당시 보이드는 경찰관들과 함께 가기 위해서 소지품들을 주워 모으고 있는 것처럼 보였다. 그에게 총을 쏜 두 명의 경찰관이 재판에 넘겨졌다. 재판결과 배심원단의 의견이 엇갈려 판결을 내리지 못했고, 지방검사는 재기소를 포기했다(보이드는 죽기 전 오랫동안 심각한 정신질환으로 치료를 받았고, 형사사법제도의 굴레 속에 있었다).

2015년 봄 2명의 노숙자가 LAPD 경찰관들에게 살해되었다. 첫 번째 사건은 절도사건에 대해 질문하는 경찰관들과 몸싸움 과정에서 등 뒤에서 총을 맞아 사망한 찰리 뢴듀 크냉(Charly Leundeu Keunang) 사건이다.[200] 크냉은 정신질환을 앓고 있었고, 교도소 수감생활을 했다. 그리고 메스암페타민 복용 상태였고 카메룬으로 국외추방이 예정되어 있었다. 핸드폰으로 촬영된 영상을 보면 경찰관들은 LA 스키드 로우(Skid Row) 구역에서 임시 야영시설 주변에 있던 크냉을 추격하였고, 저항하는 그에게 제지 명령을 하였다. 순간 한 명의 경찰관이 동료의 총기에 대해서 무언가 말을 한 후 크냉에게 총을 발사하였다. 바디캠 영상은 공개되지 않았으나 영상을 본 사람들과 사건 현장 주변에 있던 사람들에 따르면 크냉이 경찰관의 총기를 탈취했거나 탈취하려고 시도하지 않았다고 진술한다.

두 번째 희생자는 브렌든 글렌(Brendon Glenn)이란 사람으로 베니스 비치(Venice Beach) 지역에서 여러 해 동안 노숙을 하던 사람이다. 비록 알코올 중독자이지만 지역 주민들이 그를 잘 알고 있고, 나쁘게 생각하지 않았다.[201] 어느 날 경찰이 소란행위 신고를 받고 출동했다. 처음에 경찰은 별다른 사고 없이 글렌에게 구두로 대응했다. 그러나 나중에 글렌이 술집 출입 관리자와 다툼이 생겨 경찰이 다시 출동했을 때는 몸싸움 과정에서 그에게 총기를 발사했다. 근처에 있던 보안카메라에 찍힌 영상을 보면 글렌은 비무장 상태였고, 경찰관이나 일반 시민들에게 위협을 가하는 것처럼 보이지도 않았다. 경찰관계자들이 이 사건에 대해 심각한 우려를 표명한 것처럼, 몇 차례의 항의시위와 주민 회의가 개최되었다.

위에서 언급한 3명의 사례를 보면 3명 모두 빈번하게 공공질서에 위해를 야기했으며, 공공안전에도 위협이 된 것으로 나타난다. 하지만 이들의 위해와 위협을 관리하기 위해 경찰이 한 행동은 대체로 비효율적이었고 심지어 생명을 앗아가는 결과가 발생했다.

체포나 구금의 위협은 이들이 과거에 이미 모두 경험했기 때문에 이들에게 영향을 미치지 못했다. 처벌 중심의 형사사법제도는 노숙, 정신질환, 약물중독에 내재되어 있는 뒤얽힌 문제들을 다룰 수 없었다. 이런 근본적인 문제들이 그들의 문제적 행동을 유발했고, 경찰에게 노숙자들을 관리하는 임무가 부여되었다. 하지만 노숙자들이 다른 사회구성원들에게 끼치는 악영향을 감소시키려는 경찰의 노력은 성과가 없었다.

노숙자들을 범죄자화 하려는 경향은 여전히 강하게 남아있다. 많은 사람들이 사회에서 소외된 이들에 대해서 동정심을 가지고 있지만, 또한 도시 지역의 주거 여건이 악화되는 것에 대한 불만이 매우 높은 것도 현실이다. 삶의 질에 대한 우려는 자신들의 삶의 수준이 낮아진다고 생각하는 사람들에게 폭넓은 불안감으로 작용한다.

일부 사람들은 무질서한 행위가 늘어가면서 자신들의 사회적, 경제적 지위가 저하되는 것을 심각하게 걱정한다. 이와 동시에 경제적으로 좀 더 형편이 나은 사람들은 계속 늘어가는 주거비용 때문에 스트레스를 받는다. 뉴욕이나 샌프란시스코 같은 도시에 사는 사람들은 수입의 절반 이상을 주거비용에 지출하고 있고 그 이상을 지출하는 사람들도 있다. 증가하는 주거비용은 하나의 사회적 특권의식과 경제적 불안감을 조성한다. 이것은 자유주의자들에게조차도 지방정부로 하여금 주거지역의 한복판에 있는 노숙자들에게 강경한 조치를 취할 것을 요청하게 만든다. 오랜 자유주의 운동의 역사 속에서 뉴욕이나 샌프란시스코에서 사회운동가들이 노숙자 야영캠프를 철거하도록 경찰에 요청하는 역할을 했던 것을 확인할 수 있다.202

상인들은 걸인들, 노숙자나 근처에 이상한 행동을 하는 사람들을 다른 곳으로 쫓아내야 하는 압박을 훨씬 크게 느낀다. 이 문제를 다루는 것은 '업무 개선 지구(Business Improvement District)' 설립을 추진하려는 이유 중의 하나였다. 보건위생과 안전 서비스를 증진하기 위하여 지역 상인들로부터 자금을 유치하였고, 노숙자 지원 센터를 설립하는 사례도 있었다. 최악의 경우 사업 주체들이 강제력을 동원하여 노숙자들, 걸인들, 정신질환자들을 불법적으로 이주시키는 데 개입하였다.203

대규모 노숙자들에 의해 무질서가 야기되었고 이는 보수적인 도시정책이 등장하는 데 큰 역할을 했다. 노숙자들에게 호의적인 자유주의자들은 경제적 문제를 해결하는 정부의 역량에 의문을 제기하는 신보수주의자들로 대체되었다. 신보수주의자들은 공격적인 경찰활동에 의존하여 노숙자들을 일반시민들의 시야에서 몰아냈다. 한편, 자유주의자들은 무질서에 대해 사회적 관용을 요구하였고, 장기적인 대책들이 시도되었지만 한 번도 현실화되지 못했다. 이런 역학관계의 중심에는 뿌리 깊은 보수주의 '깨어진 유리창(Broken Window)'이론이 자리하고 있다. 일반적으로 이 이론을 바탕으로 한 경찰 활동은 회전문 효과만 나타낸다. 노숙자들은 체포되었다가 교도소와 사법제도를 거친 후 원래 처했던 삶의 여건과 함께 지역사회로 되돌아온다. 이런 과정은 누군가에게 안정적인 삶을 가져다 주지 못한다. 관계기관들은 노숙자들에게 영구적인 주거나 장기적인 정신건강 또는 약물중독 치료서비스 조차 단 한 번도 제공해주지 못했다. 결과적으로 재체포 되는 것이 일반적이다. 뉴욕시를 대상으로 한 최근 연구에 따르면, 구금시설에서 대부분의 시간을 반복적으로 보내는 사람들 800명을 조사해 보니 절반 이상이 노숙자였다. 조사대상 사례에서 가장 많은 범죄유형들은 사소한 경범죄, 마약소지와 무단침입이었다.[204] 이런 범죄들로 노숙자들을 지속적으로 체포하는 것은 이들의 행동양식을 변화시키고 사회에 미치는 악영향을 감소시키는데 거의 효과가 없다. 또한, 그들이 노숙자 생활을 끝내는데 도움이 되지 않는다는 것이 분명하다.

이런 과정에는 과도한 비용이 지출된다. 뉴욕시는 앞선 800명을 교도소에 보내면서 5년간 1억 2천 9백만 달러를 지출했다. 연간 한 명당 3만 달러 이상의 예산을 지출한 것이다.[205] 주거 지원에 지출하는 예산은 이보다 적다. 그리고 여기에는 응급실 비용, 임시 주거비, 지원활동비 등은 포함되지도 않았다. 2013년 유타(Utah)주 '주거·지역개발국(Housing and Community Development)'은 연간 노숙자 한 명에게 지출되는 응급실 치료비와 구금시설 비용이 평균 만 6천 달러 이상이고, 전액 보조금으로 지원되는 아파트의 비용은 만 천 달러에 불과하다고 발표했다.[206]

뉴멕시코 대학의 연구에서는 노숙자들에게 주거를 제공하면 교도소 예산을 64% 절감할 수 있다고 한다.[207] 플로리다 중부 연구자들은 만성적인 노숙자들에게 영구적인 주거를 제공하고 생활 지원을 하면 지역 납세자들이 교도소 운영과 의료보험에 지출하는 비용에서 1억 4천 9백만 달러를 절약할 수 있다고 발표했다. 남캘리포니아(Southern California) 대학에서 진행된 심층 사례연구에서는 2년간 노숙자들에게 지출한 공공서비스 총비용이 일 인당 187,228달러였고, 이에 반하여 2년간 한명에게 생활지원과 영구적인 주거 제공에 드는 비용은 107,032달러라고 발표하였다.[208] 즉, 80,256 달러 약 43%가 절약된다.[209] 그리고 형사사법 비용은 평균 2만 3천달러 이상 지출하던 것이 한 푼도 들지 않게 된다.

노숙자들을 범죄자화하는데 활용되는 많은 법령들이 위헌으로 결정되었다. 많은 구걸행위 금지명령들이 위헌 결정이 났다. 자발적 기부를 요청하는 것은 표현의 자유에 해당하고, 이것을 금지하는 것은 수정헌법 제1조에 명시된 것처럼 표현의 자유를 침해하기 때문이다.[210] 법원은 몇몇 사례에서 금지명령을 기각했다. 왜냐하면, 헌법에 배치될 정도로 규정이 모호하고 무질서하지만 악의 없는 행위를 처벌하는데 경찰관에게 지나치게 과도한 재량권을 부여하고 있기 때문이다. 지방자치단체들은 야영시설을 철거하는 과정에서 사람들의 소지품을 파손함으로써 법적 소송을 겪게 된다. 법원은 압수된 물건들은 주의를 기울여 관리하고 누군가 반환청구 할 수 있도록 잘 보관해야 한다는 점을 명백히 했다.[211]

2015년 미국 법무부는 "만일 노숙자들이 금지된 장소에서 노숙하는 것 이외에 다른 생존 대안이 없다면 미 전역에서 집행되고 있는 노숙(취침이나 야영) 금지 법령들이 위헌성의 우려가 있다"고 발표했다.[212] 특히, 지방자치단체에서 임시 거처를 요청하는 사람들에게 적합한 임시 거처를 제공하지 못하면서도 이들에게 공공장소에 취침을 금지하는 것은 문제가 있는 조치이다. 길거리에 남겨진 사람들이 잠을 잔다는 이유로 범죄자가 되어서는 안 된다.

또한, 노숙자들을 범죄자화하는 것은 '국제고문방지협약'과 '시민적·정치적 권리에 관한 국제협약'을 위반하는 것이다.[213] 이 국제협약들은 모든 사람들은 주거의 권리가 있고, 각 정부는 무질서나 미적인 측면에 대한 우려보다 국민들의 건강과 행복을 우선시해야 할 의무가 있다고 선언한다. 노숙자 문제는 관계된 사람들에게 막대한 비용을 부담시킨다. 그리고 노숙자를 범죄자화하는 노력들은 보다 많은 사람들에게 주거를 제공하지도 않으면서 그런 비용만 가중할 뿐이다.

국제인권법도 사람들에게 자유롭게 이동할 권리를 명문화하고 있다. 「부랑자 금지법」으로 노숙자들이 특정 지역에 접근하는 것을 제한하거나 보호관찰 조건으로 특정 지역에 노숙자들의 출입을 금지하는 법령들은 국제인권법에 위배될 수 있다. 그리고 차별적 목적을 가진 법률과 인종 및 경제적 지위의 관점에서 차별적 결과를 야기하는 법률은 '세계 인권 선언' 뿐만 아니라 관련 국제 협약들과 배치될 수 있다. 국제법도 무단점유자들에게 일부 권리를 인정하고 있다. 다른 대체 주거를 제공하지 않고 여러 해 동안 거주하고 있는 노숙자의 야영캠프를 철거하는 것은 국제법에 위반될 수 있다.

2014년 유엔 인권위원회는 미국의 '시민적·정치적 권리에 관한 국제협약'의 준수에 대한 심각한 우려를 표명했다.

> 위원회는 특정 지역에서 먹고, 자고, 앉는 등 일상적인 활동을 위해 길거리에서 사는 사람들을 범죄자화하고 있다는 보고에 대해 우려하고 있다. 또한, 이들을 범죄자화하는 것은 차별적이며 잔인하고, 비인간적이며 모욕적인 처우가 될 수 있다고 지적한다.[214]

이것은 미국이 가입한 협약에 관한 공식적인 판단이다. 따라서 법원은 여기에 기속되며, 이것은 노숙자를 범죄자화하는 것이 잔인하고, 비인간적이며 모욕적인 처우라고 판단하는 준거를 마련해 준다. 또한, 이것은 잔인하고 비인간적인 처벌을 금지하는 미국 헌법과 고문에 관한 국제법규와 맥을 같이 한다.

설령 범죄자화가 성공적이고, 합법적이며 비용효율이 높다고 할지라도 그것은 여전히 비윤리적이다. 우리는 시장이 경제 질서의 가장 밑바닥에 있는 사람들에게 거처를 제공할 수 없는 사회적·경제적 환경 속에 살고 있다. 정부도 그런 부족한 부분을 채우는 것을 꺼린다. 주어진 현실이 이러한데 우리가 어떻게 노숙자 문제를 형사사법 문제로 다루는 것을 정당화할 수 있겠는가? 법은 보편적으로 적용되는 것처럼 보이지만 항상 가난한 사람들이 법을 위반하도록 더 큰 압박을 받고 불법적 행동을 할 위험성이 더 크다는 사실을 고려하지는 못한다. 1894년 아나톨 프랑스(Anatole France)가 지적한 바와 같이, "법의 준엄한 평등정신 속에서, 그것은 가난한 자나 부자나 똑같이 다리 밑에서 잠자는 것, 거리에서 구걸하는 것 그리고 빵 덩어리를 훔치는 것을 금지한다."

여기에서 실질적 정의의 문제가 제기된다. 아무리 법이 평등하고 어떤 편향성이나 악의 없이 집행된다고 하더라도, 여전히 상습범들보다도 노숙자들, 정신질환자들 그리고 가난한 사람들이 대규모로 구금되는 결과가 발생한다. 결국, 노숙자들을 범죄자화하는 것은 심화하고 있는 불평등을 관리하는 수단으로 이해되어야 하고, 이를 위해 국가는 점점 처벌 중심의 통제시스템을 활용해야 한다. 노숙자들에 대한 공격적인 경찰활동이 중산층 주민들의 삶의 질을 개선하는 것으로 보일 수 있으나 그들의 삶의 질을 개선하는 이면에는 노숙자들의 삶의 조건을 더욱 악화시키고 있다. 이 과정에서 중산층 주민들의 삶의 질을 개선한다는 것은 선출직 관료에게 가난한 사람들을 위한 도시정책을 추진해야 하는 책임감을 덜어 준다. 한편, 도시정책의 변화는 주거정책과 고용시장뿐만 아니라 보건의료와 같은 본질적인 사회서비스의 구조적 변화를 의미한다.

2장 개혁정책

　많은 경찰기관들이 노숙자나 정신질환자들을 담당하는 전문 현장대응팀을 창설했다. 경찰관들은 주로 갈등 고조 상황에서 정신질환 및 약물중독 문제를 다루며 상대방과 신뢰를 형성하는 방법에 대해 훈련을 받는다. 또한, 현장에서 활용 가능한 유관기관과 위탁 절차에 대해 교육 받는다. 경찰관들은 팀 단위로 근무하고, 민간 정신건강 종사자와 합동으로 근무하기도 한다. 이들은 노숙자들과 교류하고 관계를 형성하면서 노숙자들이 거리에서 벗어나 지원기관의 서비스를 받도록 유도한다. 이와 같은 프로그램의 근본적인 한계는 경찰관들이 제공할 수 있는 실질적인 지원이 거의 없다는 점과 즉시 노숙자들이 활용할 수 있는 안정적인 주거를 거의 확보하고 있지 않다는 점이다. 이것은 전문 현장 대응팀이 설령 사회복지사, 자원봉사자, 의료진과 함께 임무를 수행하더라도 여전히 처벌적 성격을 갖는다는 것을 의미한다. 배지를 단 정복 경찰관이 총과 수갑을 휴대하고 당신에게 여기서 야영을 하지 말라고 말한다면, 그것은 체포하겠다는 묵시적인 위협이고, 실제로 시간이 지난 후에 체포, 소지품 파손, 강제이주가 뒤따른다. 전문 정신건강 종사자들은 장기적인 안정을 위해서는 신뢰와 적절한 지원이 필요하다고 일관되게 이야기 한다. 이것이 충족되지 않으면 관련된 모든 이들에게 실망스런 결과가 나오고, 또 다시 강경한 정책과 체포에 대한 요청이 새롭게 제기될 수밖에 없다.

1. 노숙자 법원

최근 20년간 전문 법원 제도가 크게 성장을 해왔다. '법원 혁신 센터(Center for Court Innovation)'와 같은 조직들이 소년 법원, 마약 법원, 정신보건 법원, 퇴역군인 법원, 노숙자 법원을 설립했다. 전문 법원들은 사람들을 형사 법원을 거쳐 교도소로 보내는 대신 사회 지원기관들과 연결하려는 의도로 만들어졌다. 이런 목표를 달성하는 한 전문 법원의 설치는 가치있는 일이다.

애리조나 마리코파 카운티(Maricopa County)의 노숙자 법원은 형사처벌을 치료와 엄격한 감독 아래 진행되는 사회복귀 프로그램과 결합한다. 일반적으로 노숙자 법원의 처분은 일반 법원에서 유사한 유죄 피고인이 받는 선고형의 범위를 초과한다.[215] 이런 접근 방식은 여전히 개별적 형사책임 주의와 무책임함에 근거한 징벌절차이다. 이 법원은 노숙행위를 끝내기로 서약한 사람들을 대상으로 판결하지만, 이들을 위한 저비용 주거가 항상 부족한 실정이다. 법원이 명령하는 프로그램들은 생활지원과 영구 주거 지원은 말할 것도 없고 안정적인 주거를 포함하는 경우가 거의 없다. 대신 대상자들은 다양한 사회복지 프로그램에 참여하고, 법원에 출두해야 한다. 하지만 이런 것들은 노숙자들의 근본적인 문제를 해결해주지 못한다. 이들의 문제를 해결해 준다 하더라도 수입이 전혀 없거나 아주 적은 사람들에게 주거를 공급해주는 것이 전부이다. 근본적으로 노숙자 법원에서는 적정한 주거가 부족한 구조적인 문제에 접근하기보다는 누가 어떤 프로그램을 받아야 하는지 재조정만 하고 있다.

노숙자 법원과 대체형벌 프로그램의 인기가 높아지면서 또 다른 심각한 우려가 생겼다. 점점 형사사법제도를 통하는 것이 사람들이 선호하는 지원 사업에 참여할 수 있는 유일한 방법이 되었다. 프로그램 운영자들은 성공적인 결과를 보여주기를 원하고, 성공 여부는 적합한 지원을 할 수 있느냐에 달려 있다. 이런 프로그램들이 새로운 노숙자 지원 방안을 마련하는 것은 어렵기 때문에 기존 프로그램에서 임시거처 종사자나 다른 사회복지사들을 통해 여분의 노숙자 지원책을 확보하려고 노력한다. 어떤 경우에는 법원이 법정에 출석하는 사람들의 수요를 위해 일정 수의 임시거처 침상을 확보하는 경우도 있다. 이렇게 미리 임시거처의 침상을 확보해 놓는다는 것은 거처가 필요한 사람들에게는 더 이상 제공될 수 없다는 것을 의미한다. 임시거처 침상을 배정받기 위해 자발적으로 추첨에 참여했다가 탈락한 사람은 나중에 공원에서 잠을 자다가 체포될지 모른다. 그리고는 법원이 미리 확보해 놓은 같은 침상을 얻게 된다. 이런 구조 속에서는 훈련된 사회복지사에게 의존하는 것이 아니라 누가 도움이 필요한지 결정하는 경찰과 법원이 더 많은 자원과 권한을 갖게 된다.

3장 새로운 대안

이제 필요한 지원과 함께 저임금 일자리에 대한 급여를 인상하고 적절한 주거 공급을 늘리는 것이 노숙자 문제에 대한 근본적인 해결책이라는 것이 분명해졌다. 긴급 임시거처, 임시주택, 생활 기술 훈련, 강제 저축 프로그램은 전체 노숙자 규모를 줄이는 데는 아무런 도움이 되지 않는다. 공식적인 경제에서 소외된 사람들이나 빈약한 경제력을 가진 사람들이 늘어가면서 주택시장 자체도 이들에게 충분히 주거를 공급할 수 없다. 이런 상황에서 정부는 직접 개입하는 방법 이외에는 다른 선택이 없다.

1. 소득 지원정책

다른 무엇보다 노숙자문제는 수입과 주거비용의 불일치에 관한 문제이다. 지난 50년에 걸쳐 임금은 지속적으로 양극화되었고, 2008년 재정 붕괴 이후 더욱 심화되었다. 이 과정에서 더 많은 사람들이 빈곤 속으로 내몰렸고, 짓궂게도 많은 지역에서 주거비용이 심각하게 증가했다. 미국에는 천만 이상의 극빈 저소득층 무주택 가정이 있지만, 이들에게 제공될 수 있는 적정한 주거는 3백 2십만 호에 불과하다. 결과적으로 75%의 극빈 저소득층 무주택 가정은 수입의 50% 이상을 주거비에 지출한다.[216] 지난 20년간 임대료 상승은 전체 물가상승과 주택가격 상승을 앞선다. 공급이 줄어들고 있는 시장의 최하단에서 특히 이런 현상이 뚜렷하다.

또한, 복지급여 형태의 정부 급여 지원과 근로소득세액공제도 주거비 상승과 보조를 맞추는 데 실패했다. 많은 지역에서 복지혜택은 시장의 최하단에서조차 주거비 이하 수준이다. 복지급여를 높여주거나 등가의 바우처를 발급함으로써 사람들은 저비용 주택임대시장에 접근할 수 있다. 하지만, 새로운 주택이 늘어나지 않고 임차인들만 늘어나게 되면 임대료가 더욱 상승될 수 있다. 따라서 정부는 새로운 저비용 주택건설을 촉진하기 위해 전환 가치를 급격히 높이거나 직접 공공주택을 공급해야 한다.

2. 주거 우선정책

지난 20년에 걸쳐 배운 교훈이 있다. 노숙자들을 거리에서 벗어나게 하고 임시거처에서 나올 수 있도록 하는 가장 좋은 방법은 그들에게 즉각적으로 사용할 수 있는 영구적인 주거를 제공해야 한다는 것이다. 그리고 주거비는 매우 낮은 수준이거나 무상이어야 하고, 그들이 그곳에 거주할 수 있도록 선택할 수 있는 일정범위의 지원 서비스를 제공하는 것이 가장 좋은 방법이다.

이런 방법은 주거우선 접근 방식으로 알려져 있고, 중요성이 날로 커지고 있다. 과거의 노숙자 프로그램들은 긴급 임시 거처를 제공하는 것에 중점을 두었다. 여기에는 누군가를 안정화하고 직업이나 필요한 혜택을 준다면, 그 사람들은 주택시장에 진입할 수 있고 안정적이고 장기적인 주택을 확보할 수 있다는 믿음이 깔려있다. 그러나 현실은 그렇지 않다. 지속적으로 상승하는 주거비와 저임금이나 정부 보조금 사이의 괴리는 그런 믿음이 현실화 되지 못하게 한다. 정부는 주택시장에 개입해야 하고, 이를 위해 많은 정부 보조금을 받는 주택들을 대량으로 건설해야 한다.

연방정부는 주택법에 근거한 보조금을 모아서 대량으로 재정지원을 함으로써 도움을 줄 수 있다. 지방정부와 주정부는 주택 건설을 지원해야 하지만 그렇게 하는 곳은 많지 않다. 자유주의자인 빌 드 블라지오(Bill de Blasio) 뉴욕시장도 구역제 보너스제도와 다른 인센티브 제도를 활용하여 개발업자들이 새로운 건설계획에 보다 알맞은 주택공급을 포함시킬 수 있도록 해야 한다고 주장한다. 이런 주택들은 지금 임시 거처나 길거리에서 살고 있는 노숙자들이 감당할 수 있는 적정한 주거가 아니다. 그런 주택들은 안정적인 주거생활을 할 수 있는 필요한 지원이 함께 뒤따르지 않는다.

버지니아주는 주거 우선 정책을 적극적으로 추진하는 주요 지역 중 한 곳이다. 이곳에서는 노숙자 개인과 가족을 위한 주거 안정 지원 사업과 영구적인 주택지원 사업을 추진하고 있다. 2010부터 2016년 중반까지 버지니아주에서는 전체 노숙자가 31% 줄었고, 가족 단위 노숙자 규모는 37.6% 감소했다. 2015년에는 퇴역군인들의 노숙을 종결시킨 최초의 주가 되었다.[217] 유타 주도 일찍부터 주거 우선 정책을 추진했던 지역 중 한 곳이다. 전반적으로 정부 관료들은 정책 주진 결과에 만족했다. 이곳에서는 전체 노숙자 뿐만 아니라 경찰, 법원, 응급실과 교도소를 수시로 드나드는 만성적인 노숙자들이 현저하게 감소했다. 주 정부에서는 만성적인 노숙자들이 91% 감소했다고 과장해서 주장하지만 성과가 매우 인상적인 것은 사실이다.[218] 유타 주 노숙자 특별대책팀의 책임자였던 로이드 펜들턴(Lloyd Pendleton)은 "전체 노숙자 중 약 10%를 차지하고 있는 만성적 노숙자들은 그들만의 안전한 주거공간이 있다면 알코올과 마약 사용을 줄일 것이고, 또한 효과적인 사례관리와 함께 긍정적인 지역 공동체의 지원이 이루어지고 있다"고 말한다.[219]

3. 지역사회 복원 절차

흔히 노숙자를 위한 임시거처나 다른 프로그램들은 주요 준수사항들을 요구한다. 노숙자들은 청결하고, 술에 취하지 않아야 하며 위협적인 행동을 하지 말아야 한다. 이런 요구사항들은 합리적인 것처럼 보이지만 이로 인해 오히려 많은 사람들이 길거리에 남겨진다. 어떤 경우에는 요구사항이 현실적이지 못하거나 도덕적 훈계로 변하기도 한다. 몇몇 종교 기반의 지원 단체들과 세속적인 비영리 단체들까지도 개인책임주의 논리로 노숙자들의 현재 상황을 직·간접적으로 개인의 탓으로 돌리고 있다. 이들은 지원을 받는 조건으로 노숙자들에게 자진해서 일정한 도덕적 규약을 준수할 것을 요구한다. 이런 규약들은 성소수자들에 대해서는 특별한 제한을 가하고, 차별적이기까지 하다.

지금 즉시 우리가 주거 우선 정책으로 나아간다고 할지라도 한동안 살 곳을 기다려야 하는 사람들은 여전히 존재한다. 그리고 완전한 주택공급이 이루어지더라도 소외되는 사람들은 생겨난다. 우리는 이들이 삶을 안정화시킬 수 있도록 거주할 수 있는 공간을 제공하고, 이들이 지역사회에 미치는 악영향을 감소시켜야 한다. 가장 좋은 방법은 이들이 거리에서 벗어날 수 있도록 구호시설이나 긴급 임시 거처와 같은 시설을 활용해야 한다.

설령 이들이 정신질환, 약물중독, 다른 문제적 행동을 가졌더라도 경찰, 형사사법제도나 다른 처벌중심의 처우는 바람직하지 않다. 구호시설이나 긴급 임시 거처와 같은 시설들에는 사회복지사가 배치되어 있고, 실생활의 편의시설들, 예를 들면, 정신건강 및 상담 서비스, 우편함, 건강검진, 음식과 의류와 같은 서비스가 제공된다. 이런 시설들은 매우 성공적이고 상대적으로 비용이 저렴하다. 하지만 정부의 지원 서비스는 적합하지도 않고 실제 존재하지도 않는 경우가 많다. 매사추세츠 캠브리지에서는 '빵과 잼(Bread and Jams)'이라는 지역사회 기반의 지원단체가 활동했다. 이 단체는 노숙자들에게 주거 마련과 구직을 도와주면서, 정부의 보조금 지급과 보건의료 지원을 지지하고 정부정책을 끌어냈다. 불행히도 2014년 봄에 이 단체는 노숙자들 생활 안정과 삶의 질 개선 그리고 지역사회에 미치는 해악성 감소라는 단체의 의미 있는 역할에도 불구하고 불충분한 재정 지원으로 활동이 중단되었다.[220]

이상적으로는 노숙자들을 위한 시설을 위해서 지역공동체의 요구를 귀담아 듣고 이를 반영해야 한다. 하지만 임시 거처나 노숙자 지원 서비스들은 어느날 갑자기 지역사회에서 운영되지만 이로 인해 지역사회에 미치는 부정적 영향을 감소시키는 계획을 수립하는데 있어 지역 주민들과 함께 공동의 노력을 하는 것은 거의 찾아 볼 수 없다. 예를 들면, 일부 지역에서는 임시 거처에서 노숙자들을 이른 아침에 퇴소시켜서 이들이 거리를 배회한다고 불만을 제기한다. 샌프란시스코 노숙자 지원을 위한 '지역자원센터(Mission Neighborhood Resource Center)'는 이런 문제를 해결하기 위해 노력하고 있다.[221] 지역자원센터는 아무런 제약 없이 구호시설을 제공하고 보건의료, 사회복지 서비스나 임시 거처를 위한 관문의 역할을 한다. 또한 이곳에서는 리더십 계발을 통해 노숙자 교육 서비스 개선과 영구적인 주거가 제공될 수 있도록 지원하고 있다. 한편, 지역자원센터는 지역공동체와 함께 노숙자들이 주위에 미치는 부정적 영향을 감소시킬 수 있는 지원 서비스들을 발굴한다. 예를 들면, 샤워 서비스를 제공하거나 거리에서 도움이 필요한 사람들에 대한 요청이 있는 경우 경찰의 개입 없이 현장구호팀이 대응하는 것 등이 대표적이다.

우리는 무질서가 만연한 곳에서 살 것인지 아니면 공공질서 유지를 위해 경찰에게 의존하며 살 것인지라는 잘못된 선택지를 넘어서야 한다. 2015년 7월 뉴욕시티 한 경찰노조 단체가 회원들과 단체 지지자들에게 공공질서를 어지럽히는 노숙자들의 사진을 찍을 것을 요청했다. 이 단체는 지방정부로 하여금 새로운 노숙자 범죄자화 정책을 통해 경찰에게 노숙자들의 행위를 통제할 수 있는 더 많은 재량권을 주도록 압력을 행사했고, 사진을 찍는 것을 하나의 압박 수단으로 활용했다.[222] 노조는 새로 취임한 드 블라지오(De Blasio) 시장이 경찰 활동을 제한하고 있고, 이로써 공공질서가 저해되고 있다는 것을 넌지시 내비쳤다. 경찰노조에게는 침략적이고 공격적인 경찰 활동을 강화하는 것이 노숙자 문제 해결을 위한 유일하면서도 가장 적합한 방법으로 여겨진다. 하지만 이것은 해결책이 될 수 없다. 우리는 거리에 있는 대다수 사람들의 노숙 문제를 어떻게 해결해야 하는지 알고 있다. 그리고 경찰에 의존하지 않고 노숙자 문제가 지역사회에 미치는 악영향을 감소시키는 방법도 알고 있다. 우리에겐 그것을 실행에 옮길 정치적 의지가 필요할 뿐이다. 우리가 경찰을 노숙자 문제해결의 책임기관이 되도록 하는 한 결과는 좋지 않을 것이다. 경찰이 노숙자들에게 자리를 비키게 하고, 보이지 않는 음지로 내몰거나 그들을 형사사법제도 속에서 다룰 수는 있지만 노숙자 규모를 줄이기 위해서는 아무것도 할 수 없다. 노숙자에 대한 경찰중심의 정책은 막대한 비용을 들여 이들을 더욱 고립시키고 궁핍하게 만들 뿐이다.

제6편
경찰 성매매 단속, 성공인가 실패인가?

1장 성매매 범죄화의 의미

　경찰에게 우리의 성생활을 규제하도록 허용할 때 우리 사회의 가장 취약한 사람들 중 일부에게 엄청난 해를 끼치게 된다. 생존을 위해 성(性) 산업에 몸담은 젊은 사람들, 가난한 여성들 그리고 성전환자들과 사업이 번창하고 있는 사람들조차도 경찰의 단속으로 음지에서 일하게 된다. 이들은 학대와 착취에 취약한 상황에 놓여지고, 건강상 위험에 노출될 수 있다.

　지역 주민들과 상인들은 성매매가 도덕질서에 위배된다는 이유로 거부감을 표시한다. 그들은 아이들이 공공연한 성적 행동, 콘돔 폐기물, 성매매와 함께 사용되는 마약용품들에 노출되는 것을 걱정한다. 부수적인 문제들도 많이 발생한다. 성매매 여성으로 잘못 알고 일반 여성에게 접근하거나 관심이 없는 남성들에게 성매매 여성들이 호객행위를 한다.

그리고 때로는 손님, 매춘부, 포주들 간에 다툼이 벌어져 질서를 어지럽히거나 폭력행위까지 발생한다. 이런 모든 것들이 삶의 질을 저하시키고 부동산 가치를 떨어뜨리는 잠재적 요인이다. 결국 부동산 소유자들은 민원을 제기하여 경찰 활동이 이루어지도록 한다. 보다 넓은 단위에서 도시의 공무원들은 전염성 성병이 확산되고 성매매 산업에 마약과 조직폭력이 결합하는 것을 우려한다. 또한, 이들은 미성년자들이 성매매를 하거나 포주나 손님들로부터 미성년자나 성인 성매매 종사자들이 학대받을 위험성에 대해 우려한다.

최근 많은 NGO들이 성매매 종사자를 공급하는 국제 인신매매와 강요된 성매매 문제에 대해 시민들의 인식을 높이기 위해 노력하고 있다. 특히, 청소년 성매매 문제는 주요 관심의 대상이었다. NGO 단체들과 일부 종교인, 정치인, 공동체 지도자들이 주로 윤리적인 관점에서 성매매에 반대한다. 또 다른 이들은 누구도 자기 스스로 성매매를 선택하지 않을 거라고 주장하며 성매매를 강요와 동일시한다. 이들은 성매매 금지주의 입장으로 법집행기관의 단속과 처벌을 중심으로 모든 성매매를 근절시켜야 한다고 주장한다. 자유주의 페미니스트들은 여성들의 복지를 고려하여 금지주의 입장에 동조한다. 그들은 어린 시절의 성착취 경험 때문에 여성들이 결국 성매매에 빠져들게 된다고 믿는다. 한편, 이런 입장에 대하여 다른 페미니스트들은 가부장적인 태도와 권력관계를 재생산하는 방식이라고 비판한다.

경찰들 사이에서도 성매매를 도덕적인 관점에서 바라보는 경향이 강하다. 이로 인해 경찰관들은 성매매 종사자들이 공격적인 행동에 가담하고 저항하는 경우 이들을 '인간적으로' 대하지 못하거나 성매매 종사자들을 구조의 대상인 피해자로 인식하면서 경찰조직을 일종의 구조기관으로 여기게 된다. 어떤 접근 방식이건 경찰 활동으로 상황을 개선하지 못할 때, 경찰관들은 일종의 아노미적 무관심을 겪게 된다. 아노미적 무관심은 성매매 문제를 단지 하나의 일선 근무 현장의 문제로 인식하게 하고, 경찰관들로 하여금 이 문제에 대해 무감정으로 대하게 하거나 처리 결과에 무관심하게 한다. 그렇다면 성매매 종사자들을 체포하고, 성매매를 위해 어정거리는 사람들을 해산하거나 방송을 이용하는 것이 지역사회를 더 안전하게 하고 성매매 종사자들의 삶을 개선시킬 수 있을까? 이 질문에 대하여 대부분 '아니다'라고 말할 것이다. 성매매를 범죄화하는 것이 비효율적이라는 것은 널리 알려져 있다. 범죄화는 성매매 종사자들에게 해를 끼치게 되고 넓게는 사회 전체에 해를 끼친다. 성매매 금지주의는 성매매 종사자나 성(性)구매자에 대하여 강력한 법집행을 시행하면 성매매를 억제할 수 있다고 주장한다. 그러나 경찰의 강력한 성매매 단속에도 불구하고 성매매를 억제하는 효과는 나타나지 않는다는 사실이 증명되고 있다.

1910년대까지 미국 도시에서는 공공연히 영업하는 홍등가를 쉽게 볼 수 있었다. 당시에 경찰은 이곳에서 뇌물을 받는 일이 흔했고, 때로는 성매매 여성들을 성적으로 착취하기도 했다. 이런 구역에서는 성매매가 실질적으로 비(非)범죄화되었고, 간혹 폭넓게 성매매가 허용되었다. 그러나 두 가지 복합적 요인이 당시 이런 사회 관행을 대체로 근절시켰다. 첫 번째 요인은 당시 미군이 1차 세계대전 기간 중 성매매를 규제하기를 원했다. 왜냐하면, 전쟁에서 성병감염이 군의 상비전력을 감소시키는 주요 원인이었기 때문이다. 두 번째 요인은 도시에서 도덕성을 회복할 것을 강조했던 시대적 사조 때문이다. 이 당시 미국 도시들은 유럽 남부와 동부의 이민자들이 대량으로 유입되었고, 이들이 도시를 오염시킨다고 생각했다. 이런 생각은 '백인 노예 이야기'에서 잘 드러난다. 이야기 속에서 성매매 여성들은 외국 남자들에 의해 강제로 조종되어 자신도 알지 못하는 사이에 피해자가 되는 것으로 묘사되고 있다. 이런 사고를 갖는 이들은 술과 같은 사회악을 근절시키는 것과 마찬가지로 성매매 금지정책을 통해 성매매 여성들을 구하는 것을 목표로 한다.

초기 법집행은 성매매 업소를 불시 단속하고 길거리 성매매 호객행위를 집중 단속하는 방식이었다. '백인 노예 이야기'에서 암시하는 것처럼 성매매 여성들은 자신들이 처한 상황에 대해 아무런 대책이 없는데도 불구하고, 범죄자로 취급 받았고, 교도소로 보내지거나 경찰의 집요한 감시를 받았으며 더 나쁜 상황에 놓이는 경우도 있었다. 경찰과 정부는 성공적으로 성매매 집결지인 홍등가를 폐쇄했다. 그러나 성매매는 더욱 공공연한 형태로 계속되었다. 바, 사교모임 동행서비스, 마사지와 사우나, 은밀한 성매매 영업장, 출장서비스, 스트립 클럽의 VIP룸 그리고 수많은 형태의 길거리 성매매 영업들이 성행했다. 이런 성매매 영업들은 가시적으로 드러나는 정도나 영업의 위험성이 다양한 수준을 나타낸다.

오늘날 경찰은 성매매 단속을 위해 다양한 전술을 활용하고 있다. 단속팀들은 눈에 띄거나 공공연한 성매매 행위에 집중한다. 체포된 사람들은 성매매 업소나 다른 은밀한 성매매 장소에 관한 정보를 털어놓도록 압력을 받는다. 손님으로 위장한 경찰관이 이런 장소들을 조사하고, 이 과정에서 직접 성매매 행위로 나아갈 때도 있다. 이후에 기습 단속이 이루어지고 성매매 종사자, 매니저 그리고 간혹 손님들도 체포되어 기소된다. 또한, 경찰관들은 손님으로 위장해서 길거리에서 성매매 단속활동을 한다. 성매매를 위한 가격에 합의가 이루어지면 자동차나 호텔 안에서 또는 길모퉁이에서 체포를 한다. 어떤 경우에는 잘 알려진 성매매 구역에서 단순히 어정거리는 사람들이 체포되기도 한다. 콘돔을 가지고 있거나 야한 옷차림을 하고 있는 사람, 성전환자의 외모를 가지고 있는 사람, 성매매 체포 전력이 있는 사람들은 그 자체로 체포와 기소를 위한 충분한 혐의가 인정된다.

스트립 클럽에서 경찰은 음란하거나 외설적 행위에 관한 모호한 법 규정을 집행한다. 때로는 이런 법 규정들은 공공질서라는 명목으로 자의적인 해석에 맡겨지기도 한다. 예를 들면, 손님과 댄서와의 거리를 측정하거나 의류의 위치나 사이즈를 검사하는 것이다. 뉴욕주에서는 여성이 브래지어를 착용하지 않고 춤을 출 수 있다. 하지만 댄서는 적어도 바닥에서 18인치 높이에서 손님으로부터는 5피트 이상 떨어져 있어야 한다. 그리고 옷을 걸치고 있지 않으면 팁을 받을 수 없다. 이에 대해서 위장 잠입한 경찰관들이 정기적으로 단속을 한다. 한편, 밀실이나 VIP라운지는 단속을 위해 특별한 노력이 필요하다. 왜냐하면 이곳에서의 위법행위를 적발하기 위해서는 종종 경찰관이 특별 서비스를 위해 돈을 지불하는 손님으로 위장해야 하기 때문이다.[223]

순찰 경찰관들은 때때로 담당 구역에서의 거리 성매매 단속을 위해 배치된다. 순찰 경찰관들은 성매매 종사자로 의심되는 사람들을 해산시키거나 체포하기 위해서 주로 경범죄처벌법을 적용한다. 특별히 항의하며 불만을 제기하는 사람들에 대해서는 근무교대 시간까지 떠나 있겠다는 약속을 받고 그냥 보내주기도 한다. 일부 경찰관들은 마약 범죄로 성매매 종사자를 체포하는 경우도 있고, 접근하는 고객들에겐 이중 주차로 범칙금을 발부하거나 성매매 범죄를 공개하겠다고 겁을 주기도 한다.

보다 극단적인 형태의 성매매 단속은 주(state) 정부 검사들과 지방 검사들이 결탁하여 추진된다. 성(性)매수자를 공개하거나 '민사적인 몰수와 상거래위반 행위에 대한 규제' 법률을 적용하여 성매매 업소들의 문을 닫게 하고, 부동산 소유자를 성매매 업소의 장소제공자로 기소하는 방식이다. 또, 일부 지역에서는 지방 검사가 상습적으로 성매매 범죄를 저지르는 사람을 중죄로 기소하거나 높은 형량을 구형한다. 시애틀의 소위 '추방'법은 성매매 혐의로 체포된 사람들과 간혹 성매매 의심이 있을 뿐인 사람들까지도 특정 지역에 접근하지 못하도록 한다. 위반할 경우에는 형량이 늘어나거나 가중 처벌받게 된다.[224]

한편, NGO들은 무료 주간지나 크레이그리스트(Craigslist)와 같은 온라인 벼룩시장 광고에서 성매매 광고가 줄어들 수 있도록 규제해 달라고 지역 관료들에게 압력을 행사한다. 2015년 뉴욕에 있는 미국 연방 지방 검찰청(US Attorney's Office)은 웹사이트 업체 Rentboy.com 사무소를 급습했다. 이 웹사이트는 주로 남성 성매매 종사자들이 성매매 광고를 하는 곳이다. 이 사이트를 이용하는 누구도 문제를 제기하지 않았음에도 불구하고 결국 모든 종사자들이 체포되었고 영업은 폐쇄되었다. 그 결과 성매매 종사자들은 경제적으로나 보건상으로나 더욱 취약한 상황에 놓여졌다.[225]

레즈비언, 게이, 트랜스젠더 그리고 기타 생물학적 성불응자(gender-nonconforming)나 독특한 형태의 성매매 종사자들이 마주하고 있는 취약한 여건을 생각하면 Rentboy 사례는 단순한 문제가 아니다. 이들 성매매 종사자들은 고객, 경찰, 범죄자들로부터 자주 위협을 받고, 성매매 산업의 위험한 변두리에서 일을 할 가능성이 높다. 트랜스젠더 성매매 종사자들은 일상적으로 경찰에게 시달림을 당하고 폭력적인 혐오범죄의 피해자가 된다. 경찰은 흔히 성전환을 한 사람이나 생물학적 성불응자들이 성매매에 종사하고 있다고 추정한다. 뉴욕시에서 경찰은 일상적으로 트랜스젠더들을 검문검색이나 체포의 대상으로 선정한다. 경찰의 선정 기준은 오로지 그들의 외모이다.[226] 또한, 트랜스젠더는 폭력범죄의 피해자가 될 위험성이 높다. 일반적으로 성매매 종사자들이 범죄의 표적이 되고 있지만, 트랜스젠더 성매매 종사자들은 범죄 피해뿐만 아니라 동성애 혐오주의자들이나 그들의 성 정체성에 반대하는 사람들로부터도 핍박을 받는다.

수십 년간의 경찰 성매매 단속에도 불구하고 성매매 영업은 어디서나 쉽게 접할 수 있다. 월스트리트 임원들이나 선출직 고위관료들이 하룻밤에 5천 달러를 내고 성매매 여성을 부르는 것부터 도심지역의 골목길에서 20달러를 주고 성매매를 하는 사람들까지 다양하다. 설령 경찰의 단속으로 개별 종사자가 성매매로부터 벗어나더라도 다른 사람들이 그들을 대신한다. 그리고 성매매 수요는 결코 줄어들지 않는다. 경찰은 성매매 범위를 제한하고 성매매 산업이 공공연하게 드러나는 것을 억제할 수 있으며, 때로는 경찰의 강력한 집중 단속이 길거리 성매매 종사자들을 특정 장소에서 몰아낼 수도 있지만, 그들은 보다 먼 외곽지역이나 은밀한 실내 공간으로 옮겨갈 뿐이다. 이런 경찰 활동이 해당 지역 주민들에게 어떤 이득을 가져다줄 수 있을지 모르지만 전체적인 성매매 확산을 줄이거나 성매매 종사자들의 삶을 개선하는 데는 전혀 도움이 되지 않는다. 성매매는 전반적으로 단속 위주의 경찰활동에 영향을 받지 않는다는 것이 증명되었다.

2장 성매매 단속의 부작용

성매매를 범죄화하는 것이 단지 비효율성만을 나타내는 것은 아니다. 성매매의 범죄화는 성매매 종사자, 일반대중 그리고 형사사법제도에 나쁜 영향을 끼친다. 성매매 종사자들을 피해자로 만들게 되고, 성병을 확산시킨다. 그리고 경찰과 형사사법제도가 부패하도록 만드는데 일조한다.

경찰의 단속은 성매매를 근절시키는 것이 아니라 성매매가 음성화되도록 만들었다. 이를 통해 성매매 종사자들은 강간이나 폭행, 다른 범죄의 피해를 보더라도 하소연할 방법이 없어졌다. 그리고 성매매 알선업자나 포주들의 영향력은 더 커졌고 안전한 성관계를 보장할 수 없게 되었다. 성매매 종사자들이 은밀하고 불법적으로 일하게 될 때 자신들의 권리와 안전을 위해 법에 호소하는 것은 거의 불가능하다. 그들도 형식적으로는 폭력으로부터 보호해 달라고 경찰에게 요청할 수는 있지만 그런 일은 거의 없다. 대부분의 성매매 종사자들은 자신들의 사회적 지위와 오랫동안 경찰로부터 멸시와 착취를 당해왔기 때문에 경찰이 개입하는 것이 자신들에게 이익이 된다고 생각하지 않는다. 성매매 종사자들은 고객의 익명성을 보장하는 데 관심이 있고, 형사기소나 사회적 이목이 집중되면 영업에 나쁜 영향을 끼친다고 생각한다. 이들은 신원 확인이나 기소하는데 증거로 사용될 수 있는 신용카드 영수증, 신분증 사본이나 감시카메라 영상은 남겨두지 않는다. 설령 성매매 종사자가 범죄 피해자가 되었고 일부 증거가 있더라도 자신들과 영업장이 단속될까 두려워 추가적인 경찰조사에 협조하는 것을 꺼린다.

게다가 성매매 종사자들은 기본적인 산업안전에 관한 보장을 받을 수 없다. 이들은 화재 위험에 대해서 문제를 제기하거나 임금착취에 대해 고소할 수도 없다. 그리고 계약을 위반하거나 서비스 요금을 떼먹는 사람들에게 소송을 제기할 수도 없다. 그들이 할 수 있는 유일한 방법은 성매매 일을 중지하는 것 뿐이다. 하지만 성매매 종사자들은 심리적으로 조종을 당하는 상황에서부터 성매매 노예화에 이르기까지 다양한 수준으로 성매매에 종사하도록 강요되고 있는 경우가 많아 성매매로부터 벗어나는 것이 쉬운 일이 아니다.

또한, 성매매가 범죄화되면서 포주, 범죄조직, 알선업자의 영향력이 커졌다. 왜냐하면 대부분의 성(性) 산업이 법적으로 매우 한정된 방법으로 진입할 수밖에 없고, 성(性) 산업이 막대한 이득을 가져오지만 범죄화되어 있어 성매매 종사자를 모집하고 일을 시키는데 제3자의 역할이 중요하기 때문이다. 그리고 성매매 종사자들을 보호해주는 일, 은밀한 영업장의 안전을 확보해주는 일, 경찰들과 협력적 관계를 구축해 주는 일들이 일종의 가치 있는 일로 여겨진다. 이런 일들은 이미 불법행위를 하고 있는 범죄자들이 가장 잘할 수 있는 일이다. 이런 구조는 성매매 종사자들이 독립적으로 성(性) 산업에 참여하는 것을 어렵게 한다. 부동산 임대, 보호 서비스, 홍보와 같은 모든 일들이 은밀히 이루어져야 한다. 때로는 유령회사나 위장회사를 통해서 진행되기도 한다. 길거리 성매매 종사자들조차도 비공식적으로 조직화된 길거리의 다른 성매매 종사자들과 경쟁을 해야 한다. 이 경우 일상적으로 조직화된 성매매 종사자들이 새롭게 영업을 하려는 신참들을 쫓아내거나 자기들 조직에 가담하게 한다. 일부 포주들은 성매매 종사자들에게 보호를 명목으로 일을 할 수 있도록 보장해주는 대가를 받기도 한다. 또 다른 포주들은 성매매 종사자들과 파트너십 관계 속에서 영업활동을 지원하고 보호해 주면서 수익의 일부를 나누기도 한다.

포주들은 돈을 미끼로 성매매 종사자들이 사업에 가담하도록 강제하고 이들을 착취한다. 포주들은 이들이 법에 호소할 일이 거의 없다는 것을 잘 알고 있다. 경찰은 종종 성매매 종사자들을 피해자가 아니라 범죄자로 여기는 경향이 있고, 이들의 도움 요청을 심각하게 받아들이지 않는다. 또한, 강압적으로든 강요에 못 이겨서든 하물며 자발적으로든 성매매업에 발을 들여놓은 사람들은 매우 불리한 상황에서 일을 시작하게 된다. 이들 중에는 정신질환을 앓고 있거나 약물중독자들도 있다. 그리고 일부 성매매 종사자들은 아동 성범죄 피해자였던 사람들도 있다. 이런 상황들이 성매매 종사자들의 사회적 고립과 취약성을 높이게 되고, 이들을 더욱 통제하기 쉽게 만든다. 따라서 지나치게 단순한 '구조' 노력은 성매매 종사자들이 마주하는 어려움과 사회적 고립의 문제를 해결하지 못한다. 이들에게 새로운 일자리나 거주지가 아니라 상담이나 약물치료 기회를 제공할 때 착취를 당하더라도 다시 성매매 일을 하게 되는 것을 자주 보게 된다. 왜냐하면 이들에게 지속가능한 탈출구를 제공해 주지 못하기 때문이다. 성매매 종사자들을 착취하는 사람들은 이런 상황을 이용하여 그들을 사회적으로 고립되고 의존적 상태로 남아 있게 한다.

또한 사려 깊지 못한 성매매 금지주의 경찰단속은 국제 성매매 알선업자들에게 힘을 실어주기도 한다. 주로 미국에서 추진하는 정책으로 성매매 단속에 적발된 외국 여성들을 구금하거나 강제추방하는 것이다.[227] 예를 들면, 미국 정부는 태국 경찰로 하여금 국제 성매매 알선을 단속하도록 압력을 행사하고 있다. 미국 내 성매매에 자발적이건 강압적이건 관계없이 외국인들이 가담하고 있는 것으로 생각하고 있다. 라오스, 캄보디아, 중국, 미얀마 출신의 여성들이 경찰에 단속되어 강제 추방된다. 더군다나 국경에서의 출입국 관리가 엄격해 지면서 입국이 더 어려워지고, 자발적으로 성매매를 위해 입국하려는 외국인들이 불법 입국을 도와주는 범죄조직에 의존할 가능성이 높아졌다. 결국 불법 입국한 성매매 종사자들은 착취와 강압에 취약할 수밖에 없다. 범죄조직들은 성매매 종사자 공급을 독점하면서 막대한 이익을 얻게 되고, 대량으로 인력을 공급하기 위해 필요할 경우 강압적인 수단을 사용한다. 특히, 경찰단속으로 성매매 종사자들이 감소하게 되면 이런 현상은 더욱 심화된다.

이와 유사한 역학관계가 유럽 일부지역과 미국에서 진행되고 있다. 성매매에 종사하기 위해 자발적으로 입국한 외국인들이 성매매 시장에 접근하기 위해 밀입국업자나 알선업자들에게 손을 내밀게 되고, 이들은 많은 비용을 지출하고 사기, 착취, 노예 계약, 심지어 강제 노역과 같은 취약한 상태에 놓이게 된다. 이것은 다른 서비스 산업 영역에서도 나타나는 현상이다. 멕시코와 중남미 밀수업자들이 여성 이주자들에게 교통을 제공하는 조건으로 성관계나 금품을 요구하는 일이 빈번하게 일어나고 있다. 때로는 빚을 갚게 하려고 여성들을 강제로 성매매에 종사하게 하거나 직접 성매매를 하게 하는 경우도 있다.[228] 동유럽 범죄조직들은 막대한 비용을 조건으로 여성들에게 미국, 유럽, 아시아에서 성매매에 종사할 수 있도록 해준다. 이 비용으로 인해 여성들은 노예 계약 조건으로 성매매 일을 하면서 빚을 갚아야 한다.[229] 어떤 여성들은 가정부 일을 위해 밀입국하는 것으로 들었는데 실제로는 강제로 성매매 일을 하게 되는 경우도 있다.

성매매나 마약 모두 불법이기 때문에 이 둘을 연결시키는 범죄조직은 보다 큰 이윤을 만들어 낼 수 있다. 때로는 성매매 종사자들을 조종하기 위한 방법으로 그들에게 마약을 주고 중독되게 만든다. 일부 성매매 종사자들은 마약을 계속 사용하는 것에 유인되거나 그런 조건으로 강요되어 성매매하는 경우도 있다. 그리고 성매매 고객들에게도 영업의 일환으로 마약이 제공되기도 한다. 고객들에게 동시에 두 가지 서비스를 제공하는 것은 범죄조직에게는 훨씬 수익성이 높다. 왜냐하면 마약을 판매하고 경찰이나 경쟁자들로부터 안전을 확보하는 것은 불법적으로 성매매 사업을 하는 것과 중첩되는 부분이 많기 때문이다. 즉, 한번의 투자로 두 가지 수익을 얻을 수 있다.

성매매를 불법화하고 사회적으로 소외시키는 것은 성관계에 의한 보건위생상의 위험성을 증대시킨다. 가장 큰 문제점 중 하나는 경찰이 콘돔을 소지하고 있는 것을 성매매의 증거로 인정하는 것이다. 길거리 성매매 종사자들은 주로 차량 안, 공원 또는 다른 은

밀한 장소에서 일하게 되는데, 안전한 성관계를 담보하는 유일한 방법은 콘돔을 가지고 다니는 것이다. 이들은 콘돔을 휴대하고 다니다가 체포될 수 있는 단기 위험성과 성병감염으로 인한 장기 위험성을 저울질해야 한다. 간혹 성매매 고객들 중에는 콘돔을 사용하지 않고 성관계를 맺는 조건으로 더 많은 비용을 지불하겠다고 제안하고, 포주들은 이런 방식으로 성매매 여성들이 더 많은 수입을 얻도록 유도하여 위험을 감수하게 한다. 샌프란시스코와 같은 일부 도시들이 성매매 종사자를 위한 공중보건진료소를 운영하고 있지만,[230] 성매매 종사자들이 적합한 치료를 받는 데 어려움이 있다. 왜냐하면 이들은 건강보험 혜택을 받지 못하는 경우가 많고, 사회적으로 낙인찍히고 범죄자가 되는 것이 두렵기 때문이다. 결국, 경찰 스스로가 체포를 피하는 방법으로서 이들에게 위험한 성관계를 요구하는 데 동조하고 있는 것이다.[231]

3장 경찰부패

경찰부패는 성매매 종사자들이 착취를 당하고 사회적으로 소외되는데 중요한 요인이 되고, 경찰에 대한 시민들의 신뢰를 저하시킨다. 도박, 성매매, 마약과 같은 범죄는 여러 가지 이유로 경찰을 부패의 유혹에 빠지게 한다. 경찰은 이런 범죄들에 대해 엄한 처벌을 받게 할 수 있고, 보통 이런 범죄를 저지르는 사람들은 경찰을 매수할 수 있는 재력을 갖고 있다. 현장에서 경찰의 법집행은 폭넓은 재량권이 있어서 단속을 하는 대신에 뇌물을 받을 수 있는 유혹이 크다. 일부 경찰관들은 수익을 극대화하기 위해서 적극적으로 정기적인 상납을 받는 경우도 있다.

세계 각국에서 성매매와 연관된 경찰의 부패는 고질적인 문제이다. 경찰은 성매매 종사자들과 금전적으로 연관되어 있거나 성적 관계까지 갖는 경우도 있다.[232] 성매매 종사자들은 이것을 사업을 위한 불가피한 지출로 생각을 하고, 경찰은 교통 범칙금 대신에 뇌물을 받고 지역 상인들로부터 공짜 물품이나 식사를 받는 것처럼 기본적인 기대 수입의 한 부분으로 생각한다. 1960년대 미국 경찰사회에서 이런 문제는 통상적인 부패 관행이었지만, 오늘날은 더 이상 구조적인 문제는 아니다. 경찰관들의 급여를 인상하고, 경찰 활동에 대해 시민들의 감시가 강화되면서 구조적 차원에서의 부패 문제는 거의 근절되었다. 특히, 1970년대 뉴욕시 'Knapp 위원회'처럼 경찰 부패 스캔들이 사회적 관심을 받으며 부패관행들이 개선되었다. 그러나 개별적인 부패 문제는 여전히 폭넓게 퍼져있다. 성매매 업소의 뒤를 봐주거나 개별 성매매 종사자에게 금전이나 성상납을 요구해서 체포되거나 파면되는 경찰관들이 지속적으로 발생하고 있다. 성매매 종사자들은 경찰관들이 금품을 요구하거나 성상납을 요구하는 것을 자기들 직장생활의 일부분인 것처럼 생각한다.

바로 최근 몇 년 전에도 미국 경찰은 성매매 업소와 유착되어 이들을 보호해주고 경영에 가담하는 경우도 있었다.[233] 이들 경찰관들은 체포를 당하지 않으려는 성매매 여성에게 성관계를 요구하고,[234] 미성년자를 고용하고,[235] 포주로 활동하거나[236] 성매매 종사자의 돈을 훔치고 폭행하였다.[237] 일부 경찰관들은 성매매 종사자와 손님에게 뇌물을 요구하기도 했다.[238] 경찰의 부패 관행이 어느 정도 규모인지 전체를 정확하게 알 수는 없지만 이런 문제점은 폭넓게 퍼져있고 지금도 진행 중이다. 2005년 성매매 종사자를 대상으로 한 설문조사에서 응답자의 14%가 경찰관과 성관계를 가진 경험이 있다고 했고, 경찰로부터 폭행을 당한 경험이 있다고 응답한 사람도 16%에 이른다. 단지 16%의 응답자가 경찰에게 도움을 요청하면서 좋은 경험을 갖는다고 응답했다.[239] 또 다른 연구에서는 폭행을 당한 경험이 있는 젊은 성매매 종사자 중에서 3분의 1은 경찰로부터 피해를 입었다고 조사되었다.[240]

4장 개혁정책

성매매 단속이 갖는 부작용을 줄이기 위한 개혁정책들 대부분이 성 구매자와 제3자인 성매매 종사자를 공급하는 업자에게 단속의 초점을 맞추고 있다. 또 다른 개혁정책들은 성매매 종사자들을 교도소로 보내는 대신에 전환처분으로 법원명령, 사회봉사처분, 사회복귀 제도를 통해 자립적인 경제활동의 기회를 제공하는 방식이다. 성매매 전문 법원도 개혁정책의 하나이다. 최근에는 성매수자를 대상으로 '존 스쿨(John School)' 프로그램을 운영하는 등 성을 매수하려는 의도를 단념시키고 성매매 종사자와 고객을 교화시키는 것을 목적으로 다양한 정책들이 추진되고 있다.

새로운 법제도에서 가장 분명하게 달라진 점은 성적 서비스를 판매하는 것은 비범죄화하고 성을 구매하거나 조직적으로 공급하는 것은 범죄화하고 있다는 점이다. 선구적으로 이런 접근 방식을 시도한 나라는 스웨덴이다. 1999년 성매매를 비범죄화하는 대신에 성매매 종사자를 밀거래 하거나 이들에게 성매매를 강제하는 행위, 성을 구매하는 행위에 대한 처벌을 강화했다. 스웨덴의 이런 변화는 주로 자유주의 여성 국회의원들이 주도했고, 이들은 페미니스트적 관점에서 성매매 처벌을 폐지하자는 입장이었다. 그들은 모든 형태의 성매매가 여성들을 학대하는 것이고(비록 모든 성매매 종사자가 여성인 것은 아니지만), 성매매에 관여하고 있는 여성들은 경제적 자포자기 상태에서 비롯되었더라도 어떤 형태로든 성매매를 강요당하는 것이라고 주장했다. 성매매 종사자를 피해자로 바라보는 관점에서는 이들을 범죄자화 하는 것이 부당하다. 대신에 성매매 종사자들을 거래하는 사람들이나 그들에게 성매매를 강요하는 사람들에게 형사책임을 부과한다.

또한, '노르딕 모델'은 성매매 종사자들에게 사회복지제도, 정부지원, 연금제도를 이용할 수 있도록 허용한다. 법이 시행된 이후 전체 성매매 종사자 수가 감소하였고 성매매 가격은 상승한 것으로 나타났다. 흥미로운 점은 실제 성(性) 구매자들이 처벌된 사례가 없다는 것이다. 성매매 가격의 상승은 성매매 수요를 감소시켰다기보다는 성매매로의 유입을 줄어들게 한 것으로 해석된다. 성매매 종사자들을 피해자화하는 것은 이들을 더욱 낙인찍히도록 하고 사회적으로 더욱 고립시키는데 기여했다. 많은 성매매 종사자들이 자신들은 자발적으로 성매매에 종사하고 있고, 고객들을 범죄자화하는 것은 자신들을 더욱 고립시키는 일이라고 말한다. 왜냐하면 고객들이 체포될 위험성이 있기 때문에 성매매 여성들은 은밀하게 일을 해야 하기 때문이다. 성매매 여성들은 여전히 경찰들에게 사냥 당하며, 사회의 구석으로 내몰리고 있다고 느낀다. 게다가 일부 성매매 여성들은 자녀 양육권을 잃거나 성매매 방조죄로 기소될 것을 걱정하는 집주인들에게 쫓겨났다. 성매매 여성들은 자신들의 안전이나 근로 여건이 보다 쉽게 관리되고 개선될 수 있었던 이전과 달리 이젠 혼자서 일을 해야 한다. 한편, 조직적인 성매매가 허용되는 네덜란드나 네바다에서는 성매매 종사자들이 자신들의 안전과 근로여건을 개선하기 위해 조직화할 수 있다.

미국에서는 네바다를 제외하고는 성매매가 불법이다. 하지만 성매매에 대한 처벌주의적 접근 방식은 완화되어 왔다. 1995년 샌프란시스코에서는 성매매 초범자 프로그램(First Offender Prostitution Program)을 시행했다. 이 프로그램은 성(性) 매수자들이 기소를 피하기 위해서 소송비용을 지불하고 성매매 예방교육 프로그램인 '존 스쿨(John School)'을 이수할 수 있도록 한다. '존 스쿨'은 성(性) 매수자를 교육하는 의도로 만들어졌다. 이들은 프로그램을 통해 자신들의 행위가 본인과 가족, 지역사회 그리고 성매매 여성들에게 어떤 해악성을 갖는지 알게 된다. 교육내용은 성병의 감염, 일부 성매매 여성들이 겪는 착취와 강제노동의 결과가 어떠한지 사진 자료를 통해 보여준다.[241] 희망 사항은 성(性) 구매자들이 실제 성매매 비용을 알게 되면, 이런 불법적인 성매매 시장에 빠져들지 않게 되기를 바랄 뿐이다.

그러나 실제로는 '존 스쿨'과 같은 프로그램은 매우 징벌적인 성격을 갖는다. 위반자들은 프로그램에 의무적으로 참여하거나, 그렇지 않으면 형사처벌을 받아야 한다. 엄격한 수업들은 주로 교육대상자들에게 훈계성 내용들이다. 또한, 남성들이 자신들의 행동이 야기하는 잠재적 해악성을 인식하지 못한다고 가정하지만 사실, 많은 남성들은 자신들의 행동 결과를 너무나도 잘 인식하고 있다. 그럼에도 불구하고 이들은 욕망을 충족시키기 위해 그런 자각을 무시하는 것이다.

노르딕 모델과 마찬가지로 이런 접근 방식은 성매매 종사자들이 자신의 삶을 선택하거나 노동 여건을 개선하는 데는 거의 도움이 되지 않는다. 또한, 성(性) 구매자들의 근본적인 구매 동기에 대해 접근하지 않음으로써 근본적인 문제해결에는 한계가 있다. 근본적인 구매 동기를 파악하기 위해서는 사회에서 성의 기능에 대해 훨씬 깊이 있는 대화가 필요하다.

법원 중심의 일부 대체형벌 프로그램들은 성매매 종사자들이 성매매 산업에서 벗어나도록 압박을 가하거나 유도하는 데 중점을 둔다. 성매매 종사자들이 이런 프로그램에 참여할 수 있는지는 기소 대신에 대체 형벌을 선택할 수 있는 지역 관할 판사의 재량에 달려 있다. 법원은 요구분석 후 마약치료나 직업훈련과 같은 치료 및 사회복귀 프로그램에 한 가지 이상 참여할 것을 명령한다.

이론적으로, 이런 프로그램들은 성매매 종사자들을 성매매 산업으로부터 완전히 벗어나게 할 목적으로 이들에게 폭넓은 맞춤형 지원을 제공한다. 하지만 이것이 성공하기 위해서는 참여자들이 성매매에서 벗어나는 것을 원한다는 전제에서 가능한 것이다. 사법제도로 이끌려온 성매매 종사자들은 대부분 복합적인 지원이 필요하고 때로는 충격적인 개인사를 가지고 있기 때문에 사회복귀를 위해서는 장기간의 노력이 요구되며 많은 문제점을 예상해야 한다. 일시적인 프로그램으로는 이런 문제들을 해결할 수 없고, 실제로는 프로그램들이 거의 제대로 이루어지지 않고 있다. 대부분의 프로그램들은 매우 제한적인 지원을 하고 있다. 지속적인 주거와 직업을 마련해 주는 것이 아니라 일시적인 쉼터와 직업훈련을 제공하고, 정신건강과 마약치료를 위해서도 외래 통원치료를 지원한다. 이런 프로그램들은 보통 성매매 여성들을 구조해야 할 피해자로 바라보는 성매매 금지주의 접근방식과 맥을 같이 한다.

결과적으로 성매매 종사자들이 거의 참여하지 않아 이런 프로그램들이 지속적으로 발전하는 데 어려움이 있다. 종종 기독교 구호 단체들이 위탁계약을 맺고 지원 사업을 하는 경우가 있다. 이중 일부 단체들은 전문 법원을 설립하는 데 중요한 역할을 해왔고, 법집행기관들이 성매매 단속을 계획하고 단속하는데 협력한다. 일부 지원 사업들은 도움이 되기도 하지만, 종교 상담에 강제로 참여하게 하는 것은 교회와 주(state) 정부의 경계를 모호하게 하고, 성매매 종사자들의 삶을 개선하는데 거의 도움이 되지 않는다. 운이 좋게 성매매 종사자들이 회원으로 활동했거나, 성매매 예방활동에 참여했던 경험이 있는 단체들이 법원 명령에 의한 몇몇 지원 사업에 참여하는 사례가 있다. 대표적인 사업이 '뉴욕 성매매 종사자 프로젝트(New York's Sex Worker Porject)'이다.

2013년 뉴욕시는 최초의 '인신매매 전문 법원(Human Trafficking Intervention Courts)'을 설립했다. 이를 통해 성매매 종사자들은 범죄자가 아니라 피해자로 처우되었다. 2015년 몰리 크랩애플(Molly Crabapple)은 '바이스(Vice)'지(誌)에서 인신매매 전문 법원 제도의 무용성과 오남용을 비판했다. 그녀는 경찰들의 관행이 근본적으로 변하지 않았고, 여전히 길거리 성매매 여성들을 대상으로 광범위한 단속을 하거나 간혹 때맞춰 운 나쁘게 그 장소에 있던 가난한 유색인종 여성을 성매매로 엮어 넣기도 한다고 고발했다.[242] 정작 인신매매 전문 법원은 최소한의 지원을 할 뿐이고, 실제로는 벌금이 일반 법원보다 더 높은 수준이다. 성매매 여성들은 일반 법원에서처럼 단지 적은 벌금을 내고 일상의 삶으로 돌아가는 것이 아니라 인신매매 전문 법원 제도에서는 수일간의 상담과 사회봉사를 강요받는다. 사실 이곳에서 인신매매 문제에 대해서는 거의 관심이 없다. 성매매 종사자들에게 인신매매 여부에 대해서는 묻지도 않고, 모든 관심은 도덕적 설득과 강제적인 상담을 통해 이들의 삶을 통제하는데 쏠려 있다.

한편, 인신매매 전문 법원의 프로그램들은 체포된 이후에만 적용할 수 있다. 여전히 경찰은 누가 성매매 종사자인지를 결정하고, 사법제도 안에서 처리할 것인지 여부를 결정하는데 막대한 재량권을 갖는다. 이런 이유로 길거리 성매매 단속과 유색인종 성매매 종사자들에 대한 편향적인 법집행의 가능성이 열려 있다. 인신매매 전문 법원이 설치된 브루클린(Brooklyn)의 경우 길거리 성매매 혐의로 체포된 사람의 94%는 아프리카계 미국인들이다. 또한, 이런 제도 하에서는 부패의 위험성이 크다. 경찰관들은 체포를 면해 주거나 기소하지 않는 조건으로 성매매 종사자들로부터 성상납을 받거나 뇌물을 받을 수 있기 때문이다.

프로그램 참가자들의 재범률은 일반 구금자나 벌금형 선고자들보다 약간 낮다. 하지만 대부분의 참가자들은 포주들의 갈취를 당하는 경우라 할지라도 성매매 산업으로 다시 돌아간다. 더 심각한 것은 인신매매 전문 법원 제도가 성매매 종사자들 전체에 거의 영향을 미치지 못한다는 점이다. 성매매에 대한 수요가 여전히 존재하고 성매매 종사자들의 경제적·사회적 취약성 문제에 대한 근본적인 대책이 없다면 성매매 산업에 공급되는 종사자들은 끊임없이 계속될 것이다. 일부 사례에서는 성매매 산업에서 벗어나 늙어가고 있는 사람들을 도와주거나 착취 당하고 있는 상황이 방치되도록 내버려 두는 경우도 있다. 그러나 이 프로그램들은 성매매를 통해 고소득을 올릴 수 있는 사람들에게는 훨씬 비효율적인 것으로 보인다. 성매매에 강요되고 있지 않은 종사자들은 이 프로그램들이 모욕적이고 현실을 잘못 이해하고 있으며 전체적으로 본질과 무관하다고 생각한다.

인신매매에 대한 인식이 확산되면서 성매매로부터 여성들과 소녀들을 구출하기 위한 정부와 NGO의 노력은 폭발적으로 증가했다. 성매매 금지주의 관점에서의 이런 노력들은 모든 성매매 종사자들이 비자발적이라는 것을 가정하고 있다. 이런 접근 방식은 도덕적 구원을 명분으로 무분별한 성문화를 막아야 한다는 종교적 보수주의자들과 보수주의 페미니스트들이 주장하고 있다. 보수주의 페미니스트들은 정부가 징벌적 수단이나 시장 기반의 사회재활 프로그램을 통해 여성들의 이익을 증진해 주기를 기대한다. 하지만 이들은 보다 거시적인 경제시스템이나 문화지배 현상을 간과하고 있다. 한편, 징벌적 수단을 통한 여성 권익 증진에 대해서는 미국 여성주의 사회학자 엘리자베스 번스타인(Elizabeth Bernstein)이 '구금 여성주의(Carceral feminism)'라는 용어를 사용했다.[243] 지지자들은 성매매 종사자들을 구해주어야 할 피해자로 정의하면서도 경우에 따라서는 성매매 여성들을 범죄화하는 것을 찬성한다.

미국에서는 보수주의 종교단체들이 현장 단속을 통해 성매매 종사자들을 '구출'하는 모습을 홍보하면서 시민들에게 잘 알려져 있다. 간혹 이런 활동은 영화나 드라마의 장면으로 나오기도 한다. 영화 〈금지주의자들(The Abolitionists)〉에서는 이런 도덕성 회복운동가들이 지역 경찰과 함께 성매매 피해자들을 구조하고 범죄자들을 처리하는 활약상을 보여준다. O.U.R(Operation Underground Railroad)과 같은 단체들은 성매매 아동, 강요된 성매매 종사자와 국제 인신매매 피해자를 구조하는 데 중점을 두고 있다. 단체 활동가들은 손님으로 위장해서 성매매 종사자들에게 접근해서는 성매매를 그만두고 단체의 프로그램에 참여하도록 설득한다. 프로그램은 임시거주지와 몇 가지 사회지원 서비스를 제공하고, 대신에 참여자는 신앙 활동 멘토링에 참여해야 한다.

국제적인 차원에서 이런 단체들은 지역 법집행기관들과 함께 대규모 성매매 집결지를 단속한다. 적발된 외국인 성매매 종사자들은 본국으로 추방되고, 다른 사람들은 사회재활이나 직업훈련 프로그램에 강제로 참여하게 된다. 이렇게 '구조된' 성매매 여성들 중에는 때로 자발적인 성매매 종사자들이 있고 이들은 감시로부터 벗어나기 위해 애를 쓴다. 또 다른 사람들은 강도 높은 노동에 강제로 참여하게 되며 주로 낮은 임금의 의류 제조업에서 일을 한다. 태국에서는 여성들이 1년간 사회재활 캠프에 수용되고, 이곳에서 재봉일과 다른 자영업을 배우게 된다. 결국 이 여성들에게 훨씬 높은 소득을 올릴 수 있는 성매매 대신에 저임금 노동에 종사할 것을 강요하는 것이다. 성매매 종사자 권익 단체 'Empower Chiang Mai'는 수용된 성매매 여성들이 경찰에게 착취당하고, 구금되었다가 추방되는 사례들을 고발했다.[244] 말할 필요도 없이 이 여성들의 대다수는 다시 성매매업으로 돌아간다고 한다.

조지 부시 행정부에서 이들 단체들은 성매매 종사자들을 위한 상담 안내실을 설치했다. 2002년 미국 의회는 「국제 에이즈 퇴치법(th Global AIDS Act)」을 통과시켰고, 이 법률은 성매매를 조장하고, 지원하거나 옹호하는 일에 연방재원을 사용하는 것을 금지하였다. 미국 정부는 에이즈 예방을 위한 기금을 원했지만, 에이즈 감염률을 감소시키는 데 있어서 합법화된 성매매 제도가 가져올 수 있는 이점을 활용할 수는 없게 되었다. 비영리단체들은 어떤 형태의 성매매나 인신매매(일반적으로 여기에는 자발적으로 성매매를 위해 이주하는 경우도 포함된다)에도 반대하는 공식적인 입장을 취하도록 강제되었다. 이런 점들은 단체들이 성매매 종사자들과 신뢰관계를 구축하는데 장애물이 될 뿐만 아니라 성매매 종사자들이 자발적 단체를 결성하거나 정치 권력화하는 것을 공개적으로 돕는 것을 어렵게 한다. 또한, 이것은 지역의 반(反) 이민주의 정서를 자극하기도 한다. 이런 정서 속에는 성매매 종사자들이 눈에 띄는 것을 성매매 이주자들의 유입 탓으로 돌리기 때문이다. 결과적으로, 법집행기관은 빈번하게 이주 성매매 종사자들을 단속한다. 하지만 법집행기관은 이들이 왜 성매매를 하게 됐는지, 어떻게 이주했는지, 어떤 조건에서 성매매를 하고 있는지 그리고 불법으로 국경을 넘는 위험성이 어떠한지를 전혀 고려하지 않는다.

2003년 「인신매매 피해자 보호법(the Trafficking Victims Protection Act)」은 성매매 종사자 단체들의 반대에도 불구하고 모든 성매매를 강제 인신매매와 결합시켰다. 인신매매 피해자 보호법은 성매매 종사자들을 처벌하기 위한 것이 아니라 인신매매 거래자들을 처벌하기 위한 목적에서 제정되었다. FBI와 지역 법집행기관은 새로운 연방 재원으로 불법 인신매매 대응 조직을 만들었다. 불행히도 법집행기관의 업무 관행은 이전과 거의 달라진 것이 없었다. FBI의 단속으로 체포된 사람들 중에서 인신매매 거래자들은 극히 일부일 뿐이고 대부분은 성매매 종사자들이다. 한편, 인신매매 피해자 보호법에서는 인신매매 피해자들이 불법 거래자들을 기소하는데 법집행기관에 협조하는 경우 특별 비자를 발급할 수 있도록 했다. 하지만 이 제도는 거의 무용지물이다.

연방차원의 인신매매 피해자 보호법은 주정부나 지방정부로 하여금 반(反) 인신매매법을 제정하도록 압박했다. 반(反) 인신매매법도 성매매와 인신매매를 결합하는 내용이지만, 마찬가지로 명확하게 구분되지 않는다. 알래스카의 2012년 법률은 인신매매의 범주에 성매매 광고를 하거나 집단으로 영업하는 행위를 포함시키고 있다. 그 결과 온라인 벼룩시장에 광고했던 사람들이 체포되었다. 또한, 성매매를 강요한 어떤 증거도 없고 더욱이 강제 국외이주가 아님에도 불구하고 마사지 업소와 성매매 업소 주인들이 체포되기도 했다. 이 법률들은 성매매 종사자들을 범죄자로 만들고, 그들의 직업을 더욱 위험하게 만든다. 결국, 체포된 성매매 종사자들은 무의미한 형사사법제도의 회전문에 놓이게 된다.

5장 새로운 대안

　성매매 단속에 대한 전통적인 접근 방식이나 개혁적인 접근 방식 모두 성(性) 산업의 근본적인 지형을 바꾸는 데는 실패했다. 법집행기관의 강력한 단속, 거리 정화, 대체형벌 프로그램과 구조작전에도 불구하고 성(性) 산업에 대한 수요와 공급의 기본적인 수준은 대체로 변하지 않는다. 이제는 성(性) 산업으로부터 발생하는 사회적, 개인적 유해성을 관리하기 위해 징벌수단을 사용하는 것을 전면적으로 재고해야 할 시점이다. 이에 대한 단 하나의 해답은 없다. 많은 국가들과 지방정부들이 새로운 접근방식으로 정책적 실험을 하고 있다. 일부는 성매매를 합법화하거나 비범죄화하는 시도를 통해 유해성을 감소하는 접근방식을 추진하기도 한다. 이런 과정에서 경찰은 배제되고, 실제로 강요된 성매매 상황이나 다른 심각한 형태의 범죄행위에만 개입하는 것으로 역할이 축소된다. 이런 접근 방식이라고 해서 문제가 없는 것은 아니다. 그리고 이런 접근 방식을 적용하는 것이 모든 지역에서 다 가능하지 않을 수도 있다. 다만, 이런 접근 방식들은 지역사회와 성매매 종사자들이 함께 협력하여 지역의 문제를 해결한다는 점에서 새로운 이정표 역할을 한다.

　어떤 형태든 성매매에 대한 새로운 접근방법은 강제적인 수단을 배제하는 것을 목표로 해야 한다. 개인적으로 성매매를 혐오스러운 것으로 여기든 그렇지 않든 성매매는 계속될 것이다. 그러므로 우리는 성매매 종사자들의 삶을 개선시키고, 그들 스스로 힘들고, 비하적이고 위험하기까지 한 직업으로부터 탈출할 수 있도록 대안을 제시해주어야 한다. 사람들은 여대생이 학비를 마련하기 위해서 어쩔 수 없이 성매매에 발을 담갔지만, 졸업 후 성공적으로 "합법적인" 일을 하는 것을 상상할 수 있겠지만, 현실은 공장노동, 홀서빙, 호텔이나 주방에서의 저임금 때문에 성매매를 선택하는 것이 대부분이다. 그리고 이런 저임금의 모든 업종들도 사람들이 비하하고, 위험할 뿐만 아니라 성적으로 여성 근로자들이 착취를 당할 수도 있다. 싱가폴 가정부들, 멕시코 저임금 공장 노동자들 또는 맨해튼의 호텔 종업원들에게 물어보면 알 수 있다. 뉴욕 북부에서 수잔 드웨이(Susan Dewey)는 인터뷰를 했던 거의 모든 성매매 종사자들이 이전에 직업을 가졌고, 그들 대부분이 성매매와 저임금의 서비스업에 종사하기를 반복한다는 것을 알게 되었다. 응답자 대부분은 재정적인 기대감으로 성매매를 선호한다고 밝혔으며, 서비스업에 대해서는 "착취적이고 배타적이라고" 평가하였고, 신분상승이나 재정적 안정성을 기대할 수 없다고 응답했다.[245]

브라질은 성매매를 비범죄화했다. 성인 성매매는 합법이지만 성매매 업소를 운영하는 것은 불법이다. 하지만 실제는 리우데자네이루나 상파울루의 중심 상업 지구를 포함한 많은 도시들에서 조직화된 성매매 업소들이 공개적으로 영업을 하고 있다. 다양한 형태의 업소들이 다양한 수준의 고객들에게 서비스를 제공하고 있다. 성매매 업소들이 상대적으로 많이 영업하고 있기 때문에 길거리 성매매를 찾아보기 어렵다. 보통 특정한 지역에서 길거리 성매매가 이루어지는데 경찰이 이런 곳에 특별히 관심을 갖지 않는다. 예를 들면, 상파울루의 레푸블리카 공원 주변에는 나이 든 고객을 대상으로 길거리 성매매가 이루어진다. 또한, 여성이나 게이를 고객으로 하는 성매매 종사자들도 공개적으로 영업을 하지만 경찰이 단속하는 경우는 거의 찾아볼 수 없다.

경찰들 사이에서는 성매매 알선업자에 대한 극심한 혐오감을 갖는 경우가 있지만, 일반적으로 알선업자들은 소규모로 성매매 산업의 주변부에서 겨우 관여하는 수준이다. 이들이 관여하는 성매매 시장은 거의 규제를 받지 않는다. 영업허가나 보건증이 없고, 치열한 영업경쟁은 착취하는 관행을 사라지게 하는데 도움이 되었다. 하지만 이곳은 성매매 산업의 최하위 수준으로 열악하고 위험한 노동조건으로 가득하다. 한편, 성매매 종사자들은 학대하는 고객들이나 알선업자들을 만났을 때 경찰에 도움을 요청할 수 있다. 브라질의 성매매에 대한 비규제 정책이 모든 문제를 해결해주는 것은 아니다. 많은 지역에서 성매매를 하고 있는 미성년자들이 있다. 특히, 휴양지 섹스관광의 일환으로 미성년자 성매매가 기승을 부린다. 또한, 어디서나 안전하게 성매매를 할 수 있는 것도 아니다. 브라질에서도 성매매 산업의 부작용들로 인해 범죄화해야 한다는 목소리가 끊이지 않고 있다. 이들은 주로 부동산 이익을 위해서 주장하거나 도덕주의자들 그리고 월드컵이나 올림픽과 관련하여 국제적 이미지를 걱정하는 지역 관리들이다.

1974년 이래로 네바다의 일부 지역에서는 합법적으로 성매매 업소를 운영할 수 있다.

전부 여성들인 성매매 종사자들은 공식적인 경제활동의 구성원들이다. 이들은 세금을 내고 사회보장 제도에 가입한다. 성매매 여성들은 독립 계약자로 취급된다. 여성들은 1%의 업소 사용료를 지불하고, 정기적인 보건검사를 받는다. 업소에서는 여성들에게 청결한 근로 공간과 안전서비스를 제공하고 행정업무 처리를 도와준다. 많은 연구들에 따르면, 이곳 성매매 여성들은 높은 만족도를 나타내고, 폭력을 경험하는 비율이 낮은 수준이다. 그리고 많은 여성들이 장기간 근무하는 것으로 조사되었다. 성매매 강요나 미성년자 성매매 혐의로 기소되는 사례도 없었다. 대부분의 여성들은 이전에 다른 종류의 직업을 가졌지만, 성매매에 종사하는 것이 더 많은 보수를 가져다 준다고 한다. 긍정적인 연구결과들이 계속 발표되었지만 네바다의 도심지역에서는 합법화를 반대하고 있고, 정치인들과 도덕주의자들은 자주 법 개정을 시도한다. 2014년 상원 다수당 지도자인 해리 레이드(Harry Reid)는 네바다 주 의회를 비겁하다고 비난했다. 그는 네바다 주 의회가 일부 성매매 업주들에게 불법적이고 강요된 성매매가 다른 지역에서도 사업에 장애가 되지 않았다는 점을 강조하도록 유도했고, 기업유치를 통한 산업 현대화를 위해 성매매 산업을 범죄화 하는데 실패했다고 비판했다.[246]

독일, 벨기에, 네덜란드 일부 지역에서 성매매는 공식적으로 비범죄화 되었다. 홍등가가 공개적으로 도심에서 영업을 하고 높은 수준의 규제를 받는다.[247] 성매매 여성들은 근로자로서의 완전한 권리를 갖고, 경찰의 단속은 주로 미성년자 성매매나 국제 인신매매를 포함한 강요된 성매매에 제한된다. 이런 범죄들은 거의 발생하지 않지만, 발생하더라도 보통 성매매 암시장에서 이루어진다. 일반적으로 성매매는 특정 지역에 정해진 구역에서만 허가되지만, 일부는 공공장소에서도 허용되는 경우가 있다. 성매매 구역에서 폭력행위는 거의 일어나지 않고, 만일 지원 요청이 있으면 경찰이 출동한다. 경쟁적인 성매매 시장에 범죄조직이 개입하였고, 수요는 한정적이고 지하 성매매 시장의 규모가 커지면서 점차 범죄조직의 개입은 성매매 산업의 중대한 문제점이 되고 있다.

뉴질랜드는 성매매를 완전히 비(非) 범죄화했다. 공개적으로 성매매를 하는 것이 가능하고, 집결지 형태의 조직화된 영업도 지방자치단체의 규제 속에서 가능하다. 정부 보건

기관과 사업장 안전관리 기관에서 정기적으로 성매매 영업장에 대한 검사를 한다. 성매매 종사자들은 국가 사회복지 제도에 가입하고, 고용노동법에 의해 보호된다. 호주 일부 지역에서도 이와 유사한 제도가 시행되고 있다. 뉴질랜드에서는 성매매 관련 폭력이나 인신매매가 거의 존재하지 않고, 미성년자 성매매나 강요된 성매매 사례도 거의 찾아 볼 수 없다. 또한, 성매매 영업 허가 비용이 낮고, 지방정부들도 협력적이기 때문에 음성적인 성매매는 극히 일부에 불과하다. 몇몇 도시에서는 성매매 업소가 광고도 할 수 있다. 범죄조직이 개입하는 경우도 거의 없고, 성매매 종사자들은 대부분 해당 지역 출신 여성들로 직업만족도가 높은 것으로 나타난다. 2003년 성매매법이 개정되었을 때는 찬반 여론이 나뉘었지만 최근에는 찬성하는 여론이 증가했고, 이런 분위기는 도덕적 개혁론자들의 요청에도 불구하고 보수주의 정부들로 하여금 현행 성매매 관련 법제도를 유지하도록 만들었다. 2008년 '뉴질랜드 성매매법 개정위원회(New Zealand Prostitution Law Review Committee)'의 보고에 따르면, 성매매 종사자들은 법 개정 후 더 안전하다고 느끼고 있고, 안전한 성관계를 위해 협상하는 것이 더 수월해졌다고 한다. 또한, 착취나 학대가 있는 경우 기꺼이 경찰에게 신고하겠다는 성매매 종사자들이 많아졌다. 반면, 위원회는 미성년자 성매매가 증가했다는 점에 대해서는 어떤 사실도 확인하지 못했다.[248]

멕시코부터 뉴질랜드, 네바다 일부 지역에서 보는 바와 같이 성매매를 허용하거나 규제를 통해 관리하는 것이 경찰의 역할을 최소화하면서 성매매 종사자나 고객 그리고 지역사회에 끼치는 해악성을 감소시키는 것을 알 수 있다. 성매매가 합법화되면 범죄조직의 개입이나 경찰 부패가 현격히 감소되었다. 또한, 정부의 관리감독이 강화되면서 성매매 종사자들은 보건·위생, 범죄로부터의 안전, 안전한 성관계와 같은 근로 여건이 개선되었다. 경찰관이 아닌 일반 보건·위생 공무원들이 성매매 종사자들의 협력과 규정 준수를 유도하면서 규제 업무를 수행하는 주된 역할을 담당한다. 또한, 이런 접근 방식은 성매매 종사자들을 구해주어야 하는 도움이 필요한 피해자로 바라보는 시각을 변화시킨다. 그런 시각은 성매매 종사자들을 비하하고 낙인찍는 것일 뿐만 아니라 실제로는 정확한 사실도 아니다.

성매매를 합법화하면 성매매 산업이 활성화되는 결과가 나타날 것인가? 아마도 그럴지도 모른다. 하지만, 합법화함으로써 강요된 성매매나 성병 감염의 사회적 우려를 보다 효과적으로 통제할 수 있다면 성공적인 것이 아닐까? 우리는 이런 접근방식을 받아 들여야 한다. 왜냐하면, 이런 접근 방식들은 도덕적 공포가 아닌 사회적 해악성을 직접적으로 다루는 정책들의 출발점이기 때문이다. 성매매 산업이 항상 사회적 해악성을 가지고 있다면, 합법적인 노동력 착취도 마찬가지이다. 사실, 우리 경제와 문화 속에서 여성들의 종속적인 지위는 사회적 해악성이 있는 심각한 문제지만 이에 대해서는 '금지주의' 방식으로 접근하지 않고 있다. 여권신장론자들이 추구하는 숭고한 목표에도 불구하고 평등한 경제적, 정치적 권리와 동일노동·동일임금 제도가 배척되는 한 여성들은 차별적인 고용 형태에 내몰릴 것이다. 여성들과 성소수자들이 가난하고 사회적으로 소외될 뿐만 아니라 사회적, 정치적 힘이 충분하지 않는 한 그리고 가출을 하거나 버려진 아이들이 길거리 이외에 돌아갈 곳이 없는 한, 이들에 대한 인신매매와 성매매 강요의 위험성은 늘 존재할 것이다. 그러나 경찰이나 활동가들 모두 이러한 사회적, 경제적 현실에 대해서는 적극적으로 다루려 하지 않는다.

제7편

마약과의 전쟁

1장 마약단속의 역효과

　미국 경찰에게 있어 마약과의 전쟁은 가장 비효율적이며 손해가 막심한 경찰 활동 유형이다. 미국 마약과의 전쟁은 1914년 Halstead Act 시행이나 1980년대 도널드 레이건 대통령의 범죄와의 전쟁 그리고 1990년대 빌 클린턴 대통령의 국가마약통제정책에서 그 연원을 찾을 수 있다. 그러나 그 과정에서 수백만 명을 감옥으로 보냈음에도 불구하고 미국 사회의 마약문제가 개선되었다는 어떠한 객관적 증거는 찾을 수 없다. 1982년 이후 마약은 더욱 값싸고 질이 좋아졌을 뿐만 아니라 이전보다 손쉽게 이용할 수 있게 되었다. 수백만 명이 마약을 경험해보고, 고등학생들도 쉽게 마약에 접근할 수 있다. 마약과의 전쟁을 끝내는 것이 근본적으로 경찰 활동을 변화시킬 수는 없을지라도, 미국 사회에서 경찰의 역할을 재정의하고 인종차별적 경찰 활동을 개선하는 긍정적인 변화의 첫걸음이 될 수 있을 것이다.

합법적인 마약이건 불법적인 마약이건 인체에 심각한 해를 미치는 것은 자명하다. 매년 오남용으로 수천 명이 사망하고, 훨씬 더 많은 사람들이 마약중독으로 일을 할 수 없게 된다. 그보다 더 많은 사람들은 마약중독으로 자신과 가족들의 삶을 피폐하게 만든다. 또한, 최근 불법 마약사용은 재산범죄와 폭력범죄의 원인이 되고 있고, 에이즈나 C형 간염 전파의 주요 요인으로 지목된다. 그러나 대부분의 마약 사용자들은 인체에 심각한 유해성을 겪고 있지 않고 있으며, 마약과의 전쟁을 강화하는 것이 아니라 중단함으로써 오히려 마약 사용으로 유발되는 해악성이 줄어들 수 있다는 것이 증명되고 있다. 불행히도, 경찰과 정치지도자들은 수십 년간 증명되고 있는 사실과 상식 앞에서도 마약금지정책을 고수하고 있다.

경찰이 아무리 마약단속을 강화하더라도 마약 사용을 근절시킬 수 없는 것이 현실이다. 사람들은 이미 깊이 마약에 빠져있다. 2014년 설문조사에 따르면 2,700만 명의 미국인들이 지난 한 달 동안 불법 마약을 사용했다고 응답했다.[249] 이 수치에 합법적인 향정신성의약품 복용을 포함시키면 그 숫자는 7,000만 명으로 추산된다. 거기에다 상습적 알콜 복용을 포함하면 1억 3천만 명으로 미국 성인인구의 절반에 이른다.

최근 대중적인 2종류의 마약을 보면 마약과의 전쟁이 국민 건강증진에 역효과를 내고 있다는 것을 보여준다. 1930년대부터 암페타민은 손쉽게 구할 수 있는 합법적인 약품으로 가정주부와 밤샘 트럭운전자들부터 다이어트 중인 사람들에게까지 많은 사람들에게 인기가 있었다. 2차 세계대전 중에는 미국을 비롯한 많은 나라의 군대에서 병사들의 전투력을 증진시키기 위해서 암페타민을 투약했다. 1960년대 고용주들과 윤리운동가들이 암페타민의 쾌락적 사용에 대한 우려의 목소리를 내었고, 처방에 의한 복용과 의학적 사용에 대한 규제가 시작되었다. 이에 따라, 순도나 효능 측면에서 전혀 규제되지 않은 메스암페타민 암거래 시장이 거대하게 형성되었다. 메스암페타민은 암페타민보다 현저하게 부작용이 많고, 제조과정에서 독성물질에 의한 중독, 화재, 폭발 등의 부차적인 위험을 유발한다.[250]

최근 헤로인의 사용 증가 문제, 특히 과용의 문제는 마약 통제정책과 제약 산업의 규제

사각지대와 직접적으로 연관되어 있다. 1995년 미국 식품의약품안전청(FDA)은 옥시콘틴(OxyContin)이라고 불리는 아편류 처방을 허가했다. 이로 인해 아편류 처방이 급격히 증가했고, 옥시콘틴 매출은 1996년 4,500만 달러에서 2010년 31억 달러로 폭증했다. 제조사인 퍼듀(Perdue) 제약회사는 새로운 아편류 의약품이 중독성이 낮다고 홍보하며 환자들의 통증을 감소시키기 위해서 공격적인 처방을 할 것을 요청했다.[251] 불행하게도 수많은 환자들이 중독되었고, 옥시콘틴 알약을 거래하는 암시장이 횡행했다. 미국 마약단속국(DEA)과 식품의약품안전청(FDA)은 이와 같은 문제를 인식하고 마약류 사용을 강력히 통제하기 시작했다. 옥시콘틴에 중독된 수백만 명의 사람들은 더 이상 합법적으로 구입할 수 없고, 암시장에서 고가에 구매하거나, 위험성이 높지만 훨씬 저렴한 헤로인을 구매해야 한다. 치료 목적으로 복용하던 사람들은 효능과 순도가 천차만별로 다르고 중독성이 강한 길거리 헤로인을 사용하게 되었고, 헤로인은 오남용의 주범이 되었다. 실제로 아편류 알약을 구하기 어려워지면서 유기화합물을 넣은 약품이 급증했다. 게다가 헤로인은 피하주사 방식으로 투약하기 쉬워서 전염병, 종양, 기타 합병증을 확산시켰다. 한편, 마리화나 금지정책을 계속 추진하면서 이런 위기가 가속화되었다는 의견이 제기되고 있다. 마리화나가 일부 만성통증 치료에 효과적이라는 연구결과가 나오고 있다.[252] 연구목적의 마약사용 제한을 포함하는 마약통제정책으로 연구자들과 의사들은 아편류에 의존하면서 아편의 중독과 과다복용의 위험성을 제거해야 했다. 이런 상황 속에서 마리화나가 사용될 수 있는 여건이 만들어 졌다.

20세기 마약통제의 노력은 공중건강을 증진하기 위한 것이 아니었다. 그것은 정치적 기회주의와 특정 인구계층을 통제하기 위한 수단이었다. 최초의 대규모 금지조치는 1914년 Halstead Act 제정이었다. 이 법령으로 당시 특허 의약품을 포함하여 많은 의약품들에 광범위하게 사용되었던 아편, 헤로인, 코카인이 법적 규제의 대상이 되었다. 마약류 규제 옹호론자들은 내면적으로 인종차별적 성향이 있었다. 아편은 중국에서 온 노동자들과 밀접한 관련이 있고, 중·상류 백인 여성들 사이에서 차이나타운의 아편굴에서 이것을 복용하는 것이 유행되기까지 관심 밖이었다. 인종 순혈주의자들과 외국인 혐오자들은 백인 여성들이 아편 사용자나 판매자들과 접촉하는 것을 경계했고, 그들과의 사회적 거리가 붕괴될 것을 두려워했다. 이 시기에 중국인 노동자들은 미국 사법제도 아래서 어떤 법적 권리도 갖지 못했고, 인종 혐오와 노동력 착취의 대상이었다. 아편 금지조치는 경찰로 하여금 이들을 끊임없이 괴롭힐 수 있는 합법적 도구이자 엄격한 사회통제의 수단이었다.253

이와 비슷하게 코카인 사용을 비난하던 사람들은 흑인 인종차별의 수단으로 금지조치를 활용했다. 농장의 현장 감독자들은 생산성을 높이고 배고픔을 줄이기 위해 흑인 노예 노동자들에게 코카인을 주었다. 시간이 흘러 흑인들 스스로 코카인을 복용하면서 백인들은 코카인 사용을 금지하며 이들을 비난했다. 마약금지론자들은 마약을 복용한 흑인들이 백인 여성을 공격한다는 공포를 부추겼고, 많은 성폭력 범죄 기소 건들이 마약과 연관되어 제기되었다. 남부에서는 코카인을 복용한 흑인은 초인간적인 힘을 가지고 있어 32구경 탄환으로는 제지할 수 없다는 두려움이 널리 퍼졌고, 경찰 표준장비로 38구경 탄환 도입이 확대되었다.

마리화나는 멕시코 국경을 따라 오랫동안 별문제없이 사용되었다. 그러나 20세기 초 멕시코 혁명 이후 미국 땅으로의 이주가 급증하였고, 많은 주(state)들이 마리화나 금지법을 통과시켜 경찰에게 이민자들에 대한 불심검문의 구실을 만들어 주어 공포 분위기를 조성하였다. 북부에서는 대도시의 아프리카 아메리칸들 사이에서 마리화나가 유행하게 되자 마리화나 사용이 불법화되었다. 마리화나는 재즈와 흑인 문화와 밀접한 관련이 있다. 마리화나 금지는 도덕적 패닉을 불러왔다. 마리화나의 규제는 1937년 연방차원 규제와 함께 미국 전체 주(state)로 확대되었다.

강력한 마약규제주의는 보수적인 이민배척주의 정책과 관련되어 있다. 요한 해리(Johann Hari)는 그의 저서에서 1930년부터 1962년 사이 주로 이민자와 유색인종을 대상으로 끝없는 마약과의 전쟁을 벌였던 해리 앤슬린저(Harry Anslinger)를 미국의 첫 번째 마약전쟁의 황제로 칭하며 그의 공적을 묘사했다.254 해리 앤슬린저는 개인적으로 재즈의 전설 빌리 할리데이(Billie Holiday) 체포에 관여했고, 1959년 경찰서 유치장에서 그녀의 죽음과 직접적으로 관련되어 있다고 전해진다. 그는 정반대의 의학적 검증결과에도 불구하고 정크 사이언스와 정치적 위협으로 연구자들과 공무원들이 마약통제정책에 동조하도록 했다. 또한, 그는 마약통제정책에서 연방정부의 역할을 확대하는 국제협약이 채택되도록 지원하여 국제적으로 마약통제주의가 확산되는 데 기여하였다.255

미국에서 현대적인 마약전쟁은 리처즈 닉슨(Richard Nixon) 정부에서 시작되었다. 닉슨 정부는 마약전쟁을 주(State) 법집행에 연방정부의 권한을 확대시키는 수단으로 활용했다. 이것은 인권운동과 인종차별폐지운동 이후 결성된 남부 백인 민주당원들을 자기편으로 끌어들이기 위한 닉슨 대통령의 소위 남부전략(Southern Strategy)의 일환이었다.256 닉슨 대통령은 법과 질서를 강조하는 정치적 구호를 활용하여 강화된 법집행 권한으로 흑인들을 통제하려는 자신의 의도를 표현했고, 이를 통해 남부 백인들의 지지를 호소했다. 닉슨 대통령은 대부분의 형벌법규가 주정부의 권한이기 때문에 연방정부 차원의 마약규제를 결정했다. 이전에 주정부의 권한이었지만 마약거래의 성격상 연방정부의 개입을 정당화 할 수 있었다. 마약거래는 주(state) 경계와 국경을 넘나드는 형태로 이루어졌고, 미국이 국제 마약규제협약들에 서명한 것은 닉슨 대통령의 연방정부 개입의 명분이 되었다. 게다가 닉슨은 마약단속에 있어서 늘 인종적 두려움과 적대감이 중요한 역할을 해왔다는 것을 알았다. 닉슨의 비서실장인 밥 헬드먼(H. R. "Bob" Haldeman)은 자신의 비망록에서 닉슨 대통령이 "모든 문제는 바로 흑인들이라는 사실을 직시해야 한다"고 강조했고, 그가 "이런 점을 인정하는 시스템이 나타나기 전에 고안해 내는 것이 중요하다"고 언급한 것을 기술했다.257 닉슨의 민주당 수석 정책보좌관 존 에를리먼(John Ehrlichman)도 댄 봄(Dan Baum)과의 인터뷰에서 마약과의 전쟁은 정치적 거짓말이라고 이야기 했다.

1968년 대선에서의 닉슨 캠프와 이후 닉슨 백악관에게는 2가지 적이 있었어요. 하나는 좌파 반전(反戰)주의자들이고, 다른 하나는 흑인들입니다. 내가 말하는 것을 이해하시겠어요? … 전쟁에 반대하는 행위나 흑인이라는 것만으로 불법화할 수 없다는 걸 우리는 너무 잘 알았어요. 하지만 사람들을 마리화나를 피우는 히피들과 엮거나 헤로인을 복용하는 흑인들과 엮어서 양쪽을 모두 중하게 처벌하면 이들의 단체 활동을 방해하고 붕괴시킬 수 있었어요. 우리는 이들 단체 지도자들을 체포하고, 자택을 수색하고, 모임을 해산시키면

서 매일 밤 저녁 뉴스에서 이들을 비방할 수 있었어요. 마약에 관해 우리가 거짓말을 하고 있다는 것을 우리 스스로 알았을까요? 물론 우리는 알고 있었어요.[258]

사실 닉슨 행정부의 보건관료들은 비범죄화 접근법, 중독치료제 메타돈(Methadone) 사용과 다른 형태의 위해감축 전략를 선호했다. 그러나 닉슨 대통령은 마약에 관한 무관용, 금지, 범죄화 확대 정책을 정치적 노선으로 정하고 보건관료의 의견을 받아들이지 않았다.

로널드 레이건(Ronald Reagan)은 닉슨의 마약통제 전략을 이념적으로나 실천적으로 확대했다. 영부인 낸시(Nancy) 여사는 "Just Say No" 캠페인을 통해 이념적 확산을 주도했다. 이 캠페인은 "사람들에게 마약을 거부할 수 있는 의지력을 불러일으키기 위해서는 도움을 줄 수 있는 조력자가 필요하다"는 아주 단순한 생각에 기반을 두고 있다. 문제의 본질을 외면하는 초보적인 접근법은 조롱의 대상이 되었지만, 실제 상당한 효과가 있었다. 레이건의 생각은 마약 문제는 나약한 의지력의 문제이고 부모의 감독과 삶의 롤모델 부재에 근본 원인이 있다는 것이다. 이런 생각은 마약문제를 치료와 비범죄화로 대응해야 한다는 주장들의 설득력을 잃게 했다. 레이건 대통령은 의회의 마약관련 입법 활동에 적극적으로 대응하였고, 주(State) 차원의 범죄통제정책에서 연방정부의 기능을 대폭 확대하는 한편, 연방 및 주(State) 단위에서 마약관련 금지행위의 범위를 확대하고 처벌 수위를 높였다. 또한, 레이건은 마약금지 정책에 있어 마약단속국(DEA)과 연방법집행기관들 뿐만 아니라 군대의 역할을 강화했다.[259]

많은 사람들은 미국에서의 마약과의 전쟁을 레이건 정부에서 마무리 된 것으로 생각하는 경향이 있다. 하지만 마약과의 전쟁을 확대하는 데 중요한 역할을 했던 것은 빌 클린턴(Bill Clinton) 정부였다. 클린턴 정부의 범죄처벌 법안들은 마약거래에 있어 사형 대상 범죄행위의 수를 늘렸고, 3진 아웃 규정을 도입했다. 또한, 마약단속국(DEA)의 예산을 획기적으로 늘리고 연방 및 주정부 교도소를 건립하기 위한 80억 달러의 예산을 편성했다. 이와는 별도로 경찰 인력 증원을 위해 80억 달러 이상의 예산을 따로 편성했다. 마약 관련 재소자들은 1992년까지 그렇게 많이 늘지 않았다. 늘어난 재소자들의 대부분은 마약

판매나 제조로 처벌받은 것이 아니라 마약소지로 수감된 사람들이다.[260]

오늘날 연방교도소 재소자의 절반가량은 마약범죄로 수감된 사람들이고, 모든 주(State) 교도소 재소자의 1/3가량이 마약범죄자들이다. 미국은 지금 매년 마약과의 전쟁을 위해 50억 달러 이상을 지출하고 있다.[261] 게다가 마약전쟁은 경찰 활동을 변화시켰다. SWAT팀과 군대식 경찰조직의 급증, 자산몰수 남용, 인종차별적 감시와 법집행, 영장 없는 가택·신체·차량 수색권한 확대, 유색인종 청년들의 범죄자화, 경찰부패와 경찰관들의 전사(戰士)적 사고의 확대 등 마약과의 전쟁은 경찰 활동에 많은 변화를 가져왔다. 이러한 변화의 일부는 현대 경찰의 변화 추이에 따라 이루어진 측면도 있지만 마약전쟁은 이러한 변화를 가속화하고 강화했으며 보다 악화시켰다.

대부분의 학자들이 미국의 마약전쟁은 불합리한 압수수색으로부터 개인의 기본권을 보호하려는 4번째 미국 수정헌법의 가치를 훼손하는 것이라고 지적한다. 반면, 저널리스트 래들리 발코(Radley Balko)는 개인 주거지에 군대가 숙영하는 것을 금지하는 3번째 수정헌법에 관하여 이야기한다.[262] 3번째 미국 수정헌법은 개인 주거지의 프라이버시를 침해할 수 있는 주(State)정부의 권한을 제한하는 것을 상징한다. 발코는 불충분한 증거에 기반하여 SWAT팀이 소위 "no-knock"영장으로 개인 주거지에 대규모의 무장진입작전을 펼치는 사례들을 보여줬고, 이들의 대부분은 소량의 마약을 판매하거나 구매한 사람들이다. 이런 작전들로 용의자들과 경찰들이 죽었을 뿐만 아니라 경찰의 오인 사격으로 무고한 사람들까지도 죽음에 이르렀다. 이러한 진입작전은 경찰이 돈으로 매수한 비밀 정보원들의 잘못된 정보에 기반해 수행되기도 했다. 또한, 발코는 작전 수행중에 SWAT팀 경찰들이 어떻게 육체적으로나 정신적으로 사람들을 학대하고 그들의 재산을 파괴하거나 애완동물을 죽이는지 보여주고 있다. SWAT팀과 이와 유사한 경찰의 준군사조직들은 특정 지역이나 공공주택단지에서 대규모 마약소탕작전을 전개하거나 범죄 위험지역에 대한 비정기적 순찰을 하기도 한다.

최근에 SWAT팀과 같은 조직들에게는 범죄수익몰수법(Asset Forfeiture Laws)에 의한 예산지원이 이루어져 왔다. 범죄수익몰수법은 마약단속이나 수사를 통해 몰수한 범죄수익을 경찰 자체예산으로 활용할 수 있도록 한다.[263] 이를 통해 경찰조직은 공격적으로 마약전쟁을 계속할 수 있는 막대한 예산을 확보할 수 있고, 통제와 감독을 받지 않고 준군사조직을 확대할 수 있었다. 또한, 범죄수익몰수법은 광범위한 오남용의 위험성 때문에 그 해악성이 심각하다. 왜냐하면, 이 법에 따라 범죄수익몰수 절차는 형사절차와 대비되는 민사절차로 진행되기 때문에 법적 조치가 개인이 아닌 문제가 되는 재산에 대하여 취해지고, 상대적으로 입증책임의 부담이 적다. 대부분 명백한 '유죄추정'으로 처리된다. 또한, 개인적 사용을 위한 소량의 마약을 소지하고 있더라도 차량이나 주택을 몰수당할 수 있어서 비례의 원칙에 있어서도 문제가 있다.

많은 경찰기관들이 범죄수익 몰수를 통한 예산 확보에 매료되었고, 가치 있는 압수물을 찾겠다는 바람으로 마약 탐문수사에 착수했다. 수많은 차량검문이 이루어졌고, 마약이 발견되지 않거나 현금 소유자에게 범죄혐의가 없음에도 불구하고 몇백 달러만 발견되어도 마약범죄의 증거로 압수되어 몰수의 대상이 되었다. 소유자가 대항할 수 있는 유일한 수단은 법정에서 몰수된 현금이 마약과 관련되지 않았다는 것을 증명하는 것이다. 이런 악순환은 프란츠 카프카(Franz Kafka)의 소설 『심판(The Trial)』에서 나오는 무고함의 변질을 보는 것과 같다.

돈을 가지고 있는 자체가 범죄로 여겨질 수 있을 뿐만 아니라 어떤 것이건 마약과 관련된 증거로 간주될 수 있다는 점은 경찰들이 부패와 인종차별의 수단으로 악용할 수 있다. 외국의 마약용품 규제법들은 파이프, 저울 그리고 본래 다른 용도가 있지만 마약 판매와 복용에 사용될 수 있는 물품들을 규제 대상으로 한다.

필라델피아에서는 마약 판매에 사용될 우려가 있다고 여겨지는 경우 소매상들에게 작은 플라스틱 봉지 판매를 금지하는 법이 있다. 그래서 마약단속 경찰들은 유색인종 거주지의 모퉁이 상점을 단속할 구실이 생기는 것이다.[264] 대부분의 소수인종 상점주들은 빈번하게 체포되어 물건을 압수당하거나 벌금이 부과되어 폐업하는 경우도 있다. 언젠가는 상점주들이 작전 중에 경찰이 현금수납기에서 돈을 가져가고, 상점 물품을 싣고 가는 것이 찍힌 비디오테이프를 가지고 나타났다. 알고 보니 물건의 일부가 정보원들의 손아귀로 들어갔다는 것이 밝혀졌다.

2장 부패(Corruption)

마약과의 전쟁 과정에서 경찰이 저지른 권한 남용, 절도, 뇌물, 마약거래 등 비위를 전부 나열하는 것은 불가능하다. 마약 암거래 시장은 수익성을 극대화할 수 있기 때문에 마약판매상들로서는 경찰을 매수해서 단속을 피하는 것이 엄청난 수익을 낼 수 있다. 경찰 입장에서는 그들을 보호해주고 단속과정에서 금품을 훔치고 급기야는 마약 거래까지 개입함으로써 막대한 이익을 취할 수 있다.

최근 50년 동안 발생했던 대규모 경찰 스캔들의 대부분은 마약금지정책에 그 원인이 있다. 로스앤젤레스 램퍼트(Rampart) 스캔들은 경찰관들이 마약판매상들에게 권한을 남용하고 과잉 폭력을 행사하는가 하면 일부 경찰들은 증거품 보관소에서 마약을 훔쳐 거리에 내다 팔은 사건이었다. 소설 『도시의 황태자(Prince of the City)』와 이를 영화화 한 작품에서는 뉴욕 마약단속 경찰관들의 부패를 적나라하게 보여주고 있다. 작품 속 경찰관들은 정보원들을 이용하기 위해 부정 마약거래를 하고, 뇌물을 받는가 하면 마약판매상들로부터 현금과 마약을 훔치기도 한다.[265] 이와 유사한 사건들이 1990년대 말 몰렌(Mollen) 위원회의 할렘지역 30구역 조사에서 폭로됐다.[266]

보다 최근에는 수많은 경찰기관에서 마약 스캔들이 터졌다. 예를 들면, 2015년 3월에만 다음과 같은 사건들이 있었다:

- 캘리포니아 프레스노(Fresno) 경찰국 2인자가 옥시코돈, 마리화나와 헤로인을 거래한 혐의로 FBI와 ATF(미국 알콜·담배·총포 단속국) 수사관들에게 체포되었다.[267]

- 테네시 스콧 카운티의 부보안관은 경찰 증거품 보관소에서 마약을 훔친 혐의로 체포되었다.[268]

- NYPD 소속 경찰관은 플로리다에서 20만 달러 상당의 코카인을 구매하려다 위장수사 중인 경찰관들에게 체포되었다.[269]

- 마이애미-데이드(Miami-Dade) 경찰간부는 코카인 밀수업자를 도와주고 라이벌 마약거래상을 처리하는데 공모한 혐의로 유죄가 선고되었다.[270]

- 알라바마 윈스톤 카운티에서는 부보안관이 한 여성으로 하여금 메스암페타민 제조를 강요한 혐의로 3년 이상의 징역형이 선고되었다.[271]

- FBI 요원 한명은 수년간 마약단속업무에 종사하면서 64차례나 증거품 가방에서 헤로인을 훔친 혐의로 유죄가 선고되었다.[272]

- 플로리다 타이터스빌(Titusville) 경찰관은 코카인 거래 혐의로 10년의 징역형을 선고받았다.[273]

- DEA(마약단속국)는 콜롬비아에 파견된 마약단속 요원들이 수년간 현지 마약카르텔들로부터 성접대를 받아 온 사실을 발표했다.[274]

- 경찰관들의 체포가 너무나 일상적이어서 NGO단체(StoptheDrugWar.com)가 매주 마약범죄로 체포되는 경찰에 대한 기사를 발행하고 있다.[275]

3장 인종차별적 법집행(Racial Impacts)

마약과의 전쟁에서 펼쳐진 수많은 경찰활동을 들여다보면 그 중심에서 인종차별적인 경향을 찾을 수 있다. 마약을 사용하거나 판매하는 사람들은 인종별로 균등한 비율을 나타내지만 대부분의 마약단속은 유색인종과 저소득층 지역, 농촌 백인 지역에서 이루어진다.276 백인들이 마약범죄로 체포가 되면 유색인종보다 보호관찰 처분이나 치료감호 처분을 받을 가능성이 더 크다. 인종차별적인 법집행의 사례로 가장 널리 알려진 것 중의 하나는 흑인 운전자에 관한 논쟁이다. 이 논쟁은 법적 소송으로까지 전개되었고 1990년대 뉴저지를 비롯한 다른 주에서 인종차별적 법집행을 개혁하려는 노력으로 확산되었다. 주(State)고속도로에서 이유 없이 경찰의 검문 대상이 되고 수색에 동의해야하는 흑인 운전자들의 항의가 계속되었고, NAACP(전미 유색인 지위 향상 협회), ACLU(미국 시민 자유 연맹)와 다른 인권단체들의 법적 소송이 제기되기도 하였다. 이로써 연방 차원의 조사가 이루어지고, 경찰이 개선하겠다는 약속을 포함하는 법원의 조정명령서가 발부되기도 했다. 수년간의 제도 개선에도 불구하고 유사한 형태의 인종차별적 법집행이 이루어지는 경찰 활동은 계속되고 있다.277

마약단속은 거의 대부분 가난한 비(非) 백인사회에서 이루어진다. 미 전역의 교도소에 마약범죄로 수감된 사람들의 다수는 흑인 또는 기타 유색인종이다. 뉴욕주의 경우는 90% 이상을 차지한다. 로리 베쓰 웨이(Lori Beth Way)와 라이언 패튼(Ryan Patten)은 『길거리 넝마주이 사냥(Hunting for Dirtbags)』이라는 책을 쓰기 위해 동부와 서부 각각 한곳의 도시에서 경찰관들과 함께 순찰하며 수백 시간을 보냈다.278 두 사람이 확인한 것은 두 도시의 경찰관들은 자신의 관할구역을 벗어나 저소득 소수 인종 거주지역에서 마약범죄자 체포를 위해 상당한 시간을 보내고 있다는 것이었다. 의욕이 넘치는 경찰관들일수록 규정을 위반하여 마약범죄자 체포에 열을 올렸다. 그 이유는 마약범죄자 체포 건수가 많을수록 경찰 내 전문부서에서 원하는 보직을 얻을 가능성이 높다고 생각하기 때문이다.

길거리에서의 마약단속은 차별적으로 이루어지며 상당히 비효율적이다. 예를 들면, 볼티모어(Baltimore) 경찰은 대규모 마약시장 문제로 씨름을 하고 있다. 하지만 볼티모어 경찰의 단속활동은 전반적으로 마약거래나 마약사용에 영향을 미치지 못하고 있다. 대신에 역효과를 내고있는 징조들이 나타나기에 이르렀다. 전직 볼티모어 경찰관이었던 피터 모스코스(Peter Moskos)에 따르면, 경찰의 차별적이고 비효율적인 마약단속 활동이 특정한 문제로 불거지지 않으면 그냥 무시하고 넘어가는 것이 일반적이다. 경찰이 단속을 위해 접근했을 때 민원을 제기하는 사람을 보면 "그냥 가시오!"하고 만다. 통상 거리에 나와 있는 사람들은 몸에 마약을 소지하지 않고 단지 판매를 돕고 있다는 것을 경찰 스스로 잘 알기 때문에 불만을 제기하는 사람을 체포하지 않는다. 그렇게 풀려나는 사람은 주변 구역을 빙빙 돌다가 평소처럼 다시 돌아와 마약판매에 가담한다. 피터 모스코스는 자신의 경험에 비추어 봤을 때 특수부대가 투입되는 대규모 마약단속과 대대적인 수사가 벌어져도 단 몇 시간조차도 사람들이 마약을 구입하는 것을 막지 못한다고 말한다. 이제까지 볼티모어 주민의 10퍼센트가 불법 마약류를 사용했고, 경찰에 체포된 전체 범죄자들의 1/3가량이 마약과 관련되어 있다.[279] 이러한 현실을 직시한 전직 볼티모어 시장 커트 쉬모크(Kurt Schmoke)는 1988년 미국 시장협의회에서 마약과의 전쟁에 강하게 반대했다. 그는 마약사용을 형사사법의 문제로 해결하기 보다는 공중보건의 문제로 대처해야 한다고 주장했다.[280] 쉬모크 시장과 함께 미국 전체에서 뜻을 같이 하는 경찰관들이 마약과의 전쟁을 끝내야 한다고 요구했다. 그리고 마약전쟁의 비효율성과 해악성을 직접 경험했던 전·현직 경찰과 검사들이 주축이 되어 마약과의 전쟁에 반대하는 단체(LEAP: Law Enforcement Against Prohibition)를 만들기까지 했다.[281]

시골 지역의 경찰도 마약과의 전쟁에서 예외는 아니었다. 1999년 텍사스에 있는 인구 5천 명의 툴리아(Tulia)에서는 보안관이 정보원을 고용하여 수차례의 마약단속을 지휘했다.[282] 오로지 정보원이 제공한 첩보에 의존해서 몇 건의 체포가 이루어졌으나 대부분 마약을 찾을 수는 없었다. 보안관은 혐의가 있는 사람들에게 오랜 기간의 의무집행형량으로 위협하여 다른 사람들을 연루시키도록 했다. 추가적인 마약단속으로 46명이 체포되었고, 그 중에서 40명이 흑인이었다. 나머지 6명은 지역 소규모 흑인단체와 밀접한 관련이 있는 사람들이었다. 대부분의 사람들은 신체에 소지한 마약이나 자택에 보관하던 마약이 발견되지 않았음에도 경범죄로 유죄선고를 받았다. 운 좋게도 몇 명은 끝까지 무죄를 주장했고, 변호사들은 고용된 정보원이 다른 재판에서도 잘못된 체포에 대한 책임이 있다는 걸 밝혀냈다. 그가 진술하는 마약판매자의 인상착의가 체포된 피고인들과 일치하지 않는다는 사실을 발견했고, 몇몇 피고인들은 정보원이 마약거래가 이루어졌다고 진술하는 시간과 장소에 명확한 알리바이가 있었다. 결국 이미 수감 중인 몇몇 피고인을 포함한 대부분의 피고인들에 대해 기소가 기각되었다. 시(市)는 6백만 달러를 법적 분쟁해결을 위해 지불해야 했고, 정보원은 위증죄로 기소되었다. 그럼에도 불구하고 마약단속을 주도했던 백인 보안관과 유죄 판결을 받아낸 지역 검사는 여전히 직(職)을 유지하고 있다.

4장   프라이버시권(Right to Privacy)

제4차 미국 수정헌법은 주(State)정부의 수사과정에서 개인의 주거지와 사생활을 보호하기 위한 목적에서 개정되었다. 하지만, 마약단속이 강화되면서 점차 개인의 프라이버시권을 침해할 수 있는 법·제도들이 도입되었다. 연방법원은 계속해서 경찰권한을 확대했고, 마약단속을 위해 경찰의 대인 검문·소지품 검사·주거지 감시·전화 도청·쓰레기 수색·금융거래 조사가 임의적으로 이루어지고 있다.

2016년 3월 워싱턴 포스트는 경찰의 훈련과 경험에 기반한 수색영장의 활용에 대해 고발했다.[283] 대부분의 수색영장은 이전에 마약범죄로 체포되었던 사람들의 주소지였고 추가적인 마약 수색을 위해 발부된다. 워싱턴 D.C.에서 발부된 전체 영장의 14%가 이런 형태였고, 이들의 99%는 흑인을 대상으로 활용되었다. 물론, 이들 영장의 40%는 아무 소득이 없었다. 영장 발부 대상이 수색장소에 거주하지 않는 경우도 많았고, 대부분 개인적인 용도로 쓰기 위해 구입한 마약이었을 뿐이었다.

다양한 형사절차 규정들이 경찰에게 광범위한 재량권을 부여하면서 위법수집증거배제의 원칙을 잠식해 왔다. 문제는 대부분의 가택수색에서 아주 소량의 마약을 발견하는 데 그친다는 것이고, 경찰권을 확대하는데 집착하는 법관에게는 그런 사실이 큰 관심사가 아니라는 점이다. 이것은 마약과의 전쟁을 추진하는 사람들의 이념적 승리이다. 그들은 마약판매자들을 사회악의 근원으로 묘사하는데 노력했고, 그 노력은 성공했다. 그 결과 거리에서 마약판매자 한 명을 체포할 수 있다면 어떤 처벌과 방법도 지나치게 가혹하거나 도를 넘어서는 것이 아니라는 인식을 갖게 되었다.

비극적인 사례를 하나 들어 보면, NYPD 소속 경찰관이 브롱크스에 거주하는 10대 래멀리 그라함(Ramarley Graham)을 마리화나 소지 혐의로 자택에서 살해했다. 경찰은 래멀리에게 질문을 하려 했으나 그가 도망을 쳤고, 경찰들은 그를 추격하여 문을 부수고 집안에 진입했다. 집안에서 경찰관은 화장실 변기 속으로 마리화나를 내려보내려 하는 래멀리에게 총을 발사했다. 당시 경찰은 영장을 소지하지 않았고, 그라함이 위험하다라고 의심할 만한 어떤 객관적 이유도 없었다. 그러나 마약과의 전쟁 속에서 경찰관들의 그와 같은 법집행은 주(State)단위나 연방단위에서 기소되지 않는 것이 일반적이었다.[284] 그라함의 생명과 사생활 보호권은 여기서 중요하지 않았다.

미쉘 알렉산더(Michelle Alexander)는 '새로운 인종차별정책(The New Jim Crow)'에서 마약과의 전쟁으로 그 어느 때 보다 많은 어린 유색인종 미국인들이 범죄자화 되었고, 대량으로 구금되었다고 주장한다.[285] 흑인 남성들이 이런 처우를 받는 동안 재소자들 중 흑인 여성의 비율이 빠르게 늘어갔고, 이 또한 마약과의 전쟁과 밀접한 관련이 있다. 더군다나 마약과의 전쟁에서 검거된 대부분의 사람들은 함정단속에 의해 거리에서 마약 소지로 체포되는 사람들이다. 단속에 따른 마약 수색절차는 간혹 적법성에 의문을 갖게 하기도 한다. 거리에서 체포된 사람들은 돈을 받고 정보원으로 활동할 것을 요구받기도 하고, 엄격한 최소 의무집행 형량이 두려워 정보원이 되기도 한다.[286] 마약전쟁으로 미국의 교도소는 마약왕들로 채워지지 않았다. 그렇다고 성인군자 같은 사람들로 채워진 것도 아니다. 교도소를 채우고 있는 대부분의 사람들은 정상적인 경제활동을 하기 어려운 사람들이고, 이들은 일자리와 수백만 달러의 수입을 제공해주는 대규모 마약 암거래 시장에 엮이게 된 것이다.

마약 암거래 시장은 때론 매우 폭력적이다. 대부분 마약과 관련된 범죄는 마약을 복용한 사람들에 의해 벌어지는 것이 아니다. 마약 복용자들은 약물 효과로 인한 심신상태 때문에 범죄의 주체가 되기 어렵다. 대표적인 마약 관련 범죄는 두 가지 형태이다. 하나는 마약 거래와 관련된 재산범죄이고 다른 하나는 마약거래 과정에서의 분쟁이다. 불법 마약거래 시장에서는 법적으로 문제를 해결할 수 없다. 예를 들어, 누군가 마약거래를 하는 당신에게 사기를 쳤다면, 당신은 그로 인한 손해를 그냥 참고 감수하거나 폭력에 의지할 수 밖에 없다. 게다가 다량의 현금을 소지하고 있는 마약거래자들은 강·절도의 표적이 되고, 피해를 당해도 경찰에 신고하지 못한다.

5장 건강효과(Health Effects)

마약과의 전쟁을 지지하는 사람들은 항상 마약으로 목숨을 잃는 사람들의 이야기로 그들의 정당성을 주장한다. 그러나 실제로는 마약 금지정책이 사용자들의 건강에 부정적 영향을 끼친다. 마약을 불법화함으로써 마약의 순도나 효능에 대한 규제를 할 수 없기 때문이다. 위험한 첨가물과 예측할 수 없는 투여량 때문에 과다복용, 감염, 종양, 중독 등 부작용이 발생한다. 오늘날 헤로인 과다복용으로 매년 만 명 이상이 목숨을 잃고 있다. 이것은 2010년 이후 약 500% 증가한 수치이다.[287] 1910년대 말부터 1920년대 초의 미국이나 1960년대까지 영국의 경우처럼 처방에 따라 헤로인의 질적 관리가 이루어지던 때에는 과다복용 비율은 거의 제로에 가까웠다. 의사들은 아편중독을 의학적 문제로 바라본다. 의학적 치료로 접근하게 되면 아편 사용을 줄일 수 있고, 감염이나 과다복용을 근절할 수 있다고 말한다. 그러나 열정적인 마약과의 전쟁을 지지하는 정치인들만 전문가들의 이런 접근 방식을 거부하고 있다.

형사처벌 중심의 마약정책은 마약 사용자들이 불순한 마약물질에 대하여 문제를 제기하는 것을 어렵게 할 뿐만 아니라 사용자들 간에 정보를 공유하는 것도 어렵게 한다. 또한, 치료를 받으려는 마약 사용자들에게도 도움이 되지 않는다. 체포된 대부분의 심각한 마약중독자들은 실질적인 중독 치료를 받지 못하고, 구금기간 동안 스스로 정화되기를 요구받는다. 이들은 오히려 건강이 악화되기도 하고 사망에 이르기도 한다. 한편, 사람들은 마약금지정책으로 인해 피하주사기나 다른 마약용품들을 공유하게 된다. 실제로 미국에서 에이즈바이러스(HIV) 감염 경로 중 두 번째로 높은 비율을 차지하는 것이 피하주사기를 공유하는 마약사용자들이다. 러시아의 경우는 훨씬 더 심각한 상황이다. 강력한 마약 규제정책으로 인해 러시아의 마약 과다투여와 에이즈감염 사례가 폭발적으로 증가했다.[288] 주사기 공동 사용은 C형 간염 전파의 주범이기도 하다. 몇 가지 피하주사기 교체 프로그램이 시행되었지만 경찰은 경멸어린 시선으로 방관하였고, 간혹 참여자들을 감시와 괴롭힘의 대상으로 삼기까지 했다. 하지만, 대부분의 주(state)들은 여전히 피하주사기 규제가 마약사용을 줄일 것이라는 잘못된 믿음을 가지고 주사기 거래를 제한하고 있다.

6장 국제적 영향(International Effects)

미국은 다른 나라의 엄격한 마약통제정책을 지원하고 있다. 미국은 마약금지조약을 유지하는 데 주도적 역할을 하고 있고, 다른 나라들이 실험적으로 허용정책을 추진하려는 것을 막는다.[289] 마약금지정책의 가장 극적인 효과는 멕시코에서 볼 수 있다. 멕시코 마약카르텔들은 수익성이 좋은 자국 내 마약시장과 북아메리카 마약시장을 장악하기 위해 전쟁을 불사하는 싸움을 하고 있다.[290] 티후아나(Tijuana)와 시우다드후아레스(Ciudad Juárez)와 같은 대도시들은 섬뜩한 전쟁터를 방불케 한다. 매일 수많은 사망자가 발생하고 있는 대도시를 포함하여, 2006년 멕시코 대통령 펠립 칼드론(Felipe Calderon)이 마약과의 전쟁을 선포한 이래 7만 명 이상의 사망자가 발생했다. 멕시코 전역의 경찰들이 마약카르텔에 매수되어, 이들의 마약, 무기, 현금 수송을 도와주기도 한다. 마약카르텔의 폭력과 부패를 비난하는 기자, 정치인, 시민들이 다반사로 살해되고, 경고차원에서 이들의 시신을 훼손하여 공공장소에 버려 놓기도 한다.

헐리우드 영화 〈시카리오(Sicario)〉에서는 미국 CIA가 멕시코 마약카르텔에 개입하는 것을 극적으로 묘사하고 있다. 영화 속에서 CIA는 국경에서 벌어지는 마약카르텔들의 폭력을 줄이기 위해 목표가 된 인물을 제거하거나 경쟁 조직과 결탁하는 등 적극적으로 작전을 펼친다. 헐리우드 영화는 픽션이지만 현실 속에서 CIA는 오래 전부터 다른 목적을 위해 마약거래에 개입해 왔다. 베트남 전쟁 당시 반전세력에 대한 공작, 1980년대 중앙아메리카 내전 개입, 이란-콘트라 무기밀거래 사건들이 대표적이다. 역사학자 알프레드 맥코이(Alfred McCoy)는 그의 저서 『헤로인 정책(The Politics of Heroin): 세계 마약 거래와 CIA의 공모(CIA Complicity in the Global Drug Trade)』에서 CIA의 추악한 역사를 구체적으로 언급하고 있다.[291]

미국의 마약범죄자 추방정책은 몇몇 중앙아메리카 국가들에게 불안정을 유발하는 효과를 나타내고 있다. 미국에서 범죄조직과 마약 범죄에 연루된 수많은 젊은이들이 과테말라나 온두라스로 추방되었다. 이로써 이들은 국제 마약거래의 중심지가 되었고 폭력적인 마약조직들이 폭발적으로 증가하였다. 오스카 마르티네즈(Oscar Martinez)가 저서 『폭력의 역사(A History of Violence): 중앙아메리카에서의 삶과 죽음(Living and Dying in Central America)』에서 이야기하듯이 범죄조직들의 폭력성은 결국 강경책을 약속하는 우파 정치인들을 등장하게 했다.[292] 범죄조직들의 폭력이 난무하고 국가에서는 이들을 강경하게 진압하는 상황에서 이들 국가에서 미국으로의 이주가 급증했다. 가장 비극적인 것은 이들 국가에서 가정폭력을 피해 달아난 미성년자들이 범죄자들에게 이용당하다가 인신매매로 팔려가고, 결국에는 미국 이민국에 적발당하는 것이다.

7장   개혁정책

마약 사용과 관련된 복잡한 문제점들을 고려하지 않고 이제까지의 방식을 고수할 수 없다는 인식이 점차 커져갔다. 2015년 공익재단 The Pew Charitable Trusts 보고서에 따르면 1980년대와 1990년대 제정된 강경한 마약규제법들은 마약류 사용을 감소시키거나 재범을 방지하는데 어떤 효과도 없었던 것으로 나타났다.[293] 처벌과 구금으로 대변되는 전통적 마약 대응전략이 초라한 결과를 나타내자 실험적인 마약정책들이 점차 등장하기 시작했다. 한편으로는 마약규제 법령이나 법집행 관행을 개선하여 처벌 수위를 낮추었고, 다른 한편으로는 치료적 관점에서 대체형벌 제도를 도입하였다. 하지만 불행하게도 대부분의 새로운 법·제도들은 초기 단계에서 경찰의 판단에 의존하여 이후의 절차가 진행된다. 마약법정, 대체형벌 프로그램, 다양한 형태의 비범죄화 제도들의 적용 여부가 경찰의 판단 재량에 맡겨졌다. 문제는 이런 재량권을 갖는 경찰이 근본적으로 마약에 관하여 처벌 중심적이고 도덕적 관점에서의 사고방식을 갖고 있다는 것이다.

1. 마약법정(Drug Courts)

마약법정은 치료적 관점에서 형사 처벌을 유예하고 대상자가 치료를 받도록 한다. 법원은 피고인에게 위반행위에 대한 유죄인정 여부를 묻고, 구금형 대신에 법원의 감시하에 갱생프로그램을 이수하게 한다. 법원은 특별 치료프로그램을 권고하고 대상자가 프로그램을 준수하지 않을 경우 형사처벌을 결정한다. 이 과정에서 법원은 일주일 또는 그 이상의 단기 충격구금을 부과하여 대상자로 하여금 치료처분을 심각하게 받아들이도록 할 수 있다. 위반행위에 따라서는 더 오랜 기간의 구금을 선고할 수도 있다. 어떤 범죄자들은 구금과 치료를 병행하며 수 년을 보내기도 한다.

치료프로그램을 성공적으로 이수한 사람들은 일반 형사사법 시스템에서 처분을 받은 사람들과 비교하여 재범의 측면에서 보다 긍정적이다. 이러한 결과를 바탕으로 사법개혁센터(Center for Court Innovation)와 같은 사법제도 개선 단체에서는 성공적인 사례로 제시한다.[294] 그러나 실제로는 보다 복잡하고 부정적인 측면이 있다. 마약법정에서 선고받은 전체 피고인들을 대상으로 보다 정확한 그룹으로 나누어 살펴보면 결과가 좋지 않다. 마약법정에서 재판을 받은 사람들 중 70%가량은 치료프로그램을 이수하지 못했다. 그리고 이들 70%에 해당하는 사람들은 일반 형사절차에서 재판을 받은 사람들보다 재범률과 수감되는 비율이 높게 나타났다.[295] 뉴욕 마약법정에 대한 연구에 따르면 치료프로그램을 이수하지 못한 64%의 사람들이 3년 이내에 다시 체포되었다는 연구결과가 있다.[296]

마약법정은 경제적인 측면에서도 비효율적이다. 일반법정보다 고비용이면서도 소수의 성공적인 교정을 제외하고는 많은 사람들이 교도소에서 더 많은 시간을 보내게 된다.[297] 마약법정은 또한 Net-Widening Effect를 가져온다. 즉, 처벌과 치료의 두 가지 접근방식을 매우 비효율적으로 혼용하면서 마약사용자들의 삶에서 형사사법제도의 역할을 축소하는 것이 아니라 오히려 확대시킨다. 사회학자 레베카 타이거(Rebecca Tiger)는 이런 현상을 '외래환자 감금효과(outpatient incarceration effect)'라고 한다.[298]

헤로인에 대한 치료적 접근에 대하여는 몇 가지 일반적으로 인정되는 사실이 있다. 헤로인 중독치료를 받는 사람들은 일상적인 직장생활과 가정생활을 할 수 있고, 점진적으로 헤로인 사용을 줄여나가는 것을 경험한다. 중독치료로 그들은 형사사법시스템에서 완전히 벗어나 거리에서 마약을 구매하거나 훔치지 않아도 된다. 하지만, 대부분의 판사들은 심한 금단현상을 갖는 사람에 대해서도 별도의 치료처분 없이 즉시 마약을 금지할 것을 명령한다. 이들은 종종 교도소 내에서 금지명령을 따라야 한다.[299] 보통 재소자들은 외래 치료프로그램이 병행되는데 대부분 곧바로 거리로 나가게 되고 다시 마약을 사용한다. 이런 위험한 반복은 마약 과다복용의 가능성을 높이고, 경우에 따라서는 피할 수 있음에도 불구하고 이들을 죽음에 이르게 한다.[300]

치료프로그램 자체도 문제가 있다. 어떤 프로그램은 법원 명령에 의한 12단계 프로그램들에 불과하며, 정신개조와 징벌 정신을 바탕으로 대상자들에게 세세한 규칙을 부과하고 위반할 경우 질책과 징벌을 부과한다.301 이런 프로그램들은 사람들이 최악의 상황을 경험하고, 실패에 직면한 후에 도덕적 깨우침을 얻어야 마약으로부터 벗어날 수 있다는 사고방식에서 추진된다. 성공사례가 있는 의학적 관점에서 추진되는 정책들은 중독을 합법적으로 조장한다고 조롱 받는다. 그러나 연구결과에 따르면 '강제적인 치료', '경멸'과 '비하'와 같은 처우는 중독을 끝내는 데 있어 믿을 수 없을 정도로 역효과를 낸다는 것을 보여준다.

마약법정이 도움이 되는 서비스를 제공하더라도 그와 같은 서비스는 경찰에서 주도하여 관리된다. 법원이 명령하는 서비스를 이용하기 위해 대상자는 우선 경찰에 체포되어야 한다. 마약법정을 운용하는 재원은 새롭게 추가된 것이 아니다. 마약법정에서 재판을 받는 사람들은 유사한 다른 사람들을 제치고 맨 앞줄에 서 있게 됐을 뿐이다. 뉴저지에서는 마약치료 병상이 매우 부족해서 마약치료를 받는 유일한 수단이 점차 경찰에 체포된 후 마약법정으로 보내지는 방법밖에 없다. 주(state) 상원의원 조셉 바이탈리(Joseph Vitale)는 "당신이 체포되어야 마약법정에 갈 수 있고 치료프로그램을 받을 수 있다. 당신이 범죄를 저지르지 않으면 내원치료를 받을 수 없는 경우가 많다."며 문제점을 이야기한다.302 결국, 마약법정은 단지 마약중독자들에게만 해당된다. 마약복용으로 체포되지 않은 수많은 사람들은 아예 배제되고 교도소에 구금된다. 이것은 마약법정이 전체 교도소 수감율에 거의 영향을 미치지 못하는 이유 중 하나이다.

결론적으로, 마약법정은 중독자들을 도울 수 있는 역량이 거의 없다고 할 수 있다. 마약정책연대(Drug Policy Alliance)와303 정의정책연구소(Justice Policy Institute)는304 마약문제 해결을 위한 마약법정의 역할에 대해 다시 한번 생각해 봐야 한다고 말한다. 이들은 근본적인 마약문제 해결을 위해서는 형사사법모델을 탈피해서 공중보건과 해악성 감소 관점에서 접근해야 한다고 주장한다.

2. 비(非)범죄화(Decriminalization)

　많은 주(State)와 자치단체들은 마약류에 대한 비범죄화를 통해 마약단속의 부담을 줄이려 노력해 왔다.[305] 1970년대 11개 주(State)에서 개인적인 마리화나 소지에 대한 형사처벌을 없앴다. 이를 통해 대부분 해악성이 없는 행위에 경찰이 개입하는 것을 막고자 하는 의도였다. 뉴욕에서는 1977년 법을 개정하여 마리화나 소지를 교통범칙금과 유사한 위반행위로 변경하였다. 이로써 법정출두와 벌금은 부과되나 경찰에게 체포되지는 않는다. 수년 동안 이러한 정책은 마리화나 관련 경미범죄의 체포 건수를 감소시키는 데 매우 효과적이었다.

　그러나 법적으로 마리화나를 공공연하게 사용하거나 진열하는 것은 범죄로 규정되어 있었고, 이런 점은 1990년대부터 취약점으로 나타나기 시작했다. 뉴욕시가 깨어진 유리창 이론에 근거한 무관용 경찰활동 전략을 채택하면서, NYPD는 유색인종 젊은이들에 대한 엄격한 통제 수단의 일환으로 마리화나 관련 체포를 우선순위로 정했다. 경찰은 불심검문과 수색을 광범위하게 전개하면서 점점 많은 젊은이들을 검문하고, 그들에게 "호주머니 비워봐"라고 요구했다. 이러한 경찰작용은 합법적인 명령은 아니지만 대상자가 협조하도록 압박하기 위해 경찰은 다양한 방법의 강제수단을 사용한다. 누군가 마리화나를 생산해서 경찰관에게 보여주면 그 사람은 마약 전시(展示)의 경범죄로 체포된다. 결과적으로 마리화나 소지죄로 체포된 건수는 거의 없다시피 하다가 일 년에 5만 건으로 높아졌고, 수십 만 명이 교도소에 수감되었다.[306]

　다행히도, NYPD의 수년간의 강압적인 경찰 활동은 대부분 중단되었다. 그러나 여전히 경찰 소환장을 발부하고 있고, 대상자는 법원에 출두해서 벌금을 선고받기도 한다. 이로써 많은 사람들은 직장을 잃거나 학업을 중단해야 하고 여유가 없음에도 벌금을 납부해야 한다. 그리고 법원에 출두하지 않아 체포영장이 발부되어 구금 대상자가 되는 사람들도 많다. 비범죄화 정책은 경찰에게 적용 여부에 대한 선택재량을 부여하거나 사람들을 형사사법시스템에 얽매이게 함으로써 여전히 대부분의 유색인종 시민과 그들의 공동체에 큰 부담으로 작용한다.

보다 체계적이고 확대된 비범죄화 정책은 더욱 긍정적인 결과를 보여줬다. 2001년 포루투갈은 모든 마약을 비범죄화하였고, 마약류에 대한 법집행 방식을 '해악성 감소 모델' 형태로 전환했다. 결과는 대체적으로 매우 긍정적이었고, 대부분의 마약 사용은 현재 공중보건의 문제로 처리된다. 의사들은 마약을 처방할 수 있고, 개인적 마약 소지는 더 이상 범죄가 아니다. 경찰도 더 이상 개인 간 소량 거래를 막기 위해 개입하지 않는다. 피하주사기 교체가 가능하고, 아편중독자에게는 메타돈(Methadone)과 같은 대체마약이 제공된다. 연구결과들에 따르면 이러한 정책으로 헤로인 중독, 과다복용, 질병 전염에 있어서 의미 있는 감소를 보였다고 한다.[307] 1999년 포루투갈은 유럽연합 국가들 중에서 마약 사용자들 간 에이즈 감염률이 가장 높은 나라였다. 2009년까지 마약사용자의 에이즈 신규 감염자 수는 상당히 줄어든 것으로 나타난다. 비록 전생애(全生涯) 마약사용 비율은 소폭 증가한 것으로 나타나지만, 이것은 마약사용자들에 대한 사회적·법적 낙인화가 감소하면서 설문에 대한 보다 진솔한 자기보고에서 그 이유를 찾을 수 있다. 게다가 과도한 구금제도의 활용, 경찰부패와 중독자에 대한 경찰의 지나친 감시가 줄어들었다. 그러나 국제마약조직과 관련된 불법 마약밀수의 문제는 여전히 남아있고, 경찰부패를 조장하는 대량 마약 압수를 위한 경찰활동은 계속되고 있다.

8장 새로운 대안

마약범죄 근절을 위해 경찰을 활용한 것은 최악의 결과를 가져왔다. 경찰은 마약사용이나 마약이 가져오는 사회적 해악성을 감소시키는 데 실패했을 뿐만 아니라 사회적 해악성을 더욱 심화했고 무의미한 법집행으로 수백만 명의 미국인들의 삶을 파괴했다. 결국, 마약문제 해결을 위해서는 마약 수요를 줄이고, 사람들로 하여금 해악성을 줄이는 방향으로 마약문제를 스스로 통제할 수 있도록 견고한 공중보건프로그램을 만들고 전략적인 경제발전 시책들을 추진해야 한다. 한편, 우리는 대부분의 마약 사용자들이 중독자가 아니라는 점을 명심해야 한다. 또한, 우리는 마약 암거래 시장을 이끌고 있는 경제적 역동성과 마약 사용의 유해성이 가져오는 경제적·사회적 빈곤을 주목해야 한다. 결론적으로, 경찰, 법원, 교도소에 의존하지 않고, 사회적 해악성 감소, 공중보건, 합법화 전략이 추진될 때 마약으로 인한 해악성을 획기적으로 줄일 수 있다.

1. 해악성 감소

가장 잘 알려진 해악성 감소 정책 중의 하나는 피하주사기 교환 프로그램이다. 이 프로그램은 마약사용자들에게 사용했던 주사기를 반납받고 새것으로 교체해 주는 제도이다. 주사기 교환 프로그램은 질병전염 감소에 믿기 어려울 정도로 성공적인 결과를 가져왔다. 주사기를 구하기 어려울수록 투약자들은 주사기를 공유하게 되는데 피하주사기의 공유는 에이즈바이러스, C형 간염, 다른 중대한 질병의 전염 위험성을 높인다. 주사기 교환프로그램이 투약자들을 묵인한다는 주장은 아무런 사실적 근거가 없는 이야기이다. 헤로인 중독자들은 주사기를 구할 수 없다고 해서 밤새 헤로인을 끊고 지내지 않는다. 마찬가지로 주사기를 구할 수 있다고 해서 마약을 손대지 않던 사람들이 투약을 시작하지도 않는다. 그러한 주장은 도덕적 절대주의가 만들어낸 현실과 동떨어진 거짓 주장이다.

또 다른 해악성 감소 정책은 통제된 투약 프로그램이다. 이 프로그램은 중독자들에게 투약할 수 있는 공간을 제공하고, 이곳에서는 필요시 의료종사자가 낼럭손(Naloxone, 마약 과용에 대한 해독제)과 같은 약품을 사용하여 인명구조 처치를 할 수 있다. 이런 시설들은 중독자들이 자신의 상태에 따라 중독치료 뿐만 아니라 필요한 의학적 치료를 이용할 수 있게 하고, 공공장소에 피하주사기가 버려지는 것을 줄어들게 한다. 통제된 투약 프로그램을 위한 센터는 몇몇 유럽 국가들과 캐나다에서 운영되고 있고, 미국 일부 주(State)에서 도입을 검토하고 있다.[308]

마약 수요 통제도 해악성 감소 전략 중 하나이다. 대부분의 마약 사용자들은 지금 당장

치료가 필요함에도 불구하고 의학적으로 통제된 마약치료를 받기 위해서는 오랜 시간을 기다려야 한다. 그들은 중독치료를 위해 도움을 요청하고서도 몇 주, 몇 달, 길게는 몇 년을 혼자서 감당하고 있어야 한다. 중독치료가 가능해질 때쯤에 더 이상 치료에 관심이 없어지거나 기다리는 사이에 사망하는 경우도 흔히 볼 수 있다. 마약중독자들이 치료에 대한 마음의 준비가 되었을 때 제때 치료를 받을 수 있게 하는 것이 가족과 지역공동체의 마약중독으로 인한 부담을 줄일 수 있다.

결국 우리는 교육과 공중보건 홍보에 주안점을 두어야 한다. 하지만 불행히도 마약관련 교육 내용과 방식은 처벌과 도덕적 관점에서 이루어지고 있다. 가장 널리 알려진 마약오·남용 예방 교육 프로그램인 DARE(Drug Abuse Resistance Education)는 경찰이 운영하고 있고, 청소년 마약 사용률 감소에 어떤 긍정적 영향도 미치지 못했다. 이후 새롭게 등장한 교육프로그램들은 이윤추구를 목적으로 하거나 예산지원을 받는 마약검사 방식의 프로그램들이다. 공중보건 홍보 메시지에는 마약이 명백하고 만연되게 청소년들을 매료시키는 점이 있다는 것을 인정하고, 그들에게 마약의 현실적인 위험성을 설명해야 한다. 청소년들에게 "단지 아니라고 말해요(just say no)!"라고 가르치는 것은 효과가 없다. 많은 청소년들이 마약을 한번쯤 시도해보거나 정기적으로 사용할 것을 예상해야 한다. 우리는 그런 청소년들이 마약을 안전하게 사용하고 가급적 일시적으로 사용하게 유도해야 한다. 그들을 음지로 몰아 넣는 것은 보다 위험한 행동을 유발하고 외부의 도움으로부터 고립시킬 뿐이다. 형사사법제도는 이들 청소년들에게 겁을 주고, 낙인을 찍고, 괴물로 취급하여 이들을 옭아맬 뿐이다.

2. 합법화

마약의 합법화와 규제는 몇 가지 다른 형태를 가질 수 있다. 장점은 위험한 암거래 시장을 제거할 수 있고 마약 사용자들에게 보다 안전하고 양질의 마약을 제공할 수 있다는 것이다. 또한 세금으로 확보된 재원으로 개인과 공동체를 지원하여 마약수요 감소와 암거래 시장의 고용을 감소시킬 수 있다.

미국에서는 마리화나 합법화가 실험적으로 시작되었고, 지금까지는 그 결과가 기대된다. 콜로라도에서는 시민의식이 붕괴되는 상황을 초래하지 않고 제도를 정착시켰다. 범죄가 만연해지거나 마약 사용률이 크게 변화하지 않았다. 덴버와 다른 도시의 경찰도 지금까지는 합법화 정책에 대해 강한 지지를 나타내고 있다. 설령 범죄율과 마약 사용률에서 일부 경미한 증가를 보일지라도 마약금지정책을 끝내기 위해 치러야 할 작은 대가로 볼 수 있다. 증가를 보이는 결과는 십중팔구 장기간의 추이가 아니라 선별된 기간의 결과일 것이다. 또한, 우리가 주목해야 할 점은, 사실 마리화나 합법화는 다른 마약류의 합법화에 비해 이점이 훨씬 적다는 것이다. 왜냐하면 마리화나 사용은 공중보건에 거의 위험을 가져오지 않기 때문이다.

마약 합법화에는 다양한 방식이 가능하다. 한 가지 방식은 콜도라도의 사례이다. 콜로라도에서는 개인적 사용을 위한 마약소지와 개인 간의 소량거래는 허용된다. 마약류 판매는 규제의 대상으로 세금이 부과된다. 이 원칙은 마약의 안정성에 대한 통제와 미성년자에 대한 판매금지를 포함하여 모든 마약류에 적용이 된다. 완화된 규제 형식이나 합법화가 되면 사람들은 판매점에서 마약류를 자유롭게 구입할 수 있다. 또는 의사에게 일정한 투여량을 처방 받을 수 있다. 의사의 처방 방식은 특히 아편 사용자들에게 중요하다. 그러나 어떤 형태이건 의학적 위험성이 따를 수 있는 유흥적 마약사용을 받아 들여야만 한다. 어떤 사람들은 금요일 밤 파티나 클럽에 가기 전에 코카인이나 엑스터시를 사러 갈 수도 있다. 그리고 그들 중에는 술이나 담배를 소비하고 부작용이 생기는 것처럼 마약류를 사용하고 부작용이 생길 수도 있다. 현실은 현재 우리가 가진 제도는 이런 해악성에 대해 어떠한 긍정적 효과도 나타내지 못한다는 것이다.

사람들은 합법화가 되면 다수의 중독자가 발생하고, 무질서하게 사용하거나 마약류에 취해서 운전하는 사람들이 많아질 것을 걱정한다. 그런 우려가 현실이 될 수도 있지만, 경찰은 그런 행위에 대한 처벌 수단을 가지고 있다. 그러나 미하엘 레즈니체크(Michael

Reznieck)가 지적한 것처럼, 합법화 정책은 개인의 문제행동에 대한 비공식 사회적 통제가 기능을 할 수 있는 가능성을 열어준다.[309] 마약사용을 음지에서 나오게 함으로써 가족, 친구, 지인들이 사용자의 행동에 보다 강하게 제한을 할 수 있는 위치에 있게 된다. 사회규범은 공식적이고 처벌위주의 규범보다 더욱 효과적이고 강력한 영향을 미친다. 이탈리아나 프랑스 같은 국가에서 알콜 오·남용 비율과 문제행동의 현황을 보면 알 수 있다. 두 나라는 전통적으로 알콜 사용이 대중들에게 광범위하게 퍼져있고 거의 규제를 받지 않는다. 청소년들에게 조차도 강한 규제를 하지 않는다. 그럼에도 불구하고 일반 대중의 마약류 중독이나 알코올 중독이 거의 문제되지 않는다.

3. 경제적 해법

마약산업에 관계된 많은 사람들이 실제로는 마약중독 문제가 있는 것이 아니라 취업 문제를 갖고 있다. 마약중독 문제를 가지고 있는 많은 사람들은 자신이 처한 경제적 상황에서 비롯된 마약문제이다. 근본적인 경제적 불평등과 높아지는 절망감을 해결하지 않고는 광범위하게 퍼진 마약사용을 줄일 수 없다.

아프리카계 그리고 라틴계 미국인들은 높은 실업률과 전반적인 경제적 빈곤을 겪고 있다. 민간영역의 고용기회는 대체로 희박하고 승진의 기회가 적은 저임금의 파견직만이 그들에게 남아있다. 이와 동시에 긴축재정으로 공공분야 고용과 이들을 위한 사회적 일자리마저 넉넉지 않다. 고용계약이 인플레이션을 따라갈 수 없어서 일자리를 위한 구매력이 떨어지고 있는 것이다.

시골의 백인 거주 지역들도 심각한 어려움을 겪고 있다. 이곳에서의 생활수준은 제조업들의 기계화와 해외이주로 급격히 하락하였고, 임금과 사회보장 수준이 침체되거나 악화되었다. 아주 오랫동안 이런 지역에서 희망하는 유일한 경제적 지원은 새로운 교도소의 설립이었다. 민간영역의 고용이 이루어지더라도 낮은 임금에 무노조 회사였고, 게다가 위험하고 기피하는 근로조건이 일반적이다. 이런 경제적 여건은 메스암페타민 사용과

거래를 증가하게 만드는 요인이 되었다. 윌리엄 개리엇(William Garriott)과 같은 연구자들은 마약사용과 거래가 저소득층, 실업자 그리고 저임금의 열악한 노동환경에 있는 단순반복·고위험 직업군 종사자들 사이에 집중된다는 것을 증명했다.[310] 사람들의 근본적인 경제상황을 무시한 채 추진되었던 강력한 법집행, 강제적인 치료, 경찰 주도의 대중교육은 완벽하게 실패했다. 지방의 고착화된 빈곤 문제 해결을 위해 무언가 하지 않는다면 이런 경향은 계속될 것이다. 실업과 암울한 미래는 사람들로 하여금 최후의 고용주인 마약 암거래 시장에 발을 들이게 한다.

이런 지역에서는 인적자원개발을 위한 투자가 필요하고, 환경 및 사회간접자본 개선을 통해 의미 있는 일자리를 발굴해야 한다. 또한, 다국적 농업경제가 농촌사회의 모습을 변화시킨 것에 주목할 필요가 있다. 이로 인해 먹거리의 질적 저하가 초래되었고, 지방 생활수준이 낮아지고 자연환경이 악화되었다.

시카고에 있는 '흑인 청년 프로젝트 100(Black Youth Project 100)'과 같은 단체들은 가난한 유색인종 공동체의 경제여건 개선을 위해 노력하고 있다. 단체들은 공공부문 고용확대, 적정한 최저임금, 실질적인 사회적 지원을 요구한다. 특히 어린이들과 각 가정을 위한 지원을 강조한다. 흑인들에 대한 국가배상 문제 또한 이러한 논의에 포함시켜야 한다. 타네히시 코츠(Ta-Nehisi Coates)가 이야기한 바와 같이 미국 부의 역사는 노예시대부터 현재까지 흑인착취의 역사와 맥을 같이한다.[311] 그러한 과거는 불평등을 받아들이려는 어떠한 노력으로도 그냥 모른 척 넘어갈 수 없다. 이런 과거의 유산을 극복하기 위한 재원은 마약과의 전쟁을 추진하는데 쓰고 있는 수십억 달러 예산과 마약류 합법화를 통해 거둬들일 수 있는 세금으로 일부 충당할 수 있다.

제8편

갱(Gang)과의 전쟁

1장 범죄조직과의 전쟁

　말콤 클레인(Malcolm Klein)은 자신의 저서 『범죄조직 전담경찰(Gang Cop)』에서 '파코 도밍고 형사(Officer Paco Domingo)'의 이야기를 한다. 파코 도밍고 형사는 수십 명의 범죄조직 전담경찰의 합성물이라고 말할 수 있다. 파코 형사는 관할 구역에 있는 범죄조직들이 강력범죄의 근원이라고 생각하고, 종종 법을 우회하며 이들을 공격적이고 징벌적인 방법으로 통제하려고 한다. 일상적인 상호작용에서 그는 길모퉁이에서 시간을 보내는 10대들을 마주치면 합리적 의심이나 범죄 개연성이 없는데도 검문검색을 한다. 10대들에게 거기서 무엇을 하고 있었는지 질문하고는 해산하도록 명령한다. 이들에게 수갑을 채우거나 땅바닥에 엎드리도록 하고 자기를 쳐다보지 말라고 명령할지도 모른다. 여기서 그의 목표는 법집행이 아니라 통제와 굴욕감을 주는 것이다. 파코 형사와 같은 범죄조직 전담경찰들은 겁을 주는 것이 청소년들이 범죄조직에 가담하는 것을 억제하는 방법이라고 믿고 있다. 거리의 범죄조직과 경찰의 관계는 경쟁관계의 범죄조직들 간의 전쟁과 매우 흡사하다. 양측이 누가 더 폭력적인지를 보여주면서 끊임없이 두려움이 커지게 만든다.

1970년대 상대적인 소강상태를 거친 후, 범죄조직은 규모가 더 커졌고 수적으로도 늘어났을 뿐만 아니라 미국 전역에 걸쳐 폭넓게 퍼졌다. 범죄조직 활동의 정도나 범위에 있어서 로스앤젤레스와 시카고는 제외하더라도 다른 도시들에서도 범죄조직의 활동은 점점 커져가고 있고, 이에 따라 지방정부, 주정부와 연방정부 차원에서 경찰중심의 다양한 대응전략들이 만들어지고 있다. 현재 수백 개의 도시들과 많은 주(state)들이 범죄조직 전담기구를 창설하였고, 정보수집과 집중적인 단속을 벌이고 있다. 또한, 많은 주(state)에서 범죄조직에 대하여 가중 처벌함으로써 대량구금의 주요 원인이 되고 있다. 이러한 노력에도 불구하고 범죄조직들은 여전히 잘 살아남았고, 계속해서 조직원들을 새롭게 모집하고 있다. 범죄조직원들이 저지르는 범죄의 경우 마약거래나 재산범죄 비율은 낮지만 폭력성을 갖는 특성을 보여준다. 이러한 폭력적 행동의 중심에는 주로 경쟁 조직들로부터 자신들의 영역을 보호하려는 목적이 있다.

경찰의 범죄조직 전담부대는 1980년대 국가적 유행처럼 창설되기 시작했다. 1999년까지 경찰관 100명 이상인 경찰기관의 절반이 전담부대를 만들었다. 2003년까지 범죄조직 전담부대가 360개로 추산되며, 대부분이 창설 된지 10년 이내였다.[312] 연방차원에서는 FBI가 160개의 '폭력조직 전담대응팀(Violent Gang Safe Streets Task Forces)'을 설치했고, 약 1,000명의 연방 법집행요원들이 배치되었다.[313]

범죄조직 전담부대는 정보 수집과 거리 단속의 2가지 주요 역할을 담당한다. 몇몇 전담부대는 대규모 정보수집 기능을 유지하면서 범죄조직 활동에 관한 첩보를 순찰팀, 마약단속팀과 다른 부서들에 전달한다. 하지만 대부분은 직접 범죄조직 단속에 관여한다. 전담부대는 장기 또는 단기 수사를 실행하거나 임의 순찰로 범죄조직을 색출한다. 범죄조직 구성원을 거리에서 또는 주거지에서 끊임없이 감시하고 빈번하게 그들을 체포의 대상으로 삼는다.

범죄조직 전담부대들은 경찰 조직내에서 독립적이고 배타적인 경향이 있다. 전문화된 기능과 정보수집 임무는 이들 전담부대에게 밀행성과 전문성의 느낌을 갖게 하고, 외부의 감독이나 대외적 책임을 줄이기 위해 조직의 특성을 강화시킨다. 또한, 전담부대 구성원들은 경찰특공대에서 보이는 것과 유사한 조직에 대한 강한 충성심을 나타낸다. 현장 경험, 훈련과 임무의 전문성은 그들로 하여금 '세상과 맞서 싸우는 우리들'이라는 태도를 갖게 한다. 대원들은 종종 자신들만이 범죄조직 문제의 본질을 이해하고 있다고 믿는다.

또한, 경찰의 권위에 공개적으로 도전하는 젊은 범죄조직원들을 다루기 위해서는 강압적인 전술이 필요하다는 것을 이해하는 유일한 사람들이 자신들이라는 믿음을 갖고 있다. 그들은 지역사회 경찰 활동과 범죄예방 정책을 추진하는 경찰 지휘부들에 대해 범죄조직원들을 지역사회에 떠넘기는 무능한 사람들로 여기고, 비(非)법집행기관들의 노력들이 강력 범죄자들의 응석을 받아주는 머리가 텅 빈 멍청한 짓이라고 조롱한다.[314] 그리고 범죄조직과의 전쟁이 지속적으로 추진되도록 일정한 역할을 한다. 이들은 재정지원을 확보하기 위해 지역 단체들에게 범죄조직의 위험성과 강력한 단속과 처벌의 필요성을 알리는데 많은 시간을 할애한다. 이것은 보통 일방적인 소통방식으로 진행된다. 어디서 어떻게 경찰활동을 수행해야 하는지에 대하여 범죄조직 전담부대들이 지역사회로부터 의견을 듣는 것은 드물다. 형식적으로는 지역사회의 의견을 듣는 것처럼 말하지만 보다 많은 인적·물적 자원을 확보하기 위한 자기 잇속 차리기이고, 청소년 폭력과 범죄조직에 대한 도덕적 공포심을 유지하기 위한 일환일 뿐이다. 그리고 범죄조직에 대한 사회적 우려를 공격적인 경찰 활동을 지속해야 한다는 근거로 이용한다.

범죄조직의 성격에 대한 잘못된 인식들이 있다. 그리고 이런 오해들은 경찰이 범죄조직을 다루는 방식에 있어 문제로 나타난다. 범죄조직을 척결하겠다는 전략은 정확히 척결대상이 누구인지 또는 그런 전략이 대상자들과 지역사회에 어떤 결과를 가져올지에 대해 정확하게 고려하지 못하는 경우가 많다. 관료들은 범죄조직원들의 인간성을 말살하는 발언을 자주 한다. 예를 들면, LA 보안관실의 지구대장은 "모든 사람들이 말합니다. 범죄조직 문제에 대해 우리가 무엇을 할까요? 그것은 여러분이 바퀴벌레나 곤충에게 하는 것과 같은 일입니다. 그 생물체를 제거하기 위해 할 수 있는 모든 일을 할 수 있는 사람을 거기에 두면 됩니다."라고 발언했다.[315] 이런 발언들은 시민들의 권리와 인권을 탄압하는 계기가 되고, 장기적으로 범죄조직 활동을 감소시키는데 성공적인 결과를 가져오지는 못한다.

로스앤젤레스에서 벌어졌던 상황이 바로 그런 결과였다. 수년간 LAPD(LA경찰국)는 범죄조직을 발본색원하기 위해 강압적인 조치들을 취했다. 1970년대 LA경찰국은 처음에 TRASH(Total Resources Against Street Hoodlums, 길거리 폭력배에 대응한 총력 자원)라고 알려진 범죄조직 전담부대를 창설했고, 이후 CRASH(Community Resources Against Street Hoodlums, 길거리 폭력배에 대응한 지역공동체 자원)란 명칭으로 바뀌었다. 1987년 연이은 범죄조직 간의 끔찍한 살인사건 이후 다일 게이트(Daryl Gates) 경찰국장은 '해머 작전(Operation Hammer)'으로 불리는 대규모 단속 작전을 실시했다. 이 작전에서 CRASH 팀들은 다른 지원팀들과 함께 범죄조직 소탕작전을 수행했다. 작전 수행 중 법적 기준에 맞는지 여부와 체포된 사람들이 범죄조직과 관련이 있거나 범죄혐의가 있는지는 거의 고려되지 않았다. 1988년 4월 일주일 동안 1,000명의 경찰관들이 거의 1,500명을 체포했지만 겨우 103명만 기소되었다. 경찰은 잘못된 정보로 인해 범죄조직과 관련된 마약 거래의 중심지라고 믿고 저소득층 주택개발 지구 전체를 급습했다. 하지만 실제로 범죄조직이나 마약이 발견되지 않자 경찰은 벽을 뜯어내고, 가구와 개인 물품들을 파손했다. 그리고는 스프레이로 벽면에 "LA경찰청이 지배한다.", "Rollin' 30s(범죄조직 명칭)는 죽는다"라는 협박하는 문구를 써 놨다. 경찰은 수십 명을 체포하였고 이들에게 굴욕감을 주었으며, 그들의 사유재산을 파손하였지만, 아무도 범죄로 유죄판결을 받은 적이 없었다.

1990년까지 범죄조직 소탕작전으로 5만 명이 체포되었다. LA 경찰국장 찰리 벡(Charlie Beck, 2009년 11월 17일-2018년 6월 27일 재임)은 이런 소탕작전들이 경찰의 도덕적 권위를 훼손한다고 지적했다.[316] 범죄조직원들이 지역사회에서 문제의 근본 원인이었을 수도 있다. 하지만 그들도 마찬가지로 지역사회의 일부였다. 그들의 어머니들, 사촌들, 삼촌들 그리고 친구들은 경찰의 소탕작전을 마치 자의적이고 폭력적이며 불균형적인 권한을 행사하는 점령군들의 작전인 것처럼 바라보았다. 많은 사람들이 경찰의 법집행에 맞서는 범죄조직원들과 청소년들에게 더 우호적으로 변했다. 그동안 범죄율은 계속 증가했고, 이와 마찬가지로 경찰의 과도한 물리력 행사에 대한 소송제기도 늘어갔다.

　1990년대 말까지 CRASH 팀들은 배타적이고 과격했지만, 이런 활동에 대해 책임질 필요가 없는 조직이었다. 1999년 램파트 스캔들(Rampart Scandal)은 이들의 부패와 범죄 행태를 드러나게 했다. 수십 명의 경찰관들이 허위 체포, 불법 총기사용, 폭행으로 기소되었고, 일부 경찰관들은 강·절도와 마약거래까지 저질렀다. 조 도마닉(Joe Domanick)은 로드니 킹(Rodney King)과 LA경찰국에 대한 저술에서 이런 부패행태의 심각성과 완벽한 책무성 결여의 실상을 자세히 묘사하고 있다. 과도한 물리력 행사는 일상적이었고 은폐되었다. 총기사용이나 다른 사건들은 이제까지 CRASH 내부의 감독자들이 조사했지만, 이들은 서류상으로 사건들이 정당화될 수 있도록 꾸미는데 노력했다. 범죄조직을 처리한다는 명분으로 장부와 서류들이 일상적으로 조작되었다. 바로 이런 분위기 속에서 라파엘 페레즈(Rafael Pérez)와 다른 경찰관들은 램파트 경찰국 증거보관실에서 마약을 빼돌려 길거리에 되팔기 시작했다. 조사관들이 페레즈를 궁지에 몰아넣자 수십 명의 다른 경찰관들이 살인, 은폐, 강·절도와 마약거래에 연루된 것을 실토했다. 수백 건의 유죄판결들이 번복되었고, 많은 경찰관들이 징계를 받거나 해임되었다. 일부 경찰관들은 교도소에 수감되었고 수백만 달러의 손해배상을 지불해야 했다.[317]

　경찰은 몇 가지 유용한 경험적 깨우침을 얻었지만 정치인들과 대중의 압력에 종속되었다. 경찰에 대한 이들의 인식은 자극적인 언론보도와 영화나 TV에 의해 형성되었다. 직접적으로 영향을 받은 지역공동체도 몇 가지 즉각적인 교훈을 얻었다. 하지만 지역공동체들도 조직에 소속되지 않은 청소년들에 비해 범죄조직원들이 정확하게 어떤 역할을 하는지에 대해 명확하게 알지는 못한다. 지역공동체는 극단적인 사건들에 의해 왜곡된 인식을 갖는 경향이 있고, 나중에는 공공장소에서 몰려다니며 시간을 보내는 청소년 무리들이라면 누구나 이런 인식을 갖게 된다. 함께 몰려다니며 벽면에 낙서를 하는 중학생 무리도 설령 이들이 공공 기물 파손이나 상점에서 물건을 훔치는 것 이상의 나쁜 짓을 하는 것이 드물더라도 지역공동체에 위험하다고 인식될 수 있다. 보다 조직화된 범죄조직들은 주로 특정한 상징과 의복스타일을 갖지만 사람들이 이것을 구별하기는 어려울 수 있다. 일반적으로 젊은층 사람들이 재산범죄와 폭력범죄들을 저지르고 있고, 많은 범죄들이 가난한 지역에서 발생되고 있다. 특히, 흑인과 라틴계 지역공동체에서 많이 발생된다. 일반적으로 부유한 아이들은 체포될 가능성이 낮고, 적발되더라도 비공식적으로 처리되거나 관대한 처분을 받을 가능성이 높다.[318]

경찰은 조직범죄와 유사한 대부분의 청소년 범죄들을 범죄조직과 관련이 있는 것으로 보는 경향이 있다. 또한, 경찰은 일반적으로 범죄조직들이 중앙에서부터 지역의 마약 시장까지 고도로 조직화되어 있고 지휘체계에 따라 움직이며 상습범죄자들로 구성되어 있다고 생각한다.[319] 그리고 이런 인식은 강압적인 경찰 활동 방향과 일치한다. 강압적인 경찰 활동은 범죄조직 목록이 늘어가고, 선고형량과 가처분 명령이 늘어가면서 점점 강화되었다.

폭력조직이 많이 활동하는 지역에서 조차도 젊은층의 10~15%만이 조직에 가담하고 있다. 그리고 관련 연구들은 일관되게 대부분의 젊은층들이 짧은 기간 동안 범죄조직에 가담하고 있고, 기간은 평균 1년 정도에 불과하다고 한다. 일부는 범죄조직에 깊숙이 개입하고 조직과 동일시하지만, 젊은이들은 느슨한 관계를 유지하면서 상황에 따라서 범죄조직을 들락날락한다. 그리고 조직을 떠나는 것이 심각한 결과를 초래하는 경우는 거의 없다. 일반적으로 아이를 갖게 되거나 일자리를 구하는 것으로 이들이 더 이상 길거리에 나와 있지 않는 충분한 이유가 된다.[320]

강압적인 경찰 활동은 대부분 경찰이 파악하고 있는 조직원들을 대상으로 한다. 경찰은 이들 조직원들이 불법행위를 시작하고 지휘하는데 중심적인 역할을 하고, 젊은 조직원들은 보조적인 역할을 한다고 추측한다. 경찰은 범죄조직의 리더를 제거하는 것이 조직 활동에 지장을 주고 불안정하게 만드는 것이라고 생각하고, 그렇게 함으로써 조직을 소멸시키거나 최소한 폭력성을 줄일 수 있다고 믿는다. 그러나 현실은 자리를 대신 차지할 사람들이 훨씬 많이 있기 때문에 항상 우두머리나 노련한 조직원들이 그 자리에 있다. 한 두 명의 리더가 범죄조직의 활동을 지휘하고 있다는 생각 자체가 범죄조직들의 수평적 성격을 잘못 이해하고 있는 것이다. 범죄조직은 시간과 상황에 따라 많은 사람들이 유동적이고 중첩적으로 리더 역할을 수행한다. 마찬가지로 잊지말아야 할 점은 범죄조직원들이 저지르는 많은 폭력범죄들은 스스로를 증명하고 싶은 젊은 조직원들이 저지른다는 것이다. 이전에 경찰과 접촉한 경험이 없는 이들 젊은 조직원들은 범죄조직 자료에 포함되지 않았고 감시 대상도 아니다.[321]

또 다른 핵심적인 오해는 체포와 구금이 폭력과 범죄의 순환 고리를 끊을 수 있다는 생각이다. 이런 생각의 기본 전제는 젊은이들이 체포나 구금의 위협에 겁을 먹거나 이들을 거리에서 몰아내면 범죄조직이나 불법행위에 적극 가담하는 젊은이들이 줄어든다는 것이다. 그러나 이런 전제를 입증할 만한 자료는 거의 찾아볼 수 없다. 젊은이들은 대체로 이런 억제 효과에 영향을 받지 않는 것 같다. 청소년들은 그런 합리적인 비용편익 계산을 거의 하지 않는다. 대신에 이들은 아주 짧은 시간 생각하고 충동적인 결정을 하는 경향이 있고 자신들은 잡히지 않을 것이라고 믿는다. 많은 연구보고서들에 따르면, 청소년들은 매우 짧은 기대수명을 가지고 있고, 체포나 구금이 자신들의 미래에 미치는 영향을 고려하기 보다는 거리에서 존경과 인정을 받는데 집중한다. 그리고 일부 청소년들에게는 처벌의 두려움에도 불구하고 합법적인 경제적 기회가 드물고 이웃의 보호가 필요한 상황에서 범죄조직에 가담하는 것은 합리적인 선택이 될 수도 있다.

조직원들을 체포하는 것도 범죄조직을 무력화시키지 못한다. 많은 조직들이 세대교체를 하고 있고, 항상 더 많은 젊은 세대가 잡혀간 조직원들을 대신한다. 조직 내 존재하는 존중과 권위의 역학관계를 불안정하게 하는 것은 권력의 진공상태를 만들게 되고, 이것은 사람들이 명성을 얻기 위해 다투는 것처럼 더 많은 범죄와 폭력을 촉발시킨다. 또한, 범죄조직을 집중적으로 단속하면 조직 간의 응집력이 강해지는 것이 증명되기도 했다. 경찰의 끊임없는 감시 위협은 조직원들에게 핵심적인 공통의 조직생활 경험이 되고, 경찰의 사고방식과는 달리 역설적으로 조직원들이 '세상과 맞서는 우리'라는 의식을 갖게 하여 결속력을 강화한다. 폭력조직들은 주로 모험심을 즐기고, 경찰과의 폭력적인 접촉과 이것을 뽐내는 행위들은 하나의 중요한 조직 정체성이 된다. 다른 조직원들이 자신을 우러러 보게 하는 한 가지 방법은 교묘한 방법으로 감시하는 경찰들에게 용기 있게 맞서는 모습을 보여주는 것이다. 빠르게 차를 몰고 가면서 경찰에게 섬광으로 조직의 신호를 보내거나 눈으로 째려보면서 지나가는 것도 그런 행동들이다. 한편, 조직 내에서 존경을 받기 위한 이런 허세는 경찰이 반대세력으로 존재할 때만 목표가 달성될 수 있다.[322]

더욱이 이런 과정에서 많은 젊은이들이 구금되었고, 이들은 지금 범죄 전과로 일자리를 구하기가 어려워 더 힘든 여건이다. 이들은 보통 교도소의 범죄조직 활동에 참여하게 되고, 이곳은 길거리 범죄조직들 보다도 훨씬 더 폭력적인 경우가 많다. 결국 교도관들이나 다른 재소자들로부터 학대를 받는 일이 자주 발생한다. 그리고 이런 모든 과정들이 젊은이들로 하여금 범죄자로서의 정체성을 보다 강하게 심어준다. 극히 일부를 제외하고 구금된 젊은이들의 거의 전부가 일정 시점에는 지역사회로 다시 돌아오기 때문에 이와 같은 접근 방식은 젊은이들뿐만 아니라 지역사회 모두 실패로 이끌게 된다.

오클랜드와 캘리포니아 같은 지역들에서 이런 상황들이 펼쳐지고 있다. 이곳에서 젊은이들은 처벌 성격의 보호관찰과 가석방, 경찰의 감시·관리와 학교의 징계처분에 놓여진다. 이 젊은이들은 어디를 가든 항상 이미 범죄자처럼 그들을 대하는 공무원들에게 시달린다. 이와 관련하여 사회학자 빅터 리오스(Victor Rios)는 '청소년 통제 콤플렉스(Youth Control Complex)' 이론을 주장한다. 이 이론에 따르면, 청소년들을 사회적·경제적 실패와 장기적인 범죄행위와 구금으로 몰아넣는 것은 그들에게 삶의 기회를 저해하는 결과를 갖는다고 한다.[323]

많은 도시들이 새로운 처벌과 억제 수단을 개발하면서 이와 같은 방식의 정책에 전념했다. 다기관 대책기구를 만들고 범죄조직에 대한 형량이나 행정명령을 강화했다. 이런 혁신들의 중심지는 캘리포니아이다. 이곳은 폭력조직의 활동이 광범위하게 확산된 곳으로 지난 30년간 범죄조직에 대한 집중적인 단속과 대량 구금의 중심지였다.

샌디에이고의 '마약과 범죄조직 단속을 위한 통합기구(Jurisdictions United for Drug Gang Enforcement: JUDGE)'는 마약거래에 연루되었다고 의심되는 범죄조직원들을 목표로 삼고, 과거 마약 범죄로 체포된 경력이 있는 조직원들을 집중 감시했다. 그리고 2년 이내에 감시 대상 조직원들의 80% 이상을 체포했다. 체포된 조직원들의 97%는 흑인과 라틴계였고, 체포의 많은 부분은 보호관찰 위반에 집중되었다. 체포된 조직원들의 절반가량은 6개월 이상 교도소나 청소년시설에 수용되었다. JUDGE에 의한 법집행 정책이 종료되고 4년이 지난 후 감시 대상 조직원들의 3분의 2는 다시 체포되었고, 보통은 여러 차례 체포되는 조직원들이 많았다. 정책 평가자들은 높은 재범률이 명백한 정책 실패임을 보여준다고 지적했고, 구금 처분이 마약치료, 향상된 교육 접근성, 일자리 제공보다 대상자들로 하여금 추가적인 범죄활동을 하게끔 했다는 점에서 유익한 것이 아니라 해로운 정책이었다고까지 평가했다.[324]

다기관 대책기구들은 지방정부와 연방정부의 공무원들이 협업하여 범죄조직에 대항하기 위한 주요 정책 사례를 개발한다. 하지만 마찬가지로 형편없는 결과를 보여줬다. 마약 단속 사례를 보면, 정보원들을 확보하기 위해 최하부의 마약판매상을 대상으로 위장구매 단속 작전을 펼친다. 이들이 상선 판매상들에 대한 정보를 제공하고, 상선 판매상들은 법집행기관의 타겟이 된다. 이들 중 누구라도 검거가 되면 범죄조직에 있는 다른 사람들에 대한 증거를 제공할 것을 강요받는다. 조직에 대한 충성도가 높은 이들은 협조를 거부하거나 조직 밖의 다른 사람들 이름을 대기도 한다. 이런 수사방식은 마약거래의 상선으로 수사가 확대되는 경우가 매우 드물다. 그리고 이런 방식이 마약거래 규모를 줄이거나 지역 범죄조직의 응집력이나 영향력을 감소시키는데 아무런 효과가 없다. 한편, 수잔 필립스(Susan Phillips)는 가정에서 생계를 책임지는 사람을 구금하는 것은 해당 가정과 지역사회를 더욱 불안정하게 만든다고 지적한다.[325]

네바다와 캘리포니아는 범죄조직 구성원의 개념을 느슨하게 적용하면서 기본 형량에 추가적인 형을 가중하는 제도를 확대해 왔다. 범죄조직에 소속되어 있다고 경찰이 강하게 주장하는 사람은 누구라도 기본 형량에 추가적인 십수 년의 형을 선고받을 수 있다. 그러나 주(state) 전체에서 범죄조직의 활동은 줄어들지 않았다. 가중처벌 제도는 청소년이나 지역사회에 의미 있는 해결책을 제시해주지 못하고 주(state)교도소의 과밀화를 초래했다.

범죄조직에 대한 데이터베이스는 법집행에 있어 또 다른 문제의 소지가 있는 부분이다. 캘리포니아는 수십만 명의 젊은이들에 대한 주(州)전체의 데이터베이스를 관리하고 있다. 이들 대다수가 흑인과 라틴계이다. 경찰관들은 연관성이나 옷차림에 근거해서 또는 예감에 근거해서도 마음대로 이름을 명단에 포함시킬 수 있다. 명단에서 이름을 삭제하는 방법이 거의 없고, 많은 사람들은 자기 이름이 명단에 있는지 없는지 조차 알지 못한다. 일부 지역에서는 젊은 사람들 이름이 명단에 포함되는 것이 거의 규범처럼 정해진다. 경찰과 법원은 이 명단을 활용하여 가중처벌을 부과하고, 가석방 위반 여부의 감시 대상으로 정하거나 특정 지역 전체를 광범위하고 집중적인 경찰활동의 대상으로 삼기도 한다. 로스앤젤러스 '청소년 정의 연대(Youth Justice Coalition)'는 범죄조직 데이터베이스가 법적으로 일반인에게 공개할 수 없음에도 불구하고 여기에 포함된 정보들이 고용주와 임대인들에게 공유되어왔던 사례들을 밝혀냈다.[326]

범죄조직 데이터베이스는 또 하나의 새로운 통제 수단이 가능하도록 했다. 바로 범죄조직에 대한 행정명령 제도이다. 이 제도는 민사적 성격으로 지방 정부 당국이 폭넓게 범죄조직 관련 활동들을 붕괴시키는 수단으로 활용된다. 이것은 형사 기소를 위해 개인을 목표로 하는 것이 아니라 폭력조직에 가입하는 자체를 범죄화하거나 심지어는 조직과 연계되는 것조차 범죄화 한다. 산호세(San Jose)의 행정명령은 범죄조직 구성원으로 의심되는 사람과 함께 서 있거나 앉아 있거나 걷거나 차를 같이 타거나 모임을 하는 것을 금지하고, 어디서든 그런 사람과 함께 있는 것이 일반 사람들 눈에 띄지 않도록 금지하고 있다. 어떤 행정명령들은 특정 개인의 이름을 명시하는 경우도 있고, 다른 행정명령들에서는 특정 조직을 적시하면서 사전 고지조차 없이 경찰이 해당 조직과 연계되어 있다고 생각하는 사람들을 포함시키는 경우도 있다. 행정명령을 위반한 사람들은 법정모독으로 형사기소가 되고 경범죄로 최대 6개월까지 구금될 수 있다. 2011년까지 로스앤젤레스 시는 72개 범죄조직을 대상으로 44개의 행정명령을 내렸다. 사람들은 때로는 부지불식간에 가족 구성원이나 평생의 벗과 연계되어 있다는 이유로 처벌 받을 수 있다. 범죄조직을 떠난지 오래 되었지만 데이터베이스에 남아 있는 사람들은 거리를 함께 걸었다는 이유로 그들 자신들이나 다른 연계된 사람들이 처벌 받을 수 있게 한다. 사회학자 아나 무니즈(Ana Muñiz)

는 이런 행정명령들의 주요 기능 중의 하나가 유색인종 청소년들의 행동과 이동을 제한함으로써 인종적인 경계선을 유지하는 것이라고 주장한다.[327]

이런 행정명령들에 대한 체계적인 평가는 거의 이루어지지 않았고 관련 연구들도 확실한 결론을 제시하지 못한다. 그러나 대부분의 연구들은 행정명령이 효과가 없거나 단기간 효과가 있지만 1~2년 후 범죄율이 이전 수준으로 돌아가는 것을 보여준다. 한 연구에서 '미국 시민 자유 연맹(American Civil Liberties Union: ACLU)'은 로스앤젤레스에서 행정명령이 적용된 지역의 범죄활동이 산발적으로 분산되었을 뿐이고 실제로는 증가했을 수도 있다고 발표했다.[328] 오클랜드에서는 2개 지역을 대상으로 하는 범죄조직 행정명령을 철회했다. 왜냐하면, 주민들과 '비판적 저항(Critical Resistance)'과 같은 형사사법제도 개혁 단체들이 행정명령이 해당 지역을 안전하게 만들지 않았다고 반대했기 때문이다. 지역 경찰 관계자들조차도 행정명령이 효과가 없고, 오히려 전반적으로 경찰과 지역사회의 관계를 악화시켰다고 인정했다.

소셜미디어 기반의 범죄조직 단속 방법은 새로운 차원에서 연루된 사람들을 범죄자화한다. 가장 잘 알려진 것은 뉴욕시의 '크루 컷 작전(Operation Crew Cut)'이다. 2012년 뉴욕경찰청은 범죄조직 전담팀을 두 배로 늘려 300명의 경찰관을 배치했다. 뉴욕경찰청은 가짜 소셜미디어 신원들을 만들어 범죄에 가담한 혐의가 있는 12살 청소년들의 활동을 감시하기 위해서 사용했다. 경찰관들은 이들 청소년들을 속여 소셜미디어의 친구요청을 하고 개인정보에 접근했다. 경찰은 종종 매력적인 젊은 여성의 사진을 활용해서 가짜 신원을 만들기도 했다. 그런 다음 수사관들은 청소년들의 소셜미디어에 접근해서 누가 친구인지 추적하고 개인정보를 통해 대상 청소년들과 연계된 사람들의 리스트를 작성한다. 그리고 이들 연루자들은 특정 폭력조직이나 크루의 일원으로 지정된다. 경찰은 범죄조직 단속이라는 명분하에 음모죄 처벌 규정이나 다른 조치들을 활용해서 범죄행위의 구체적 증거가 없음에도 수많은 청소년들에 대한 명부를 작성한다. 이들은 단지 소셜미디어에서 폭력범죄 혐의가 있는 누군가와 연결되어 있을 뿐이다.

이것은 분명 잘못된 정책 방향이다. 법학자인 베이브 호웰(Babe Howell) 교수는 뉴욕시의 범죄조직 단속을 강조하는 정책 기조가 검문검색 중심의 경찰활동에 대한 법적, 정치적 반발에 의해 변화되고 있다고 말한다. 또한, 그는 경찰이 거리에서 유색인종 젊은이들을 검문할 수 있는 권한을 잃었을 때, 경찰은 새로운 명칭으로 유사한 형태의 침략적인 경찰활동 수단을 개발한다고 말한다. 두 가지 경우 모두 유색인종 청소년들이 적법한 법적 사유 없이 경찰의 검문과 단속의 대상으로 선정된다. 왜냐하면, 경찰에겐 이들이 주요 관심의 대상이 되는 위험한 계층이기 때문이다.[329]

2장 개혁정책

범죄조직과 청소년폭력 문제는 보다 섬세한 접근 방식이 요구된다. 특히 범죄 위험성이 높은 청소년들의 경우 구체적으로 목표 대상을 정하고 이들이 길거리 범죄로부터 벗어날 수 있도록 사회지원제도를 적극적으로 활용해야 한다. 가장 잘 알려진 두 가지 방식은 '스페르겔 모델(Spergel Model)'과 '집중 억제(Focused Deterrence)'이다. 시카고 대학의 어빙 스페르겔(Irving Spergel) 교수는 '소년법원 & 범죄예방국(Office of Juvenile Justice and Delinquency Prevention)'으로부터 폭넓은 지원을 받아 폭력조직에 대처하기 위한 종합적인 모델을 개발했다.[330] 스페르겔 모델은 폭력조직에 대한 억제전략과 사회복지서비스를 밀접하게 혼합시킬 것을 요청한다. 이상적인 형태는 법집행기관, 학교, 사회복지서비스 제공자와 지역 공동체가 지역 여건에 맞게 가장 적합한 수단을 개발하겠다는 공동의 목표로 협업하는 것이다. 일부 지역에서는 경찰, 보호관찰소, 검찰로 구성된 합동 대응팀을 활용하여 청소년들에 대한 집중적인 법집행을 실시하고, 이와 함께 가정 지원, 직업 훈련, 사회화 기술 함양 서비스를 제공한다.

'집중 억제(Focused Deterrence)' 또는 '선별 억제(Targeted Deterrence)' 정책도 상당 부분

이 같은 방식으로 추진된다. 범죄학자 데이비드 케네디(David Kennedy)가 개발한 정책 모델로서 1996년 보스턴에서 처음으로 시행되었다. 보스턴에서는 지역사회 이해당사자들에 대한 폭력근절 호소와 지원 서비스가 결합된 집중적이고 선별적인 법집행을 통해 총기 폭력을 근절하려고 시도했다. 이상적으로는, 지역 경찰과의 파트너십 관계 속에서 지역사회의 자원을 결집하는 모델이다. 목표는 젊은이들에게 총기 폭력에 대해서는 더 이상 관용이 없다는 통일된 메시지를 전달하는 것이다.

사건이 발생하면 가용할 수 있는 모든 자원을 동원하여 가해자를 검거하고 범죄에 개입한 청소년들의 길거리 생활에 제약을 가한다(이것을 "레버를 당긴다"고 부른다). 이로써 청소년들이 스스로 폭력사용을 회피하고, 성장과정에서의 사회화와 경찰에게 지속적으로 시달리지 않아도 되는 경미한 범죄에만 관심을 갖기를 기대한다. 이런 접근 방식은 총기 폭력의 대부분이 마약과 관련된 것이 아니라 전쟁 중인 파벌들에 의한 앙갚음과 관련되어 있다는 사실에 근거한다. 열쇠는 바로 그 연결고리를 끊는 것이다. 이를 위해 경찰은 강력범죄에 가담할 가능성이 높다고 생각되는 청소년들의 리스트를 작성한다. 명단은 때로 이전 체포경력, 위탁보호 이력이나 심지어 학교 성적과 같은 개인정보에 근거해서 작성된다. 명단에 있는 젊은이들은 지역 경찰과 지역공동체 리더들과의 면담에 소환되고, 총기 폭력을 멈추지 않으면 집중적인 감시와 단속의 대상이 될 수 있다는 경고를 받는다.

한편, 청소년들을 소환하는 것이 가능한 것은 이들 다수가 과거의 위법행위로 인해 보호관찰이나 가석방 중에 있기 때문이다. 보통 교육이나 일자리 기회를 제공하는 몇 가지 선별적인 사회복지서비스가 병행된다.[331] 뉴욕에서는 '사격 중지 작전(Operation Cease)'이라는 기치 아래 소환 면담 이후에 폭력이 발생하면 명단에 있는 전체 젊은이들을 대상으로 무차별적인 체포를 통해 형사기소를 진행한다. 설령 소환 당사자가 아니고 폭력 발생에 대해 전혀 알지도 못하지만 이런 무차별적인 법집행의 대상이 되기도 한다.

이 모델들은 매우 유사하고 주로 처벌 중심의 집중적인 법집행에 의존한다. '집중 억제' 모델은 총기 폭력과 보다 밀접한 관련이 있지만, 두 모델 모두 수사, 체포, 강화된 형사기소와 같은 전통적인 범죄조직 통제 방식에 주안점을 두고 추진된다. 사회복지서비스가 제공되지만 대체로 몇 번의 상담이나 재활기회와 같은 매우 빈약한 것이 현실이고, 실질적으로 직업을 알선하거나 양질의 교육기회가 주어지는 것은 거의 기대할 수 없다. 생활기술과 사회화 수업들은 사람들에게 실질적인 기회를 주는 데 아무런 도움이 되지 않는다. 오히려 개인책임주의 의식을 강화해서 빈곤, 열악한 공공서비스, 인종차별, 범죄위험이 만연한 지역에서 자라고 있는 젊은이들에게 실업과 학업실패의 책임을 본인들에게 전가하게 된다.

추진되었던 프로그램들에 대한 연구결과에서 몇 가지 의미 있는 범죄율 감소 결과를 볼 수 있었고, 심지어 이런 결과는 수년간 지속되는 경우도 있었다. 그러나 전체적인 관점에서는 성과가 매우 빈약하다. 대부분 미미한 수준의 범죄 감소율을 나타내고, 범죄율 감소가 겨우 몇 가지 범죄 유형에서만 나타나거나 오래 지속되지 못했다. 또한, 이런 프로그램들은 빈곤 지역에 거주하며 범죄를 저지를 위험성이 높은 젊은이들에 대한 대처에 있어서 처벌중심의 사고방식을 강화시키게 된다. 한편, 이들 젊은이들의 대부분은 유색인종이고 주로 특정 지역의 소규모의 젊은이들이 폭력범죄에 가담하고 있을 뿐이다. 따라서 무차별적으로 거리를 지나가는 보행자들을 검문검색하고 아무런 잘못도 하지 않거나 경미한 비행을 저지른 청소년들을 검문검색 하는 것 보다는 범죄 위험성이 높은 대상을 특정해서 법집행을 하는 것이 보다 합리적인 방식이다. 깨어진 유리창 이론을 주장하기도 하지만 실제는 범죄 위험성이 높은 그룹과 그렇지 않은 그룹 사이에 연계성이 높지 않다.

그러나 법집행을 위해 특정 대상을 목표로 하는 것은 많은 문제점이 있다. 왜냐하면, 범죄조직의 구성원이 되는 행위는 종종 비정형적 성격을 갖고 있고, 이전에 한 번의 범죄전력이 있다고 해서 반드시 장기적인 범죄행위로 이어지는 것은 아니다. 또한, 이와 같은 법집행 방식은 심각한 사생활 침해를 유발한다. 선정된 특정 대상들은 어떤 특정한 범죄혐의에 기초로 하는 것도 아니고 심지어는 의심스런 행동이 있는 것도 아닌데도 단지 경찰이 인식하는 위험 요인에 근거해서 집중 감시를 받게 된다.

이와 같은 예측 치안활동은 유색인종 젊은이들에 대한 또 다른 형태의 프로파일링에 불과하다. 중대 범죄에 가담하는 대부분의 젊은이들은 이미 가혹하고 위험한 상황에서 살아가고 있다. 이들은 다른 젊은이들, 학대하는 가족들과 장래의 실업과 가난에 대해 두려움을 갖고 있다. 이들에겐 위협과 처벌이 필요한 것이 아니라 안정된 삶, 긍정적인 조언과 지도, 가난을 벗어날 수 있는 실질적인 방법이 필요하다. 이를 위해서는 젊은이들이 안정된 삶을 살 수 있도록 장기적인 노력이 필요하다. 이전에 길거리에서 자신들과 동료들을 체포하고 시달리게 했던 바로 그 경찰관들과 똑같은 사람들이 전화 상담을 하고 가정방문을 하는 것은 도움이 되지 않는다. 뉴욕경찰청장으로 임명된 빌 브래튼(Bill Bratton)은 첫 임기에서 경찰관들은 사회복지사가 아니라고 강조했다. 그는 경찰관들이 그런 임무에 대해 제대로 교육을 받지 못했고 임무를 수행할 준비가 되어있지 않다고 한다. 그리고 그런 임무는 경찰의 역할이 아니라고 강조한다. 또한, 경찰관들이 멘토나 사회생활 안내자로 젊은이들과 관계를 맺기에 적합해야 할 필요는 없다고 말한다.

더군다나 억제이론은 선별된 대상 청소년들에게 거의 적용되지 않는다. 위에서 설명한 대로 청소년들은 주의 깊게 장기적인 위험을 평가해서 행동을 결정하는 것이 아니라 감정적으로 단시간의 판단과 충동에 의해 행동한다. 젊은이들 사이의 폭력은 물질적 이득을 계산해서라기보다는 두려움, 분노, 모멸감에 의해 발생되는 경우가 많다.[332] 위협, 협박 그리고 구금은 단지 이들의 낮은 자존감을 심화시키고 더 큰 모욕감을 느끼게 할 뿐이다. 결론적으로, '선별 억제' 방식은 실제로는 이미 활용하고 있는 처벌중심 관행의 연장선이다.

수년간 처벌중심의 대응방식을 활용했던 일부 경찰 관료들은 그런 방식에 의문을 갖기 시작했고, 대안을 모색했다. 조 도마닉(Joe Domanick)은 로스앤젤레스에서 이런 변화가 진행되는 것을 설명하고 있다.

예를 들면, 로스앤젤레스 경찰청장 찰리 벡(Chalie Beck)은 지역 공동체 중심의 접근 방식을 도입했다. 사실 그는 다일 게이트(Daryl Gates) 경찰국장 시절 대규모 단속 작전인 '해머 작전(Operation Hammer)'에 적극적으로 참여했다. 하지만 이후 지역 공동체의 지지가 없이는 오래 지속되는 결과를 가져올 수 없다는 사실을 깨닫게 되었다. 그는 '범죄조직 활동의 간섭자'로서 폭력을 줄이는 노력의 일환으로 범죄조직들과 거리의 청소년들에게 다가가기 시작했다. 로스앤젤레스 경찰은 이전에는 이들을 의심을 갖고 대하거나 혐오감을 갖기까지 했다. 이들 중 대다수는 이전에 폭력조직의 구성원이었고 교도소에서 수감생활을 했던 사람들이다. 경찰은 그들이 길거리 생활에 익숙하고 경찰에 대해 비판적이라 신뢰할 수 없다고 생각했다. 찰리 벡은 이런 인식을 개선하는 것이 경찰의 임무를 성공적으로 수행하는데 필요하다는 것을 알게 되었고, 처음으로 그들을 대화의 자리로 나오게 했다. 가장 구체적인 성과는 '길거리 폭력 예방을 위한 갈등 중재자들(Violence Interrupters)'의 역할을 경찰이 지원한 것이다.[333]

하지만 결국 이런 방식도 좀 더 섬세하긴 하지만 여전히 처벌 중심적인 법집행에 대한 지역사회의 지원을 얻기 위한 것이다. 여전히 법집행의 역기능과 전체적으로 유기적 연결이 안되는 청소년 프로그램들의 문제점은 그대로 남아있다. 코니 라이스(Connie Rice)같은 변호사들은 이런 문제점을 이해했고, 시의회에 종합적인 보고서(일명, "로스앤젤러스 조직 **폭력 확산에 대한 종합대책 행동개시**", A Call to Action: The Case for Comprehensive Solution to L.A.'s Gang Violence Epidemic)를 제출했다. 보고서에서 억제 모델의 실패 사례와 현재 진행되고 있는 시책들의 역기능을 상세히 기록했다. 하지만 시의회의 변화를 이끌어 낼 수는 없었다.[334] 현재 로스앤젤레스 경찰청은 지역사회 기반으로 추진되는 범죄조직 문제 해결을 위한 개입 방식의 효과를 일부 인정하고 있지만 전체적으로는 여전히 억제 방식에 초점이 맞춰져 있다. 2014년 '로스앤젤레스 청소년 정의 연대(LA Youth Justice Coalition)'는 법집행 예산의 1%를 커뮤니티 센터, 청소년 일자리, 길거리 폭력 예방을 위한 갈등 중재자와 같은 청소년 사회 사업에 쓰여 지도록 하는 계획을 추진했다.[335] 법집행 예산의 1%는 대략 연 1억 달러에 해당한다. 하지만 아직 구호에만 그치고 결실을 맺지 못하고 있다.

3장 새로운 대안

청소년 폭력 감소를 위한 실질적인 개혁정책의 핵심은 경찰, 법원, 교도소에 집중되고 있는 인적·물적 자원을 커뮤니티 센터와 청소년 일자리 사업으로 전환하는 것이다. 우리는 매년 청소년 폭력 문제를 해결하기 위해 단속하고 구금하는데 수십 억 달러를 지출하면서 아이들과 가족들의 삶을 개선시키는 예산은 줄이고 있다.

인종차별적인 빈곤을 줄이고 문제성 아이들에게 지속적인 치료와 지원을 하는 것 그리고 무장 경찰을 활용하는 것이 아니라 지역 공동체 스스로 자신의 문제를 해결할 수 있는 수단을 제공하는 것이 훨씬 더 합리적인 방법이다. 무엇보다, 우리는 명확하게 경계가 나누어지고 있는 지역의 인종차별적 빈곤에 대해서 진솔한 대화를 해야 한다. 이 문제가 폭력 범죄의 근본적인 원인이기 때문이다. 전반적으로는 빈곤이나 차별이 크게 감소하지 않았지만, 범죄율이 줄어든 것은 사실이다. 그러나 남아 있는 범죄들은 이런 지역들에 집중되어 있다. 공격적인 경찰활동이나 대량 구금과는 달리 인종차별적인 빈곤과 차별을 위해 무언가를 하는 것이 빈곤, 불평등, 인종차별의 관점에서 사회 전체에 이익을 가져다 줄 것이다.

조금은 과장된 일반화일수도 있지만, 엘리엇 커리(Elliott Currie)는 청소년 범죄를 줄이기 위해서 필요한 3가지를 첫째도 일자리, 둘째도 일자리 그리고 셋째도 일자리라고 주장한다.[336] 대부분의 젊은이들은 기회가 주어진다면 마약 밀매, 성매매나 장물거래에 가담하는 것이 아니라 기꺼이 안정되고 상당한 급여를 받는 일자리를 선택할 것이다. 현재 미국은 과거 어느 때 보다 차별이 심하다. 25%의 젊은이들이 극빈곤 속에서 성장하고 있다. 다른 선진국에서는 용납될 수 없는 일이다. 그리고 대부분의 중대 범죄들은 바로 이들 젊은이들이 저지르고 있다. 한편, 단기 청년 일자리(주로 임시직과 저임금 일자리) 공급을 늘리는 것이 범죄를 줄일 것인지에 대한 연구를 보면 엇갈린 결과를 보여준다. 하지만 상당한 급여를 받을 수 있는 일자리 공급을 수년간 지속적으로 증가시킨다면 과연 어떤 결과가 나타날까? 청년들을 밀거래 시장이나 폭력에 가담하게 만드는 교육적 또는 문화적 측면에서의 구조적 문제를 극복할 수 있을지도 모른다.

설령 일자리가 있다고 하더라도 이런 지역에 사는 모든 젊은이들이 일을 할 준비가 되어 있는 것은 아니다. 그래서 두 번째 해야 할 일은 이들 청소년들이 안정된 삶을 살 수 있도록 하는 것이다. 이들 중 많은 젊은이들이 영혼이 피폐해지는 가난, 학대, 폭력에 시달려 왔다. 놀라운 것은 그들이 얼마나 범죄를 많이 저질렀느냐가 아니라 이런 극한 결핍과 박탈 속에서 그 정도 밖에 범죄를 저지르지 않았느냐이다. 수년간 금욕주의와 신보수주의의 강경한 형사정책을 지지했던 사람들은 사회복지 프로그램과 치료 프로그램이 효과가 없다고 주장했다. 물론 하나의 프로그램 자체로 중대 범죄를 근절시킬 수는 없다. 보통 이런 프로그램을 지지하는 사람들이 재정 지원을 획득하기 위해서 아주 야심찬 주장을 할 때도 있지만 결국은 실패로 끝난다. 경찰 체육 대회(Police Athletic Leagues)가 그랬던 것처럼 심야 농구 대회(Midnight Basketball)가 그 자체로 범죄를 근절하지 못할 것이다. 한편, 재정 지원을 받는 프로그램들 중 상당수가 도움이 가장 필요한 청소년들은 회피하고 지원이 거의 필요하지 않은 청소년들을 대상으로 진행하려는 경향이 있다. 왜냐하면 프로그램 운영 주체들은 나중에 운영 성과에 대한 좋은 평가를 받아야 하기 때문이다. 하지만 지속적이고 종합적인 접근을 하는 프로그램들이 제공되었을 때만 청소년과 그들의 가족 문제를 함께 다룰 수가 있다.[337] 청소년 폭력 감소 프로그램에서는 그런 종합적인 지원 서비스가 중심이 되어야 한다.

결론적으로 말하자면, 우리가 해야 할 일은 지역 공동체가 스스로의 힘으로 문제를 해결할 수 있는 역량을 기를 수 있도록 하거나 정부와의 파트너십 관계에서 그런 역량을 기를 수 있도록 도와주는 것이다. 빈곤한 지역 공동체에서 정부의 중요한 얼굴 역할을 하는 것은 경찰관들이고 이들은 주로 징벌적인 법집행을 하고 있다. 이런 방식 대신에 지역 공동체의 역량을 기르고 비징벌적인 정부 자원을 투입하는 것은 어떨까? 마이클 포트너(Michael Fortner)는 지방정부로 하여금 범죄와 무질서에 대응하여 무언가를 하도록 요구하면서 대량 구금과 과도한 경찰 활동의 시대가 도래했고, 이런 변화에는 아프리카계 미국인들이 중요한 역할을 했다고 주장한다.[338] 그러나 이런 분석이 간과하고 있는 것은 그런 정책을 추진했던 지방정부의 지도자들 중 많은 사람들이 한편으로 커뮤니티 센터, 청소년 프로그램, 학교 개선 사업, 일자리 제공을 함께 요청했다는 점이다. 그러나 이런 요청들은 경찰력 강화, 형사처벌 확대 및 장기 구금을 위해서 도외시 되었다. 이제는 이 문제를 다시 논의해야 할 시간이다.

지역 공동체에 그들이 활용할 수 있는 인적·물적 자원을 제공해주면 비(非) 징벌적인 수단을 통해 범죄를 감소시키는 좋은 아이디어를 가지고 있는 경우가 많다. '지역사회 기반의 회복적 사법 제도(Community-based Restorative Justice)'가 하나의 모델이다. 이 제도는 지역 공동체의 대표들이 범법자들을 교도소에 보내는 대신에 지역사회로 돌려보내는 위험성을 평가한다.[339] 지역 공동체는 구금에 쓰여졌을 자원의 전부 또는 일부를 사용하여 재활이나 예방 프로그램을 개발하는데 사용한다. 한 연구 결과에 따르면, 뉴욕주는 브루클린 지역 한 블럭 당 연간 백만 달러 이상의 구금비용을 지출한다. 그리고 뉴욕에는 그런 '백만 달러 블록(Million-dollar Blocks)'들이 많이 있다.[340] 대부분의 지역 공동체들은 그런 비용을 활용하여 대량 구금이나 물리적인 경찰활동 보다 훨씬 좋은 결과를 가져 올 수 있는 방법들을 찾을 수 있다. 일자리 사업, 마약 치료, 정신건강 서비스 그리고 청소년 지원 서비스와 같은 방법들을 통해 범죄를 줄일 수 있고, 범죄-구금-재범으로 이어지는 순환 고리를 끊을 수 있다.

이와 동시에 범죄자들로 하여금 자신들이 야기한 손해를 배상할 수 있도록 '배상과 해악성 감소 프로젝트'를 병행한다. 버려진 집들은 이전에 마약 거래와 폭력 범죄의 온상이었지만 복구해서 안정적인 주거로 제공한다. 그리고 나이가 더 많은 젊은이들은 어린 청소년들의 멘토로 교육을 받고, 이들에게 폭력적인 방법 이외의 갈등 해소법과 학교에 적응하는 법 그리고 어려운 구직 시장을 위한 준비 방법에 대해 조언을 해준다.

데이비드 케네디(David Kennedy)의 연구에서 보는 바와 같이, 청소년 범죄조직과 폭력 문제는 상당 부분 불안감에서 발생한다.[341] 젊은 사람들은 항상 피해자가 될 위험에 처해질 때, 마치 자기를 보호하려는 것처럼 폭력조직에 들어가거나 무기를 사용하려 한다. 지역 공동체들은 이런 연결 구조를 끊기 위해서 비공식적 통제 수단들이 작동될 수 있도록 도와주어야 한다. 이 문제를 해결하는데 한 가지 해답이 있는 것은 아니다. 어른들이 청소년들의 삶에 적극적이고 긍정적으로 개입하는 것은 이들을 올바른 방향으로 이끄는 중요한 진전이 될 수 있다. 이를 위해 부모들이 청소년들의 삶에 개입할 수 있는 역량을 갖추도록 해야 한다. 즉, 부모들의 근로시간의 구조와 높은 자녀 양육비용을 들여다볼 필요가 있다.³⁴² 어떤 부모들은 불규칙한 일정으로 여러 가지 일을 한꺼번에 하느라 자녀를 적절하게 감독할 수 없다. 또한, 일부 부모들은 아이들보다도 자신을 돌보는데 어려움을 겪고 있는 사람들이 있다. 이들을 위해 마약치료나 정신건강 지원 서비스에 투자해야 한다.

청소년 지도사, 코치, 학교 상담사들도 청소년들을 관리하고 선도하는데 역할을 할 수 있지만, 대부분 이들을 대신해 많은 경찰관이 동원되고 있다. 지역 공동체들이 더 많은 경찰관들의 배치를 요구하면 이를 위한 예산은 다른 어딘가에서 확보해야 하고, 주로 학교와 지역 공동체 복지 예산을 줄임으로써 확보된다. 이것은 사회복지 사업들을 줄여 부유층 감세와 공식적 사회통제 시스템을 강화하는 긴축정책과 잘 들어맞는다.

지역 공동체의 역량을 기르는 또 다른 방법은 지역사회 단위에서 이루어지는 '공중보건 지향의 예방 프로그램(Public-health-oriented prevention program)'에 투자하는 것이다. 흔히 '폭력 치유(Cure Violence)'라는 이름 아래 시행되는 이런 프로그램들은 청소년들에게 강한 반폭력 메시지를 보내거나 청소년들을 방과 후 예술 활동이나 직업훈련 프로그램과 같은 친사회적 활동에 참여시킨다. 때로는 비폭력 갈등 해결에 관한 워크숍을 개최하기도 한다.³⁴³ 또한, 봉사활동가를 고용하여 길거리 폭력 예방을 위한 갈등 중재자로 활용하고, 이들이 청소년들과 같은 입장에서 대화할 수 있도록 한다. 신뢰를 쌓기 위한 이런 교류의 과정은 아무리 강조해도 지나치지 않다. 이들 종사자들은 유언비어 통제, 갱들 간의 휴전, 길거리 청소년들과의 지속적인 만남을 통해 폭력의 순환 고리를 끊으려고 노력한다.

일부 지역에서는 이와 같은 새로운 정책을 추진하려고 노력하고 있다. 미네아폴리스(Minneapolis)에서는 청소년 폭력 예방을 위한 추진계획을 수립하고, 정부, 비영리단체, 지역 공동체 구성원들이 함께 참여하는 다기관협의체를 구성했다.³⁴⁴ 폭력조직 억제 정책과 달리 협의체가 경찰청이 아니라 보건부에 설치되었다. 추진계획을 통해 구성원들은 함께 현재의 문제점과 사업들에 대해 토론하며 각자의 추진 업무를 조정하고 새로운 지원

서비스와 계획 추진을 위한 자원을 확보하는데 노력을 기울인다. 상황변화에 따라 유연성을 갖는 실시간 진행 과정이다. 한편, 두 가지 중요한 문제점은 자원이 부족하다는 점과 경찰이 전향적으로 이런 정책을 받아들이지 못한다는 점이다. 프로그램에 참여하며 긍정적인 활동들을 하는 청소년들이 여전히 경찰의 감시와 검문에 시달리고, 체포까지 되는 실정이다.

이런 프로그램들이 문제해결을 위한 만병통치약은 아니다. 프로그램의 효과성에 관한 연구들도 많지 않고 상반된 결과를 나타내기도 한다. 그 이유는 문제 해결을 위해서 시행되어야 할 다른 부분들이 있기 때문이다. 지역 공동체 단위에서 고용기회 확대, 심각한 생활의 어려움을 겪고 있는 청소년들을 위한 적합한 사회복지 서비스, 교육제도의 개선이 이루어지지 않는다면, 어떤 프로그램도 폭력을 멈추게 할 수 없다. 근본적인 문제해결을 위해서는 종합적인 접근 방식이 필요하다. 이를 위해서는 형사사법제도에 의존하는 것을 줄이고 보다 종합적이고 비(非)징벌적인 방식의 해결방안을 요구할 수 있는 정치력을 길러야 한다.

제9편

국경 경찰

1장　　　　　　　　　　국경 경찰

　19세기 후반까지 미국은 공식적인 이민 제한정책이 없었다. 국경은 기본적으로 개방되어 있었고, 단지 선적할 때 세관 통제만 이루어졌다. 1882년 20만 명의 중국 노동자들이 서부의 철도 건설과 농장 노동을 위해 이민을 온 이후에 의회는 「중국인 배제 법안(Chinese Exclusion Act)」을 통과시켰고, 중국인들의 이민을 금지했다. 법안 토의 과정에서 공개적으로 사용되었던 언어들을 보면 많은 부분이 인종차별적인 내용이었고, 현지에서 중국 사람들이 사유재산을 소유하거나 법정에서 증인으로 나서는 것을 금지하는 내용이었다.[345] 법안에 찬성했던 사람들은 중국 이민자들을 '몽골족 무리(Mongolian Horde)'나 '조니 차이나맨(Johnny Chinaman)'이라고 지칭하며 부도덕하고 게으르다고 비난했다. 소규모 비공식 부대들이 동원되어 주로 캘리포니아와 멕시코 국경을 따라 중국 이민자들의 불법 입국을 제한했다. 이 기간 동안 백인 이민자에 대한 유일한 제한은 범죄자, 병약자 또는 정치적으로 급진적인 사람들 뿐이었다. 1903년에는 특별 조사를 위해 이탈리아인들을 대상으로 무정부주의자들에 대한 입국이 특별히 금지되었다.

19세기 후반과 20세기 초반 대량 이민이 증가하면서 토착민들의 분노가 커졌다. 이 기간 내내 '이민 제한 연맹(Immigration Restriction League)'과 '아메리카 정당(American Party)'과 같은 단체들은 인종적 순수성, 문화적 우월성과 종교적 편견을 바탕으로 조직화하여 이민 개방의 중단을 요구했다. 마침내 1924년 최초로 국적을 기반으로 한 이민 쿼터제를 도입한 「이민제한법(National Origins Act)」이 통과되었고, 쿼터제를 집행하기 위해 의회는 '미국 국경 순찰대(US Border Patrol)'를 창설했다.

새로운 국경 순찰대는 멕시코로부터의 무단 입국을 통제하는데 중점을 두고 활동했다. 대부분의 단속활동은 지정된 국경 교차점에서 이루어졌고, 교차점 사이는 '라인맨(Lineman)'이라고 불리는 소수의 대원들이 순찰을 했다. 그러나 실제로는 개인과 심지어 차량들도 공식적인 검문소에서 몇 마일 떨어진 곳에서 국경을 건너기 위해 한 순간의 모험만 시도하면 국경을 넘을 수 있었다. 국경폐쇄 시기에 캘리포니아 농부들에게 가장 큰 관심사는 불법적으로 국경을 넘는 트럭들이 종종 밭과 울타리를 손상시키는 것이었지만, 농부들은 국경 순찰대의 도움을 거의 받지 못했다. 느슨한 단속을 했던 이유 중 하나는 텍사스와 캘리포니아 농부들이 값싼 멕시코 노동자들을 원했고, 값싼 노동력에 대한 접근을 제한하는 것에 극렬하게 반대했기 때문이다.[346] 실제로 법집행은 노골적인 잔혹성을 띠거나 초법적인 살인이 일어나는 일들이 많았고 심각한 인종차별적인 사례들도 빈번하게 있었다.[347] 역사학자 켈리 에르난데즈(Kelly Hernandez)는 국경을 넘는 사람들의 보복 살인과 무차별적인 총격에 대해 설명한다.

제2차 세계대전 동안 농장 노동자들에 대한 폭발적인 수요가 있었다. 국경 순찰대는 전쟁기간 중 적국의 침입을 감시하는 명목으로 멕시코로부터의 무단 입국에는 무관심했다. 미국 정부는 이주 노동자 농장을 정규화하는 '브라세로 프로그램(Bracero Program)'을 도입했다.[348] 이에 따라 고용주들은 적정한 임금과 근로 조건을 제공해야 했고, 이주 노동자들은 미국에서 일을 할 수 있는 공식적인 허가를 받았다. 하지만 이런 규제는 제대로 적용되지 않았고, 이주 노동자들은 매우 열악한 근로조건 속에서 낮은 임금을 받으며 다른 근로자들에게 적용되는 기준에 훨씬 못 미쳤다. 한편, 여성과 어린이, 가사노동자들은 이 프로그램에 포함되지 않았고 무단 입국이 계속되었다. 게다가 많은 고용주들이 이 프로그램을 활용하는 것을 거부했고, 특히 텍사스에서는 반대가 심했다. 농부들과 목장주들은 노예제도 시절로 거슬러 올라가는 오랜 노동체계에 연방정부가 개입하는 것에 분개했다. 낮은 임금과 열악한 환경에 불만을 토로하거나 조직적으로 대항하는 노동자들은 국경순찰대에 넘겨져 추방당했다.

1950년대 초반 국경순찰대에 의해 검거된 사람들의 수는 두 배로 늘었다.[349] 1954년 '멕시코 작전(Operation Wetback)'이 추진되었고, 집중적인 국경 단속과 도시와 목장에서의 밀입국자 단속을 통해 밀입국의 흐름을 차단함으로써 고용주들이 브라세로 프로그램을 활용하도록 했다. 백만 명 이상의 사람들이 추방되었고, 결국 농민들과 목장주들의 저항은 수그러들었다. 특히, 근로 현장에 대한 보호를 축소하고, 노동자들이 조직화하는 것에 대해 무거운 벌금을 부과하는 제도를 시행하면서 기세가 누그러들었다.

그러나 이 작전의 명칭은 당시 연방정부 관리들과 국경순찰대의 사고방식을 잘 보여준다. 미국의 국경 경찰은 백인의 지배와 경제적 불평등의 관점에서 법집행이 이루어졌다. 국경은 가난한 이민자들에게 한번도 제대로 폐쇄된 적이 없다. 이들은 엄격한 규제를 통과하고 입국이 허용되거나 공식적으로는 입국이 거부되었지만 실제로는 고용주의 착취와 학대로부터 법적 보호가 거의 없는 상태에서 대거 입국이 허용되었다. 이 제도들은 이민자들을 열악한 경제적 위치에 놓이게 한다. 이민자들은 단결권이 거부되고 낮은 임금을 위해 기준 이하의 열악한 조건에서 일할 수밖에 없다.

지난 20년간 경찰 활동이 가장 빠르게 확대된 분야 중 하나는 국경 경찰이다. 오늘날 국경순찰대는 국토안보부(Department of Homeland Security) 소속이다. 1992년에는 국경순찰대 대원이 4천 명을 조금 넘는 수준이었지만 2001년 9·11테러 이후 그 수는 1만 명으로 증가했다. 현재는 그 수가 2만 명 이상으로 ATF(주류·담배·화기 단속국), FBI(연방수사국), DEA(마약단속국)를 합친 것보다 많아 졌다.[350] 한편, 국경순찰대는 지역 경찰 및 주(州)경찰 그리고 주 방위군, 연방군, 이민세관단속국(ICE)을 포함한 다양한 연방기관의 지원을 받는다. 2012년 회계연도에 연방정부는 국경 경찰에 180억 달러 이상을 지출했는데, 이것은 다른 모든 연방 법집행기관의 지출을 합친 것보다 많은 액수이다.[351] 트럼프 행정부가 들어선 이후 공무원 채용이 늘어나고 국경 장벽을 확대하면서 이 수치는 급격히 늘어날 가능성이 높다.

국경 경찰은 항상 인종차별적 성격이 강했다. 국경 밖에 있어야 할 외국인들과 열악한 여건에서 겨우 입국이 허가되는 외국인들을 어떻게 구분할 것인가는 언제나 미국 주류 사회 밖에서 정해졌다. 일반적으로 이런 구분 기준은 인종에 따른 요청에 의해 정해졌다. 마르타 멘차카(Martha Menchaca)의 『역사의 회복, 인종의 건설(Recovering History, Constructing Race)』은 어떻게 스페인 엘리트들에 의해서 국경 지역에서 인종적 계층이 처음으로 확립되었고, 이후 미국 정착민들이 인종적 계층을 확립하고, 원주민들과 멕시코인들의 땅을 몰수하는 것을 정당화 했는지를 보여주고 있다.[352] 오랜 기간 멕시코계 미국인들조차도 새로운 이민자들을 배척하는데 동조하면서 백인들과 하나가 되려고 시도했다. 멕시코계 미국인들은 새로운 이민자들이 자신들이 백인들과 동화하려는 시도를 방해한다고 생각했다. 하지만, 멕시코계 미국인들은 인종차별적인 배제주의를 받아들임으로써 결국은 그들 자신을 '완전한 시민' 이하의 존재로 정의되고 처우 받게 하는 인종 카스트 제도를 강화시켰다.

일찍부터 국경순찰대는 인종차별적인 법집행에 관여해 왔다. 멕시코인으로 보이는 것 자체가 정지시켜 질문하고 신원확인을 요구할 수 있는 충분한 근거라고 주장해 왔다. 1973년 연방 대법원은 브리그노니 폰체(Brignoni-Ponce)[353] 판결에서 이러한 관행을 받아들여 국경순찰대가 차량 정지 및 강제 신원확인을 위한 유일한 기준으로 인종 프로파일링을 활용할 수 있는 권리를 인정하였다. 이런 결정은 부분적으로 1953년 연방법에 근거를 두고 있다. 이 법은 국경에서 100마일 이내에서 국경순찰대 대원에게 헌법상의 기본권 보호를 중지할 수 있는 권한을 부여하고 있고, 불법 입국에 대한 개연성이나 합리적 의심의 여부와 상관없이 누구든지 검문검색과 입국 지위를 확인할 수 있도록 했다. 미국 시민자유 연맹(ACLU)은 이것이 헌법에 위배된다고 주장한다.[354] 또한, 이 단체는 국경순찰대의 반인권적 법집행이 국경에서 멀리 떨어진 곳에서도 보고되고 있다고 지적한다. 2008년 패트릭 리히(Patrick Leahy) 상원의원은 국경에서 적어도 125마일 떨어진 곳에서 제지당했다. 국경순찰대 대원은 그에게 차에서 내릴 것을 명령하고, 신원확인을 강요했다. 패트릭 리히 의원이 무슨 권한으로 검문검색을 하느냐고 질문을 하자 대원은 자신의 총기를 상원의원에게 겨누며 "이것이 내가 필요한 권한의 전부다."라고 말했다.[355]

국경 경찰이 강화된 것은 1990년대 초 클린턴 행정부 시절부터 시작되었다. 이 시기에 캘리포니아의 '게이트 키퍼 작전(Operation Gatekeeper)', 텍사스의 '홀드 더 라인 작전(Operation Hold-the-line)'과 애리조나의 '세이프가드 작전(Operation Safeguard)'이 시작되었고, 1996년 「불법 이민 개혁 및 이민 책임법(Illegal Immigration Reform and Immigration Responsibility Act)」이 통과되었다. 이후 몇 년 동안 '이민귀화국(Immigration and Naturalization)'의 예산이 두 배로 늘었고, 마찬가지로 국경순찰대 인원도 두 배가 되었다. 이 시기의 국경 경찰 작전은 미국에서 실질적으로 추진된 최초의 남쪽 국경폐쇄 정책을 상징한다.[356] 그런 차원에서 몇 가지 새로운 정책들이 추진되었다. 국경 울타리의 규모를 크게 늘렸고, 미국에 사는 이민자들 중 크고 작은 범죄를 여러 차례 저지른 사람들을 즉시 추방하였다. 또한, 검거된 이주자들을 신속하게 처리하고 추방할 수 있도록 국경 지역에 이민법원을 설치하였고, 생체 데이터 수집을 통해 이주자 신원확인을 위한 대규모 시스템을 개발했다. 한편, 이민 법원과 생체 데이터를 이용한 신원확인 시스템은 무단 입국 이주자들에 대한 형사기소를 강화하는 기반이 되었다.

이런 과정은 9·11 테러 이후 더욱 강화되었다. 조지 W. 부시 대통령은 국경을 보다 개방하겠다는 입장을 표방하며 선거운동을 했었지만, 재임 중 추가적인 국경 울타리 설치, 국경순찰대 증원과 이주자 형사기소 강화를 추진했다. 그 결과, 완곡하게 표현하자면 정부 정책이 "잡아서 풀어주라!"에서 "잡아서 가두라!"로 전환되었다. 수십 년 동안, 국경을 넘다가 붙잡힌 대부분의 이주자들은 추방을 당하면서도 이의를 제기할 수 있는 청문권을 포기해야 했다. 왜냐하면 가능한 짧은 시간 동안 구금되어 있다가 빨리 멕시코로 돌아가는 것이 불법 이주자와 미국 정부 모두에게 유리했기 때문이다. 오늘날 점점 더 많은 불법 이주자들이 형사기소되고 있다. 불법 입국의 최초 위반행위는 경범죄로 처벌될 수 있지만, 두 번째는 수년간 구금될 수 있는 중범죄이다. 그리고 다른 범죄로 유죄판결을 받은 이민자들은 추방되기 전에 미국 교도소에서 전체 형기를 마쳐야 한다.

2005년 국경순찰대는 대규모 신규 예산과 인프라를 갖추고 '스트림 라인 작전(Operation Streamline)'이라고 불리는 "잡아서 가두라!" 방식의 일련의 무관용 정책들을 추진하기 시작했다. 그 후 10년 동안 40만 명 이상의 이주자들이 불법 입국으로 기소되었고, 30만 명 이상의 사람들은 불법 재입국의 중죄로 기소되었다.[357] 트럼프 행정부는 이러한 관행을 더욱 강화하겠다고 약속했다. 미국 정부는 이민정책 추진을 위해 70억 달러를 지출했고, 대부분의 돈은 사립 영리 교도소로 흘러들어 갔다. 국경에서 100만 명 중 4분의 3을 기소하고 구금했음에도 불구하고, 찢어지는 가난을 벗어나려고 필사적으로 국경을 넘는 사람들과 가족들이 함께 모여 살고 싶은 열망에 불법으로 국경을 넘으려는 이주자들에겐 어떤 억제 효과도 찾아볼 수 없었다.[358] 판사와 변호사들을 인터뷰한 결과 대부분이 이와 같은 정책에 반대했다. 그들은 미국 이민정책이 정당한 정책적 성과없이 정치적 의도를 가지고 추진되는 정책이라고 평가했다.

또한, 스트림 라인 작전은 연방 법원 운영에 장애를 초래했다. 국경에 인접한 지역의 판사와 법원 인력이 대규모 피고인 수를 따라가지 못했기 때문에 불법 입국관련 사건들을 제대로 처리하지 못했을 뿐만 아니라 다른 사건들을 처리하는데도 어려움이 생겼다. 『텍사스 월간지(Texas Monthly Magazine)』는 미국에서 가장 바쁜 두 개의 법원 관할이 텍사스에 있고, 이 법원들이 대량 기소로 과도한 업무를 처리하고 있다고 보도했다.[359] 보통 수십 명의 피고인이 함께 법정에 끌려가고 변호인 없이 유죄를 인정하도록 요구받는다. 그리고는 추방되거나 구금된다. 2009년 제9회 순회항소법원이 개입하여 피고인들에게 최소한 개별적으로 피고인들의 답변을 듣고 무슨 일이 일어나고 있는지 이해할 수 있는 능력에 대해 질문할 것을 요구했다. 그러나 오히려 절차만 더욱 더디게 했을 뿐이고 근본적인 문제를 해결하진 못했다. 국경 근처에서 체포되는 건수는 수십 년간 감소했지만 지금도 전체 연방 기소의 40% 가량이 이민관련 사건들이다. 처벌 중심의 정책적 틀에 갇힌 검사들조차도 이런 제도가 불법 이주자들을 저지하지 못한다고 생각한다. 한 검사는 "우리는 사람들을 기소한다. 왜냐하면 그들은 의회에서 제정한 법령을 위반했고, 그 법령은 우리의 판단 기준을 반영하기 때문이다...우리는 어떤 체계적인 절차에 따라 처벌을 한다. 사람들이 그러한 처벌에 의해 억제 될 수 있다면 좋겠지만, 그렇지 않더라도 놀랍지 않다."고 말했다.[360] 검사의 이야기는 전체 조직이 놓여있는 상황을 여실히 드러내고 있다. 경찰, 검사 그리고 판사들은 모두 극심한 고난을 피해 국경 넘어 더 나은 삶을 찾으려는 사람들을 처벌하는 것이 부질없다고 생각한다.

오늘날 미국 교도소에는 시민권자가 아닌 사람들이 7만 5천 명 수감되어 있는데, 그 중에서 절반가량이 이민법 위반으로 수감 중이다.[361] 그리고 많은 사람들이 영리 목적의 사립 교도소에 수감되어 있다. 이민세관단속국(ICE)은 학대, 과밀, 부적절한 의료서비스에 대한 반복되는 보도에도 불구하고 46개의 구금시설을 사용하여 모든 이민관련 억류자들의 70%를 수용하고 있다.[362] 또한, 이민세관단속국의 하도급 계약은 남서부 전역에 걸쳐 구치소와 교도소 건설 붐을 부추겼다. 지역 관할기관과 민간 구금시설 운영 기업들에겐 높은 구금율을 유지하는 것이 경제적 이해관계와 밀접하게 연관되어 있어 이민정책을 더욱 왜곡시키고 있다. 또한 수많은 이주민들이 지역 교도소에 불법이민으로 억류되어 있거나 이송을 기다리고 있다. 이런 시설들은 사립이건 공립이건 수용 여건이 매우 열악하다. 2010년 『뉴욕타임즈(New York Times)』는 이런 시설들에서의 보건의료서비스 제공의 다양한 문제점들을 보도했다.[363] 2016년 보도에 따르면 몇 해 동안 8명이 사망했고, 이들은 당뇨병과 같은 예방 가능한 질환이었지만 부실한 보건의료서비스 때문에 사망했다.[364]

지난 몇 년 간 대규모의 청소년들이 중앙아메리카에서 단독으로 밀입국했고, 수만 명의 아이들이 구금되었다. 많은 아이들이 법정대리인 없이 재판에 출두하도록 강요되었고, 이것은 사법제도의 법적, 인도적 위기를 초래했다. 어린 자녀를 둔 수천 명의 가족이 추방이나 이민법원의 절차를 기다리는 동안 이민자 구금상태로 장기간 억류되었고, 이것은 특히 아이들에게 비참한 상황이다. 미국 법원도 이러한 조치의 문제점을 인정하고 있다. 특히, 가족단위의 사람들이 공공안전에 대한 위험을 야기할 개연성이 거의 없다는 점에서 이러한 조치가 부당하다고 판단했다. 그러나 반복되는 법원의 명령에도 불구하고, 연방정부는 계속해서 자녀를 동반한 가족들을 구금시설에 수용하고 있다.

또한, 연방정부는 주(州)경찰과 지방경찰에게 불법 체류자로 의심되는 사람들을 구금할 것을 요청함으로써 약 백만 명에 대해 억류 명령을 내렸다. 지방경찰이나 보안관들은 이민법 집행의 최일선에서 역할을 해줄 것을 요구 받는다. 1990년대 국경통제가 강화되기 시작하면서 지방경찰에게 연방 이민법을 집행할 공식적인 권한을 부여하였다. 「불법이민 개혁 및 이민 책임법(IIRIRA)」 287(g)에서 규정하고 있는 이 권한은 지방경찰에게 커다란 딜레마를 안겨주었다. 지방경찰은 이민법 집행에 참여하도록 강요를 받았지만 이민법 집행에 협력하는 것이 올바른 경찰활동을 하는 데는 오히려 역효과를 가져온다고 생각한다. 대부분의 경찰관들은 효과적인 경찰활동을 위해서 지역사회의 협조가 필요하다고 믿는다. 범죄를 신고하고, 정보를 제공하고, 증인으로 협조하는 것은 지역사회의 구성원이기 때문이다. 불법 이주자 비율이 높은 지역에서는 경찰에 대한 두려움이 매우 크다. 만일 자신이나 친구들, 가족 구성원, 동료, 이웃이 추방될 수도 있다면 사람들은 경찰에게 어떤 문제도 제기하지 않을 것이다.

그런 이유로 많은 도시들이 이민법 집행에 참여하기를 거부하거나 '성지 도시'로 자인하면서 불법이민 단속에 협조하지 않고 있다. 불행하게도, 이런 선언들은 때로는 다소 공허하다.[365] 뉴욕시는 성지와 같은 지위를 가지고 있고, 뉴욕경찰청은 일반적으로 불법 이민 관련 문제에 개입하지 않는다. 하지만 여러 해 동안 교정공무원들이 불법 이민 관련 문제에 협조해 왔고, 심지어 연방 공무원에게 구치소 공간을 임대하기도 했다. 보다 최근에는 불법 이민자 단속에 구치소를 활용하는 것이 아니라 단속 공무원들이 법정에서 기다렸다가 불법 이민자가 법정에 출두하면 체포한다. 오바마 대통령 시절, 이민세관단속국(ICE)은 주로 폭력범죄로 유죄 선고를 받은 사람들을 대상으로 불법 이민자 단속을 실시했다. 트럼프 행정부 시절엔 어떤 범죄행위라도 이민자 단속 절차를 개시할 수 있었다.

지하철 개찰구를 뛰어넘는 것과 같은 경미한 범죄로 인해 매년 수십만 건의 '깨어진 유리창 이론'의 무관용 체포가 이루어지고 많은 사람들이 추방의 위기에 처할 수 있게 되었다.

또한, 「불법 이민 개혁 및 이민 책임법(IIRIRA)」 287(g)은 민사적 법집행과 형사적 법집행간의 경계를 모호하게 함으로써 경찰권을 강화하는 결과를 초래했다. 보통 경찰은 범죄 혐의가 있다고 의심할 때 대상자들의 헌법상의 권리를 보장해야 한다. 하지만, 대부분의 이민법 위반은 엄밀히 말하면 민사적 성격이기 때문에 동일한 헌법상의 권리 보호가 적용되지 않는다. 이것은 때로 경찰이 이민법 집행을 가장하여 영장 없이 시민들의 주거에 침입하고 보석허가의 기회 없이 사람들을 구금할 수 있다는 것을 의미한다.

오바마 정부에서는 지역에서의 반발이 거세어 「불법 이민 개혁 및 이민 책임법(IIRIRA)」 287(g)의 집행을 위한 지방정부와의 협약 체결이 감소했다. 하지만 트럼프 행정부에서는 협약 체결을 확대하였고, 참여를 거부하거나 추방 조치를 피하기 위해 소위 '성지 도시' 관행을 따르려는 지방정부에 대해 제재를 가하려고 시도했다.

이민세관단속국(ICE)은 국경 경찰의 또 다른 주요 부분이다. 업무의 대부분은 공식적인 국경 경계에서 사람들을 조사하고 물건을 검사하는 것이지만 일단 미국에 입국한 사람들 중에서 불법체류자를 단속하는 임무도 수행한다.

이민세관단속국(ICE)은 또한 불법 이민자들을 억류, 구금하는 데 사용되는 구금시설을 운영한다. 2003년 이민세관단속국(ICE)은 중대 범죄를 저지르고 도주 중인 이민자들을 찾는 것을 주임무로 하는 '도망자 전담팀(Fugitive Operation Team)'을 창설했다. 지난 15년 간 이런 전담팀은 2003년 8개에서 오늘날 129개로 증가했고, 연간 1억 5천 5백만 달러의 예산이 투입되고 있다.[366] 이 조직들은 중대 범죄자들을 거리에서 몰아내고 국외로 추방하기 위해 만들어 졌다. 트럼프 행정부는 이런 조직들에게 집중적으로 재정지원을 할 것이다. 그러나 실제로는 전담팀 단속 공무원들은 빈약한 증거에 기반해서 자택이나 직장에서 조사를 하거나 저인망식 작전을 펼쳐서 주로 비범죄자인 이민자들을 옭아매고 있다. 국토안보국(DHS) 감사관의 보고에 따르면 도망자 전담팀들은 부정확한 정보에 의해 단속 계획을 세우고 이것을 정당화한다고 평가했다.367 '이민연구소(Migration Institute)'는 2003년부터 2008년까지 체포된 사람들의 4분의 3이 범죄전력이 없는 이민자들이라고 밝혔다. 2007년 이들 전담팀들은 1억 달러 이상의 예산을 지출하고도 중대 범죄 전력이 있는 사람들을 겨우 72명 체포했다.368 보다 최근에는 중대 범죄자 체포 비율이 훨씬 낮아 졌고, 할당제가 도입되었으며, 결국 전담팀의 수가 감소되었다. 2012년 전체 전담팀에서 3만 7천명을 체포했지만 대부분은 폭력 범죄 전력이 없는 사람들이다.369

또한, 2006년 이민세관단속국(ICE)은 '근로현장 단속팀(Worksite Enforcement Unit)'을 설치했다. 이 조직은 중무장한 채로 근로 현장에서 단속활동을 하고 불법 이민자를 찾기 위해 근로자 명부를 조사한다. 단속된 이민자들은 변호사를 선임하거나 도움 없이 강제추방 되는 것에 동의하도록 강요받는다. 오바마 행정부에서는 고용주를 단속하는 것으로 방향을 전환하라고 요구했지만 고용주를 단속하면서 불법 근로자들의 대량 해고를 초래했다. 2009년 대략 10만 건의 기소 중에서 고용주는 겨우 13건뿐이었다.370

한편, 국경은 실패한 마약과의 전쟁의 최전선이기도 하다. 미국은 마약 금지와 형사 처벌을 통해 사람들이 마약에 접근하는 것을 저지하는 '공급자 측면(Supply-side)'의 전략을 사용하고 있다. 마약 금지는 국경순찰대(Border Patrol), 해안경비대(Coast Guard), 미군(US military), 이민세관단속국(ICE)이 중심이 되어 미국 내 마약 반입을 저지한다. 하지만 마약 반입을 저지하는 것은 실패했다. 최근 발표된 자료에 따르면 국경순찰대가 마약 관련 혐의로 체포한 사람들의 80% 가량은 미국 시민권자들이다.371 마약 관련 체포는 국경을 건널 때나 검문소에서 또는 불법 이민자 단속 과정에서 이루어지고 대부분은 대마초 사범들이다. 국경을 건너는 사람들로부터 압수되는 마약은 급격히 줄고 있기 때문에 국경 순찰대는 방대한 조직과 예산을 유지하기 위해 다른 방식으로 마약을 압수하는 것으로 추정된다.

국경 경찰 활동을 강화하면서 국경 지역은 훨씬 더 위험한 장소로 바뀌었다. 1996년에 강력한 단속이 시작된 이래로 수천 명의 사람들이 애리조나주와 뉴멕시코주의 먼 사막지역을 횡단하려다가 사망했다. 어떤 해에는 500명이나 되는 사람들이 고열, 체온저하, 탈수로 죽기도 한다.372 무단으로 국경을 넘으려는 사람들은 '코요테'라고 불리는 지하 범죄조직에 의존해야 한다. 이들은 밀입국을 도와주는 대가로 수천 달러를 요구하지만 밀입국이 실패하는 경우가 많고, 밀입국 대금을 지불한 사람들을 납치, 강간, 살인하는 경우도 있다. 이런 상황에서 이민자들은 마약을 운반하도록 강요당할 가능성이 높다. 국경을 건너기 위해 걸어서 사막을 여행하는 것은 며칠이 걸릴 수 있고, 사람이 손으로 들고 다닐 수 있는 양보다 훨씬 많은 물이 필요하다. 인도주의 관점에서 일부 개인들과 단체들이 국경을 따라 급수소를 설치했지만, 무단입국 감시원들이 시설을 파괴했다.

지난 10년간 추방 건수도 급격히 증가했다. 연 50만 건에 육박하고 10년 전보다 두 배 이상 증가했다. 버락 오바마는 역대 모든 대통령들을 합친 것보다 더 많은 사람들을 추방했다. 과거에 정부는 가족 중 한 명이 미국 시민이면 이민자 가정을 해체하는 것을 꺼려했다. 사실 가족의 재결합은 전후(戰後) 시기에 합법적인 이민의 주요 이유 중의 하나였다. 배후에는 가정생활을 하는 이민자들이 미국의 문화와 가치에 더 잘 적응할 가능성이 높다는 생각이 깔려있다. 지금은 일상적으로 가족을 무정한 방법으로 갈라놓는다. 부모가 추방된 5천명 이상의 아이들이 위탁보호를 받고 있다.373 어린아이 때 미국에 온 젊은 성인들은 그들에게 완전히 낯선 나라인 모국으로 혼자 추방된다. 모국에는 가족들도 없고, 심지어 모국어를 할 줄 모르는 경우도 있다.

이들 중 많은 사람들이 중앙아메리카로 추방되어 노숙자 보호소에서 지내거나 길거리에서 잠을 자면서 종종 범죄조직들과 어울리게 된다. 그리고 이 젊은이들과 가족들이 마약조직의 폭력을 피해 중앙아메리카를 떠났다는 사실이 더욱 비극적인 상황으로 여겨진다. 앞에서 지적했듯이 미국의 추방조치는 애초에 마약조직들의 세력 확장에 큰 역할을 했다. 많은 추방자들은 이러한 범죄조직에 가담하거나 그들의 희생양이 되어야 한다. 애초에 이런 선택을 피해 도망친 이들이 실패한 미국의 이민자 탄압 정책으로 희생자가 되는 경우가 비일비재하다. 2016년 7월 미국 상원의원 25명은 오바마 대통령에게 남미 지역에서 폭력으로부터 탈출한 사람들에 대한 추방을 중단할 것을 요청했다. 이들은 2014

년 이후 추방되고 나서 살해된 사람들의 사례 84건을 인용하였다. 주로 엘살바도르, 온두라스와 과테말라의 사례였다. 매사추세츠 상원의원 에드워드 마키(Edward Markey)는 "우리는 살해당할 수 있는 상황으로 이민자 가족들을 돌려보내서는 안 된다. 그들도 한 명의 미국인일 뿐이다."라고 호소했다.[374]

또한, 국경순찰대는 테러와의 전쟁의 일환으로 '슈퍼볼(Super Bowl)'과 같은 주요 국가 행사의 안전 확보 임무에 적극적으로 참여하고 있다.[375] 토드 밀러(Todd Miller)는 대원들이 어떻게 주요 국가 행사에서 가시적인 경찰 활동을 하고 첨단 기술을 활용하여 안전 확보 서비스를 제공하는지 설명한다. 하지만, 그의 말에 따르면 국경순찰대는 국제 테러리즘은 커녕 해당 행사와도 전혀 관련이 없는 여행객들을 대상으로 집중적인 불법 이민 여부를 조사한다. 이를 위해 대원들이 버스 정류장과 기차역에 흩어져 단속 활동을 한다. 또한, 밀러(Miller)는 미국 시민들에 대해서도 그들의 정치, 학술, 언론 활동 때문에 국경 경찰대가 그들을 억류하고 수색하는 관행을 지적했다. 대원들은 감시자 명단을 가지고 있고, 명단에 있는 사람들은 체포되거나 심문을 받을 수 있다. 그리고 국경을 건널 때 전자기기를 압수당할 수도 있다. 저널리스트이자 영화 제작자인 로라 포이트라스(Laura Poitras)는 공익신고자인 에드워드 스노우든(Edward Snowden)과 함께 일을 한 후 여러 차례 억류되었다. 그녀는 미국의 중동정책을 비판하는 영화 〈나의 나라, 나의 나라(My Country, My Country)〉를 제작했다. 이슬람과 중동의 미국 학자들은 테러 혐의로 기소되어 변호사 없이 구금되고 개인 소지품과 전자기기를 영장 없이 압수당했다. 이 사례들 중에는 당사자들의 시민권에는 어떠한 문제도 없었다.

국경순찰대에는 책무성 확보를 위한 효과적인 메커니즘이 운용된 적이 없다. 엄밀히 말하면, 내부 감사와 의회 감시를 받지만 기소가 되거나 징계 처분을 받는 경우는 거의 없다. 2010년 5월 멕시코 국적의 아나스타시오 에르난데스-로하스(Anastasio Hernandez-Rojas)가 산 이시드로(San Ysidro) 국경에서 국경순찰대 대원들에게 저항하다가 국경순찰대 구치소에서 사망했다.[376] 그는 수갑이 채워진 채로 구타당하고 테이저건으로 가격당한 후 얼마 지나지 않아 사망했다. 연방수사국(FBI), 법무부(DOJ), 국토안보부

(DHS)가 5년간 조사했지만 1993년 로드니 킹(Rodney King) 사건을 연상시키는 비디오 영상에도 불구하고 어떤 위법행위도 발견하지 못했다. 영상에서 로하스(Rojas)는 테이저건에 가격 당하는 동안 배를 땅에 대고 누워있었고 10여 명 이상의 대원들에 둘러싸여 있었다.

그 후로 '남부 국경 공동체 연맹(Southern Border Communities Coalition)'은 국경순찰대원들의 손에 사망한 50명의 사건을 추가로 폭로했다.[377] 이 사건들 중 상당 수가 폭력을 사용한 이민자들과 관련되어 있지만, 나머지 사건들은 해상과 육상에서의 무모한 추격, 이민자들의 생명을 경시하는 관행, 과도한 물리력 사용과 관련되어 있다. 2005년 이후, 과도한 물리력 사용으로 기소가 된 국경순찰대 대원은 3명뿐이다. 이들 중 2명은 지방 검사가 기소하였고, 나머지 한 명은 법무부가 기소하였다.

법무부가 기소한 사건에서 로니 스와츠(Lonnie Swartz) 대원은 멕시코 국적의 12살 아이를 총으로 살해한 혐의로 기소되었다. 그의 주장에 따르면 2012년 멕시코 국경 쪽에서 그 소년이 대원들에게 돌을 던지고 있었고 울타리를 통해 총기를 발사했다고 한다. 4년이 지난 후에도 사건의 재판은 계속 미뤄졌고, 사건 상황이 녹화된 영상은 봉인되었다.[378] 이전 사건들 중에는 어느 것도 유죄판결이 선고되지 않았다. 2014년 '미국 이민 위원회(American Immigration Council)'의 발표에 따르면, 국경순찰대 대원에 대한 809건의 민원 사건 중에서 겨우 13건에 대해서만 징계처분이 내려졌다.[379] 가장 심각한 사건에서 한 대원이 정직 처분을 받았고, 나머지는 견책(譴責) 수준의 처분을 받았다. 오바마 대통령은 국경순찰대의 책무성 강화를 위해 5백만 달러를 투입하여 바디캠을 착용하게 했다.[380]

군이 개입하는 경우에는 상황이 더욱 악화된다. 1997년 서부 텍사스의 시골에서 국경순찰대와 함께 감시와 저격수로 일하던 미 해병대원들이 염소 사육을 하는 사람을 마약 밀매업자로 오인해서 사살했다.[381] 조사관들은 미 해병대와 국경순찰대가 훈련이나 준비 없이 국경으로 군대를 파견한 것을 강도 높게 비난했다. 주(州)대배심은 방아쇠를 당긴 해병대 대원에 대한 기소를 거부했지만 정부는 피해자 유족에게 100만 달러의 합의금을 지급했다.

수십 년 동안 국가방위군은 도로를 건설하거나 레이더 기지에 인력을 지원하고 조명을 공급하는 등 국경 경찰 활동에 다양한 지원을 해왔다. 국가방위군은 직접적으로 국경 단속이나 법집행에 관여하지 않기 때문에 치명적인 사고에 개입된 적은 없다. 하지만 최근에는 상황이 변화고 있다. 2014년 당시 주지사인 릭 페리(Rick Perry)는 월 천 2백만 달러를 지출하고 텍사스 국가 방위군에게 국경에서 주(州)법령을 집행할 것을 명령했다.382 여기에는 국내 작전에서 민간 법집행 훈련을 받지 않은 수천 명의 중무장 군인들이 참여했다. 이것은 관련 법령의 형식적 적법성을 떠나서 군대를 국내 법집행에 활용하는 것을 금지하는 대민지원법(Posse Comitatus Act)의 정신을 위반하는 것으로 볼 수 있다. 최근에 텍사스 주지사 그레그 애벗(Greg Abbott)은 잠재적인 불법 이민자들과 마약 밀수업자들에 대한 억제 수단으로 군대의 배치를 재허가 했다. 그러나 다수의 지방 관료들은 국경의 군대화와 불법 이민자의 범죄자화에 대해 불만을 제기하고 있다. 히달고 카운티(Hidalgo County) 판사인 라몬 가르시아(Ramon Garcia)는 "여기는 공공의 안전에 대한 위험이 없다. 이 사람들은 마약 밀매업자들도 아니고 테러리스트들도 아니다. 이들은 자신들이 가진 것 보다 더 나은 것을 찾는 인간일 뿐이다."라고 이야기 한다.383

일선현장에서 예산의 부적절한 사용과 부정부패는 여전히 문제로 남아 있다. 2003년 이후, 국토안보부(DHS)는 지역 경찰을 국경 단속 업무에 점진적으로 투입하고 있다. 「불법 이민 개혁 및 이민 책임법(IIRIRA)」 287(g)에 따라 외국인 범죄자 신원확인을 위해 지역 경찰의 협조를 요청할 수 있지만 '스톤 가든 작전(Operation Stonegarden)'은 지역 경찰에게 직접 보조금을 지급하여 다양한 국경 경찰 활동을 담당하도록 했다. 보조금은 초과근무 수당, 마약단속을 위한 특수장비 구입, 불법체류 혐의자 추적, 국경순찰 등에 지출된다. 하지만 그렇게 지출된 재정이 어떻게 사용되는지에 대한 감독은 거의 이루어지지 않았다. 일간지 『애리조나 데일리 스타(Arizona Daily Star)』는 경찰관들에 대한 대규모 초과 근무 수당이 지급된 것을 폭로했다. 때로는 기본급보다 많은 초과 근무 수당을 지급 받기도 했다. 이렇게 부풀려진 급여를 바탕으로 퇴직한 경찰들은 높은 연금을 받게 되고 지역 납세자들이 이것을 부담한다.384

우파 정치인들은 온갖 기술적 수단을 동원하여 국경을 폐쇄하는 방법에 대해 점차 한 목소리로 지지하고 있다. 우리는 도널드 트럼프의 '벽 쌓기' 장려 정책에 익숙하지만 이것은 어제 오늘 일이 아니다. 미국 정부는 수십 년 동안 남쪽 국경을 따라 국경 장벽을 쌓으려 노력해 왔지만, 이것은 막대한 재정 낭비와 훨씬 더 가혹하고 먼 국경지역을 건너려는 이민자들의 죽음 외에는 이렇다 할 성과가 없다. 사실 미국과 멕시코 사이에는 효과적인 장벽을 세울 만한 운송로가 없다. 지형이 너무 복잡하고, 비용도 많이 많이 소요될 뿐만 아니라 국경을 넘는 다른 방법들이 너무 많다. 예를 들면, 멕시코에서 오는 사람들의 40%는 비행기를 타고 와서 불법적으로 비자 기간보다 오래 체류한다.[385] 장벽은 단지 건설만 해 놓고 내버려 둘 수는 없다. 근무자가 배치되어야 하고 관리가 되어야 한다. 국경 장벽은 감시하는 사람이 없으면 벽에 구멍을 뚫고, 넘어가거나 벽 아래에 터널을 뚫을 수 있다. 장벽을 세우면 벽을 따라 대규모 군대를 배치해야 하고, 이렇게 함으로써 더 많은 불필요한 희생이 발생할 것이다. 2006년부터 2014년 사이 국경에서 700개 이상의 터널이 발견되었다. 국경 장벽이 많이 세워지면 세워질수록 틀림없이 더 많은 터널이 건설될 것이다.

미국은 국경 전자 감시시스템 구축을 위해 수십 억 달러를 투자하고 있다.[386] 1980년대 후반부터 정확하고 정밀한 국경단속을 위해 첨단 기술을 사용하려고 시도했다. 이후 10년 동안 '지능형 컴퓨터 기반의 검색과 통합 감시 정보 시스템(Intelligent Computer Aided Detection and Intergrated Surveillance Intelligence System)' 사업에 수 억 달러를 지출했지만 결국에 "기능적으로는 실행이 불가능한" 시스템이 되어 버렸다.[387] 하지만 의회는 단념하지 않고 보잉사에 몇 년 동안 10억 달러를 지원하여 '국경 보안 관리 네트워크(Secure Borders Initiative)'를 구축하도록 했다. 이후 수년 간의 비용초과, 잘못된 관리 및 운영 실패 그리고 정부 회계국(Government Accounting Office)의 비판적인 보고서로 인해, 이 사업은 완전히 폐기되었다.

9 · 11 테러 이후, 첨단화 사업들에 대한 재정지원이 폭넓게 가능해졌다. 누군가 국경을 건너려 할 때 지상 진동, 적외선 이동, 인체 활동 소리를 감지하여 국경순찰대에 경보를

보낼 수 있는 센서 개발에 수억 달러가 지출되었다. 이런 기술은 대부분 비효율적이다. 이런 기술장비들이 작동을 하더라도 대응할 수 있는 조직이 있어야 한다. 게다가 미국은 국경 감시를 위해 수많은 항공기, 헬리콥터, 드론을 활용하고 있다. 그리고 항공기를 이용한 무단 입국을 감시하기 위해 감시풍선을 실험해 왔다. 간혹 풍선이 고정 밧줄에서 분리되어 광범위한 피해를 입히기도 했다.

2장 개혁정책

도널드 트럼프 대통령의 취임으로 국경 경찰을 개혁하려는 의지가 상당부분 약화되었지만, 여전히 우리는 미국 경제의 여러 부문에서 핵심이 된 이주 노동자들의 필요성을 어떤 방식으로 관리해야 하는지 다시 생각해보려고 노력하고 있다.

일부에서는 멕시코인 계절 농장 노동자를 활용하는 브라세로(Bracero) 프로그램과 유사한 외국인 근로자 허가제도로 복귀해야 한다고 주장한다. 이 프로그램은 무단 입국을 감소시켰고 멕시코의 가장 가난한 노동자들을 위해 일부 합법적인 일자리를 창출했지만, 모든 불법 이민을 차단하지는 못했고 미국 노동자나 멕시코 노동자들의 생활수준을 향상시키는 데는 거의 도움이 되지 않았다.

또 다른 문제는 이주 노동자들이 농업 분야에만 국한되지 않는다는 점이다. 이주 노동은 건축, 식품가공, 가사노동, 청소 등 건설업, 제조업, 서비스 산업에서 다양하게 이루어지고 있다. 브라세로(Bracero) 프로그램은 매우 낮은 임금을 지불하기를 원하는 농업 생산자들에게 낮은 임금에 순응하는 노동력을 안정적으로 보장해주었다. 이 프로그램은 고용주들로 하여금 불평하거나 조직화하려는 노동자들을 블랙리스트에 올릴 수 있도록 허용했다. 오늘날 이주 농장근로자들은 최저임금법의 적용을 받지 않고 이들을 위해 강제할 수 있는 산업현장 보호조치가 거의 없다. 이들은 일상적으로 위험한 화학물질에 노출되어 있고, 최소한의 주거, 보건, 교육, 복지서비스를 받고 있다. 새로운 브라세로(Bracero) 프로그램이 시행되어도 이런 문제점을 개선하는 것이 아니라 단지 제도화시킬 뿐이다. 농업 근로자의 생활수준을 높이려면 이들이 조직화할 수 있도록 해야 하고 임금을 올려주며 필요한 보건안전기준을 강제해야 한다. 미국 시민들이 그런 일을 하면서 더 높은 임금을 받을 수 있다면 많은 미국인들이 그런 일자리를 선택할지도 모른다. 하지만 지금처럼 고용주들은 불법 이민자들을 고용하는 것을 선호한다. 왜냐하면 이들은 자신들의 권익을 위해 조직적으로 저항할 가능성이 거의 없기 때문이다.

노조들은 간혹 합법적이든 불법적이든 새로운 이민자들을 배제하면 미국 노동자들의 근로 여건이 저절로 개선될 것이라는 착각을 한다. 비조합원인 불법 이주노동자들이 유입됨으로써 파업이 중지되었던 적도 있지만, 대부분의 경우 실제로 그런 일이 일어나지는 않는다. 대신에, 고용주들은 합법적으로 일을 할 수 있는 소수인종 근로자들에게 의존하는 경우가 많다. 고용주들은 노동자들을 분열시키고 집단 간 불협화음이 생기도록 근로자들 자신이 만들어 놓은 인종적 반감을 의도적으로 이용한다. 백인 조합원들이 압도적으로 많은 노조들은 역사적으로 배제해 왔던 흑인 노동자들에게 피켓 라인(**노동 쟁의 때 출근 저지 투쟁을 위해 파업 노동자들이 늘어선 줄**)을 넘지 말라고 말하는 것이 쉽지 않다.

'미국 노동 총연맹 산업별 조합회의(American Federation of Labor and Congress of Industrial Organizations, AFL-CIO)'는 노동자들의 삶을 개선하는 유일한 희망은 반목이 아니라 폭넓은 연대라는 것을 깨닫게 되었다. 실제로 많은 노조 현장에서는 반이민 정서를 가진 사람들이 많지만 미국 노동 총연맹 산업별 조합회의(AFL-CIO)의 공식 입장은 이주노동자들의 법적 지위와 상관없이 모든 노동자들의 권리를 보호하고 같은 노선을 따라 조직하도록 장려하는 것이다. 강압적인 이민자 단속은 노동 운동을 활성화하는 것이 아니라 산산이 부수게 될 것이다.

트럼프 지지자들이 범한 실수 중 하나는 다른 나라들을 착취하면 자신들의 경제적 여건이 개선될 것이라고 상상한 것이다. 그들은 그런 착취로 인해 고통 받는 사람들은 고려하지 않았다. 그런 상상은 그 과정에서 창출되는 부가 어떻게든 미국 노동자들에게 흘러들어갈 것이라고 가정한다. 지난 20년간의 경험으로 우리는 세계 경제 질서 속에서 기업들의 국가적 충성을 기대하거나 국내 경제 속에서 부를 공유하는 것이 어렵다는 것을 배웠다. 지난 20년 동안 미국의 부는 급격히 증가했다. 하지만 모든 부의 성장은 전적으로 상위 10%에 집중되었다. 나머지 사람들에겐 오히려 임금이 줄어들고 정부의 공공서비스가 축소되었다. 우리의 생활수준은 이민자들 때문에 저하되고 있는 것이 아니라 규제받지 않는 신자유주의적 자본주의 때문이다. 이것은 기업과 부자들이 세금을 납부하거나 적정한 임금을 지급하는 것을 회피할 수 있도록 했다. 바뀌어야 할 것은 바로 이런 시스템이다.

2010년 법무부 소속 '지역사회 경찰 활동 담당관실(Office of Community Oriented Policing Services, COPS)'은 베라 연구소(Vera Institute)에 예산을 지원하여 이민자들이 많이 살고 있는 지역 공동체에서의 올바른 경찰 활동에 관한 연구를 수행하게 했다. 연구소는 수백 개의 기관을 대상으로 설문조사를 실시했고, 8가지 원칙(① 범죄의 근본 원인 파악, ② 자원의 극대화, ③ 파트너십 활용, ④ 취약계층에 대한 집중, ⑤ 폭넓은 현장 지원활동, ⑥ 법집행기관과 지역사회의 훈련, ⑦ 성공 및 실패 사례관리, ⑧ 작동되는 프로그램의 유지)에 초점을 맞췄다. 앞서 비판했던 지역사회 경찰 활동의 이상적인 개념에는 이런 원칙들이 내재되어 있다. 이런 접근 방식은 경찰 자원 및 업무 범위를 확대하고, 경찰 활동의 우선 순위에 기초한 훈련과 지역사회 지원 활동을 통해 지역사회의 대응과 인식을 형성함으로써 경찰을 지역사회 문제해결의 중심에 서게 한다.[388]

경찰관들이 다국어를 구사하고, 문화적 차이를 존중하고, 가장 많은 피해를 당하는 사람들의 요구에 주의를 기울이는 것은 분명히 가치가 있는 일이다. 그러나 베라 연구소는 이런 지역 공동체에 대한 경찰 활동에서의 근본적인 역할 갈등에 대해서는 거의 논의하지 않고 있다. 예를 들어, 성지 도시에 대한 언급은 단 한 가지뿐이다. 몇몇 사례에서, 경찰이 민간인을 통역사와 지역 사회 교육봉사자로 고용하는 것에 대해 긍정적인 평가를 할 뿐이다. 그런데 왜 이런 지역사회의 자원들이 경찰에 속해 있거나 통제 아래에 있어야 하는가? 이런 역할들은 지방정부의 핵심 기능이고 법집행기관과 독립적으로 운영되어야 한다.

만약 우리가 허가받은 이민자든 아니든, 모든 이민자들이 사회에 통합되고, 범죄를 기꺼이 신고하고, 범죄자들로부터 스스로를 잘 방어하기를 원한다면, 모든 연방 이민 단속 정책을 중단하고 이들에 대한 주거와 고용에서의 장벽을 제거할 뿐만 아니라 그들이 지역사회에 활기를 불어넣고 경제를 활성화 시키는 중요한 역할을 한다는 것을 인정해야 한다.

3장 새로운 대안

국경 경찰 활동은 많은 비용이 지출되고 대체로 비효율적이며 대량 범죄화, 인권 침해, 불필요한 죽음, 가족의 해체, 인종차별과 외국인 혐오와 같은 상당한 부작용을 초래한다. 불행하게도, 민주당과 공화당은 제한적인 합법화 제도이건, 국경 폐쇄이건 간에 국경 경찰 활동을 강화하는 정책을 수용하였다. 우리는 얼마나 많은 국경순찰대 대원들을 추가로 채용할 것을 논의하기보다는 전체적으로 국경을 비(非)경찰화하는 방향으로 나아가야 한다. 국경은 본질적으로 불공평하고, 리스 존스(Reece Jones)가 그의 저서『난폭한 국경(Violent Borders)』에서 지적했듯이 불평등을 재현한다. 이런 불평등은 공권력의 폭력과 불법적으로 국경을 넘을 수밖에 없는 굴욕과 위험에 의해 뒷받침 된다.[389]

클린턴 행정부 시절까지 무단 입국이 만연했지만 이것이 미국 경제나 문화의 붕괴로 이어지지 않았다. 사실, 그것은 여러 측면에서 미국 경제와 문화를 강하게 만들었다. 이로 인해 새로운 경제 부문이 창출되었고, 오랫동안 방치되었던 지역이 활성화되었으며 미국을 세계 경제에 더 잘 적응하도록 만들었다. 유럽연합이 회원국 간의 국경의 문턱을 낮추었을 때 범죄조직들이 이익을 얻고 지역문화가 훼손되고 가난한 남부 유럽인들이 북부로 이동함에 따라 대규모 이주로 경제적 혼란을 초래할 것이라는 우려가 있었다. 하지만 그런 우려의 상황은 발생하지 않았다. 실제로는 유럽 연합이 경제적, 사회적 안정을 촉진하기 위해서 가난한 지역을 개발하기 시작했고 오히려 이주가 감소했다.

북아메리카에서도 유럽 연합과 같은 일을 할 수 있었지만 그 반대로 일을 해왔다. 북미 자유무역 협정(North American Free Trade Agreement)은 멕시코에서 농업 생산을 황폐화시키는 결과를 가져왔고 수백만 명을 이주시키고 가난하게 만들었다.[390]

오악사카(Oaxaca)에서 국영 옥수수 농사가 끝나면서 이 지역의 농촌 경제가 붕괴되었고 수십만 명이 미국으로 이주하려고 시도하였다. 유사한 과정이 멕시코 전역에서 발생했다.[391] 마약 관련 폭력은 멕시코와 중앙아메리카로부터 이주해 오는 주요 이유이다. 그리고 이런 폭력은 미국이 마약과의 전쟁으로 과거부터 지금까지 추진했던 마약 금지정책과 직접적으로 관련되어 있다.[392] 우리는 사람을 제외한 자본과 재화에 대해서만 문호를 개방함으로써 사람들로 하여금 이주할 수밖에 없도록 만들었다. 이제는 국경을 개방하고 미국과 멕시코의 가장 가난한 지역을 개발하기 위해 노력해야 한다. 이렇게 함으로써 경제적, 사회적 안정을 도모하고 지역발전으로 이주 규모가 줄어들게 된다. 우리가 현재 국경 경비를 위해 지출하는 연 150억 달러라면 그런 목표를 향해 나아갈 수 있다. 대부분의 사람들은 기회가 주어진다면 이주하기 보다는 그들 자신의 문화적 환경에 머무른다는 것이 증명되었다.

궁극적으로, 우리는 보다 세계주의적 관점에서 바라보고 발전시키는 방향으로 노력해야 한다. 중앙아메리카와 멕시코 사람들은 부분적으로는 미국의 경제 정책 때문에 가난하게 살고 있는 것이 현실이다. 미국은 그 지역에서 민주주의를 전복시킴으로써 끔찍한 빈곤을 만들어내는 데 일조했다. 2009년 미국 정부는 온두라스에서 민주적으로 선출된 좌파 정부에 대항하는 쿠데타를 지지했다. 쿠데타로 집권한 정권은 현재 환경운동가들과 노동운동가들을 고문하고 처형하고 사라지게 하고 있다.[393] 이것은 중앙아메리카 정치에 외국이 직간접적으로 개입했던 일련의 사례들 중에서 가장 최근의 사례일 뿐이다. 과거에 로널드 레이건(Ronald Reagan)이 엘살바도르와 과테말라 독재정권을 지지한 것뿐만 아니라 콘트라스(Contras)의 니카라과의 좌파정권을 전복시키려는 시도가 있었다.

국제 이주가 주로 미국 정부의 정책들에 의해 주도되는 세계화의 한 과정이라고 이해한다면, 미국은 그러한 관행을 끝내고 폭압적인 정권을 탈출하는 사람들에게 문호를 개방해야 하는 의무감을 느껴야 한다. 이민자들은 미국인들보다 낫지도 못하지도 않은 똑같은 인간이고 같은 권리와 기회를 누려야한다. '국제이민운동(International Immigrant Movement)'이 말한 대로, 이주민들은 '기업과 국제 엘리트'와 마찬가지로 국제 이동의 권리를 갖는다. 이 단체는 "우리의 존경을 받을 만한 유일한 법은 편견이 없는 법이며, 모든 사람을 어디서나 보호하는 법이다. 어떤 배제도, 어떤 예외도 없다."고 말한다.[394] 우리는 사람들이 이주해 오는 조건들을 개선하고 그들이 우리가 가진 기회에 접근할 수 있도록 노력해야 한다. 우리는 우리 자신이 만들어 낸 문제들을 해결하기 위해 폭력적이며 억압적인 국경 경찰에 의존할 수 없고 의존해서도 안 된다.

제10편

경찰의 정치화

1장   정치경찰

경찰은 언제나 정치적이었다. 경찰의 정치화는 귀족들과 외국 정치세력의 변화무쌍한 충성심과 이해관계 앞에서 권력을 유지하려는 왕과 왕비의 욕망에 뿌리를 두고 있다. 오늘날 국가들은 경찰을 공공의 안전을 수호하는 정치적 중립을 지키는 조직으로 그리고 있다. 그러나 현실에서 국가는 여전히 감시, 잠입, 함정수사를 통해서 그리고 저항을 억압하며 모든 정치활동을 감시하고 방해하고 있다. 여전히 존재하는 이런 관행들은 근본적으로 경찰의 역할을 변화시키려는 노력에 큰 위협이 되고 있다. 보다 넓은 의미에서는 인종적, 경제적 정의를 구현하려는 목표를 달성하는데 중대한 위협이 된다.

독재정권에서 경찰이 주로 정치적 기능을 충실히 수행하면서 민주주의와 시민사회 세력에 대한 위협이 되는 것을 쉽게 볼 수 있다. 이곳에서 범죄에 대한 통제는 부차적인 임무이다. 아프리카와 라틴 아메리카의 식민지 시대 이후에 들어선 권위주의 정권들은 정적들을 괴롭히고, 위협하고, 살해하기 위해 정복 경찰과 비밀경찰에 의존했다. 엘살바도르395와 과테말라396 같은 지역에서 소위 '민간경찰'은 고문과 초법적 살인의 역사로 점철되어 있다. 1970년대 브라질과 아르헨티나의 독재정권 아래서는 수만 명의 정치인, 노동계 지도자, 예술가들이 실종되었다.397 오늘날 반(半)민주주의 정권들조차도 정치적 역할을 위해 경찰에 의존하고 있다. 예를 들면, 나이지리아 경찰은 범죄 통제에는 비효율적인 조직으로 유명하다. 대부분의 경찰 기관들이 낮은 급여와 제대로 된 훈련을 받지 못하고 있고, 고문, 강탈, 불법구금이 빈번하게 자행되고 있다.398 그러나 반(半)민주적인 나이지리아에서 정치정보 부서와 폭동진압 부대는 가장 선망 받고 권위 있는 보직이다. 이들 조직은 사회 운동과 반대 정치세력에 대한 탄압에 관여할 뿐만 아니라 부정선거와 유권자 탄압에 자주 개입한다.

인도는 민주적이기는 하지만 경찰이 주로 정치적 업무에 관여하고 있다. 영국으로부터 독립한 후, 정치적 감시와 폭동진압에 중점을 두는 식민지 형태의 치안유지 방식을 고수했다. 인도 경찰은 노동쟁의, 민족 갈등, 농민 폭동, '낙살라이트(Naxalites)'와 같은 게릴라 운동을 진압하는 데 집중했다. 범죄와 일상적인 공공안전에 대처하기 위한 노력은 정보 수집을 강화하고 정치활동을 탄압하는 보다 정교한 시스템을 개발하기 위해서 항상 뒷전이었다. 제대로 된 교육훈련과 충분한 인적·물적 자원을 지원받을 수 있는 유일한 조직은 정보부서와 폭동진압 부대들이다.399 정규 경찰들의 부패와 낮은 급여는 고질적인 문제로 남아있다. 농촌지역의 경찰은 보통 지역의 지배계층의 통제 아래에 있다. 이들 지배계층은 경찰을 이용하여 대규모 시골 빈곤층 사람들, 특히 최하위 카스트 계급과 소수민족을 통제한다. 경찰은 일상적으로 이들에 대해 가혹행위를 저지르고, 일상 경찰 활동은 정치인이나 부유층 혐의자를 석방하고 뇌물을 제공할 수 없어 풀려날 수 없는 사람들을 고문하고 투옥하는 것이 일상 경찰 활동의 모습이다. 경찰은 특히 야당을 감시할 수 있는 권한을 부여받고 있으며 아주 철저하게 임무를 수행하고 있다. 단체들은 집회를 개최하기 위해 사전에 경찰의 승인을 받아야하고, 심지어 국제적인 회의나 세미나조차도 사전승인을 받아야 한다.400

이와 같은 치안활동의 기원은 그것을 만들어낸 식민지 역사 속에 깊이 자리 잡고 있다. 이런 치안유지 방식은 19세기 독재적 경찰에서 보다 현대적이고 자유주의적 경찰로의 전환기에 분명하게 볼 수 있다. 유럽의 제국주의 강대국들은 각기 비밀경찰을 운용하고 있었다. 비밀경찰은 정적들을 염탐하고, 심문하고, 투옥하며 때로는 고문을 가했다. 또한, 노동운동, 소수민족, 심지어 자유주의 개혁론자들의 활동에 침투하고 와해시켰다. 프랑스의 경우 중세까지 거슬러 올라가면 여러 형태의 비밀경찰을 가지고 있다.[401] 파리의 규모가 커지고 점차 복잡해짐에 따라 1789년 프랑스 혁명 이전의 구체제(앙시앵 레짐)는 사회통제 메커니즘을 확대하고 전문화시킬 필요가 있었다. 1666년 루이 14세는 경찰국장(Lieutenant of Police)제도를 창설했다. 주임무는 국왕에게 정보를 제공하고 폭동과 정치운동을 진압하는 등 공공질서를 유지하는 것이다. 그러나 이런 조직도 프랑스 혁명으로 이어진 시민 봉기를 예측하거나 막지 못했다.

프랑스 혁명 이후, 새롭게 도입된 경찰부(Ministry of Police)는 보다 민간 기구화 되었지만 마찬가지로 정치화된 조직이었다. 법집행을 강조한다는 수사적인 표현에도 불구하고 경찰은 어떤 정치세력이 집권하든지 권력의 도구가 되었고, 주로 고등경찰(la haute police)로 불리는 정치경찰 활동에 집중했다. 나폴레옹 치하에서 경찰은 더욱 전문화되었고, 보다 명확하게 현대적인 법률 체계로 정비되어 나폴레옹의 해외 군사 원정기간동안 국내 상황에 대한 일일 정보 보고서를 제공하였다. 한편, 군경찰(Gendarmerie)은 시골 지역의 치안을 담당했고, 도시에서는 자치경찰(municipal police)이 치안을 담당했다. 총재정부(Directoire)에서 경찰은 대규모 정보 작전의 중심이 되어 정치적 음모, 감시, 검열에 개입하였다. 오늘날 농촌지역의 군경찰과 국립경찰 모두 국내 정보 수집의 중추적인 역할을 하고 있다. 이런 이유로 "프랑스 국민들은 그들이 원하는 대로 자유롭게 행동할 수 있다. 다만, 경찰의 감독 아래에서 그럴 수 있다."는 말이 나오게 되었다.[402]

한편, 자유민주주의 환경에서의 경찰 활동도 마찬가지로 정치화되었다. 영국경찰(영국경찰의 기원에 대해서는 제2편에서 자세히 논의되었음)은 국내 정치운동 단체를 감시하고 와해시키는 데 자주 개입하였다. 1960년대와 1970년대 영국경찰은 노동조합, 대학, 평화단체에 잠입하여 염탐했고, 조직원들에게서 체제 전복을 하려는 외국 첩자들에 대한 정보를 제공하도록 강요했다. 그리고 정치관련 정보를 찾기 위해서 단체들을 급습하기도 했다. 2011년 '월스트리트 점령(Occupy Wall Street)' 시위 동안에 웨스트민스터 경찰은 지역 상공인들과 개인들에게 공고문을 배포했다. 공고문은 무정부주의자가 있다는 의심이 들면 경찰 대테러 부서에 즉시 신고해 줄 것을 요청하는 내용이었다. 이와 나란히 알카에다(Al-Qaeda)에 대한 공고문들도 함께 배포했다.[403] 경찰은 어떤 증거도 없고 심지어 범죄행위의 혐의조차도 없는데도 일상적으로 정치 활동가들에 관한 정보를 수집한다. 그들의 이념과 철학이 기존 정치질서에 어긋나기 때문이다.

2011년 사건은 영국 '그리핀 계획(Project Griffin)' 추진과 관련되어 있다. 이 계획은 수도 전역에서 대규모 공공기관과 민간기관의 관리인, 보안 책임자, 직원들에게 안전, 대테러, 범죄예방 문제에 대해 조언하고 숙지시키기 위해 수립되었다.[404] 불안한 점은 이런 계획들이 지역 경찰들로 하여금 집회·시위 위험성에 대한 최신 정보를 민간 영역에 제공하도록 한다는 점이다. 그리고 그와 같은 보안정보는 본질적으로 정치적 위험성 평가이다. 보안 정보는 주로 과거 범죄와 테러 활동, 광범위한 국제적 동향에 대한 추상적인 평가를 내용으로 한다. 또한 파키스탄에서 발견된 테러 용의자가 노트북에 런던 지하철 지도를 가지고 있었다는 등 관련성이 없고 동떨어진 토막뉴스 거리들이 제공되기도 한다.

영국에서 경찰 잠입 작전은 평화, 동물 보호, 환경, 무정부주의 단체들을 목표로 삼았고, 잠입 요원들은 단체의 여성 회원들과 성적 관계를 갖기도 했다. 이로 인해 약 백 명 이상의 여성들이 희생된 것으로 추정된다.[405] 한 사례에서는 잠입요원과의 성관계로 피해 여성이 아이를 낳았고, 그녀에게 백만 달러에 가까운 합의금이 지급되었다.[406] 밥 램버트(Bob Lambert)라는 이 요원은 극단주의 동물보호 단체에 깊숙이 침투하고 경찰의 지속적인 잠입수사와 와해 공작을 정당화하기 위해서 모피 코트를 파는 백화점에 폭발 장치를 설치하는 데 관여했다. 바로 이런 임무가 정부 공작요원의 역할이기는 하다.[407]

2장 국내 정치경찰의 활동

정치적 자유에 대한 우려에도 불구하고, 미국 경찰은 권한남용의 오랜 역사를 가지고 있다. 자유민주주의 국가에서 경찰은 사유재산 파괴, 폭력행위와 같은 선을 넘는 정치활동을 막기 위해 존재한다는 근거 없는 믿음이 있다. 그러나 항상 경찰은 범죄의 유무와 관계없이 현재의 경제적, 정치적 상태를 위협하는 움직임을 감지하고 차단하는데 주력해왔다. 극우주의자들의 행동에 대한 조치가 몇 차례 있었지만 대부분의 경찰 대응은 좌파, 특히 소수인종 그리고 미국 대외정책에 도전하는 사람들이 속한 단체에 집중되었다. 보다 최근에는 테러와의 전쟁의 일환으로 이슬람교도들에 대한 감시로 초점이 옮겨졌다.

1908년 법무부는 연방수사국(Bureau of Investigation, BOI)을 창설했다. 1924년 에드가 후버(J. Edgar Hoover)는 연방수사국의 책임자가 되었고, 이후 FBI로 불리게 되는 연방수사국을 대규모 국내 정보수집 기구로 변화시켰다. 연방수사국은 수백만 명의 미국인들에 대한 자료를 가지고 있었고, 여기에는 정치인, 활동가, 유명인들이 포함되어 있었다. 최초로 현대적인 연방 정보수집 기관이 탄생하게 된 배경은 1901년 맥킨리(Mckinley) 대통령 암살부터 1910년 로스앤젤레스 타임즈(Los Angeles Times)와 1920년 월스트리트(Wall Street) 폭파사건까지 20세기 초반에 끊임없이 발생했던 파업, 폭파, 암살 사건들과 여기에 연루된 무정부주의자들과 공산주의자들에 대한 우려에서 시작되었다. 이들에 대한 우려와 일련의 사건들로 인해 무정부주의 관련자들, 노동조합원들 그리고 빈번하게 정치적 성향과 관계없이 이탈리아 노동운동가들을 겨냥한 보복이 끊이질 않았다.[408]

러시아 혁명의 여파로 '적색 공포(Red Scare)'의 거대한 물결이 온 나라를 뒤덮었다. 미국에서도 혁명적인 공산주의 단체들이 있었지만 그들의 영향력이라는 것은 조직적이라기보다는 그저 이념적인 수준이었다. 이들은 신문이나 전단지를 발간했지만 실제로 노동조합과 연계된 경우는 거의 없었다. 하지만 법무부는 이들에 대한 정보를 수집하였고, 후버(Hoover)의 연방수사국은 공산주의자로 의심되는 20만 명 이상의 사람들에 대한 카드

식 목록을 만들 것을 주장했다. 1919년 연이은 폭파사건들 이후 이들에 대한 감시는 조직 와해로 전환되었다. 하지만, 후버 자신이 기록에서 분명히 밝혔듯이 이들 조직 중 누구도 폭력을 조장하거나 무력 봉기를 계획하는 위치에 있지 않았다. 감시 대상이었던 가장 위험한 무정부주의 단체 2곳의 전체 조직원이 37명에 불과했다.[409]

1919년 법무부장관 미첼 팔머(A. Mitchell Palmer)는 사회주의, 공산주의 그리고 무정부주의에 동조하는 사회운동을 저지하기 위해 전국적인 단속 작전을 시작했다. 그는 미국 정부를 폭력적으로 전복하려는 세력과 이를 지지하는 모든 사람들을 추방할 수 있도록 하는 새로운 이민법을 적용했고, 소련 혁명을 지지하는 단체는 형식적으로 비폭력 정치개혁 노선을 추구하더라도 미국 정부의 폭력적인 전복을 지지하는 것이라고 주장했다.

'팔머의 기습단속(Palmer Raids)'으로 알려진 법집행으로 수천 명의 좌익 성향의 작가와 사회운동가들이 체포되고 추방되었다. 이들 중에는 1919년 엠마 골드만(Emma Goldman)도 포함되었고, 그녀는 귀화한 미국 시민권자임에도 불구하고 체포되었다. 1920년 1월 팔머는 지역 경찰들과 공조하여 체포, 심문, 불법 감금과 추방을 포함하는 대대적인 작전을 펼쳤다. 이 작전으로 수천 명의 사람들이 체포되었고 미국인들도 다수 포함되었다. 특히, 언론인들이 목표가 되어 서류가 압수되고 신문이 폐간되었다. 많은 사람들이 목욕, 음식, 변호사 접견이 허용되지 않은 채로 몇 주 동안이나 지하실과 건물 복도에 갇혀 있었다. 또다른 사람들은 구타를 당하거나 고문을 당했고, 재소자 한명은 창문으로 뛰어내려 사망한 일도 있었다.[410] 버팔로의 경찰서장은 "그들을 벽에 줄을 세워서 총을 쏠 수 없는 것이 안타깝다."는 말을 했다고 한다.[411] 그리고 매사추세츠 주(州) 장관은 "만약 내가 내 방식대로 한다면 매일 아침 그들을 마당에 데리고 나가서 총을 쏠 것이고, 그 다음날 그들이 유죄인지 아닌지를 알아보는 재판이 열릴 것이다."라고 말했다.[412]

결국, 나중에 밝혀진 일이지만 팔머의 기습단속은 불법적인 법집행으로 밝혀졌다. 하지만 수백 명이 추방되었고, 많은 단체들이 와해되었으며 인명 피해가 있었다. 공식적으로는 무장혁명을 사전에 차단하는데 중점을 두었다고 하지만 실제 목표는 급증하는 노동운동을 붕괴시키는 것이었다. 게다가, 팔머는 공산당과 같이 아프리카계 미국인들의 동등한 권리를 주장하는 단체들을 공격의 대상으로 선별했다. 그는 공산당이 흑인들에게 파업할 권리가 있다고 선동하는 것에 경악하였다.[413]

'팔머의 기습단속'으로 인한 인권침해 이후 FBI는 정치활동에 대한 정보 수집에 있어서 다소 제약을 받았다. 그리고 냉전체제에서 소련과 같은 강대국에 대한 미국의 우려는 의회의 FBI에 대한 감시 기능에 일정한 제약으로 작용했지만 미 의회는 FBI의 심각한 문제들에 대해서 의회 차원의 조사를 진행했다. 그러나 반공주의가 극에 달했던 맥카시(McCarthy) 시기에 연방수사국은 계속해서 '이미 알려진 공산주의자들'을 색출해내고 위협하는데 중요한 역할을 했다. 1960년대 FBI의 방첩 활동 프로그램(Counter Intelligence Program, COINTELPRO)은 수백만 명의 합법적인 활동가들의 정보를 수집하였고, 공작 편지, 첩자, 공작원을 활용하여 사회운동 조직을 와해시키는 데 개입했다.[414] 마틴 루터 킹(Martin Luther King)과 같은 유명 인사들의 전화를 도청했고, 정보를 수집하기 위해 FBI 요원들이 회합에 은밀하게 참석하거나 버젓이 드러내놓고 참석하였다. 또한, 이들은 겁을 주는 형태의 하나로 일부러 눈에 띄도록 행동하기도 했다. FBI는 단체 내 첩자들을 심어 놓고 정보를 수집했다. 또한, 사람들에게 거짓 혐의를 만들어 불화가 생기도록 하거나 폭력적인 행동을 취하도록 제안함으로써 단체와 그 지도자들을 불신하게 만들고 함정에 빠뜨렸다.

불행하게도 지역 경찰의 활동에 대해서는 견제가 거의 없었다. 프랭크 도너(Frank Donner)는 지역의 경찰 정보 기구였던 '레드 스쿼드(Red Squads)'의 자세한 역사 기록에서 어떻게 미국의 대규모 경찰기관들이 많은 자원을 정치경찰에 투입했는지 그리고 정치경찰 활동이 극우정치, 민간기업의 이익, 부패와 밀접한 관련이 있는지를 보여주었다.[415]

19세기 후반 20세기 초 이민물결과 산업화가 경제적, 사회적 사회 지형을 변화시키면서, 지역 경찰은 노동운동을 진압하는 데 점점 더 자주 개입하였다. 1930년대까지만 해도 미국에서는 노조를 설립하거나 파업을 할 수 있는 실질적인 권리가 없었다. 노조활동가들은 일상적으로 해고되고, 마을에서 쫓겨났으며, 때로는 회사가 고용한 사람이나 경찰에 의해서 살해되기도 했다. 파업은 협박이나 파업불참자들을 이용하여 방해했고, 필요할 때는 폭력을 사용하여 진압했다. 이 시기에는 핑커튼사(Pinkerton)와 같은 사설 보안업체들이 이런 일들을 도맡아 처리했다. 이들은 수많은 노동현장에서 구타와 총격, 노조 잠입에 관여하였다. 대표적인 사례는 1892년 '홈스테드 파업(Homestead Strike)'이다. 이 사건에서 회사 경비원들과 노동자들 사이에 총격전이 벌어졌고 양측 모두 여러 명의 인명피해가 발생했다. 결국 지역 민병대가 소집되어 파업노동자들을 진압하고 노동조합을 와해시켰다. 1930년대까지 핑커튼사는 수많은 노동조합에 1,300명 이상의 스파이들을 심어 놓았고, 이들은 고용주를 위해서 노조활동을 방해했다.

대부분의 지역에서는 지역 경찰이 파업을 진압하는 데 큰 역할을 했다. 경찰의 파업진압은 정치적 부패의 과정을 통해 이루어지는 경우가 많았다. 왜냐하면, 경찰은 특히 고위직의 경우 경찰의 채용과 해고에 상당한 영향력을 갖는 지역 선출직 관료들의 영향력 아래에 있기 때문이다. 19세기와 20세기 초 많은 지역에서 경찰은 지역 정치인들에 의해서 직접 임명되었다. 이때 임명은 정치인들에 대한 정치적 지원과 상당한 뇌물을 바탕으로 이루어졌다. 그리고 선출직 관료들은 대규모 사업체를 운영하는 고용주들에게 뇌물이나 정치적 후원을 받는 경우가 많아서, 사업가들은 노동자들과 문제가 생겼을 때 지역 경찰에게 도움만 요청하면 되었다. 지역 경찰은 파업을 진압하고, 회합을 해산시켰으며 노조의 우두머리로 지목되는 사람들을 협박하고 이들에게 물리력을 사용하기도 했다.

세기의 전환기 무렵에는 노동계의 불안과 폭력성이 커졌고, 대부분의 주요 대도시에서는 특별전담부대가 창설되었다. 초기에는 무정부주의자들을 주요 목표로 삼았고, 이들은 강경한 노동투쟁을 이끌고 수차례의 폭탄테러와 암살에 관련되어 있다는 혐의를 받았다. 경찰은 혐의가 있는 것으로 의심되는 무정부주의자들과 급진적인 노동운동가들에 대한 방대한 자료를 수집하여 관리하기 시작했다. 세계 산업 노동자 조합(Industrial Workers of the World, IWW)의 조합원들은 경찰의 감시와 사찰의 주요 대상이었다. 회합이 저지되었고 의심되는 무정부주의자들이 빈번하게 체포되었다. 때로는 1927년 사형이 집행된 사코(Sacco)와 반제티(Vanzetti) 사건처럼 날조된 혐의로 체포되는 일도 있었다.

볼셰비키 혁명의 여파로 사회적 관심이 공산주의로 쏠렸고, 공산주의자들과 그 동조자들은 증가하는 노동운동을 진압할 방법을 찾기를 바라는 고용주, 정치지도자, 경찰의 주요 관심사가 되었다. 공산주의자 감시와 단속을 담당하는 레드 스쿼드는 제1차 세계 대전 후에 조직이 확대되었다. 일반적으로 레드 스쿼드는 비밀리에 움직였고, 후버의 연방수사국(BOI)이나 지역 고용주들과 긴밀하게 공조하여 운영되었다. 파업을 해산시키는 데 도움을 준 수사관들은 고용주들로부터 비공식적인 거액의 보너스를 받는 경우가 많았고, 이것은 비밀스런 정치경찰 체제에서 생겨난 수많은 부패 유형 중 하나에 불과했다. 또한, 고용주들은 정보원과 잠입요원들을 위해 현금을 제공하기도 했다. 이와 같은 방식은 공공의 이익과 사적 이익의 경계를 모호하게 만들었고, 선출된 민간 정부 통제 아래에서 경찰이 독립적으로 운영된다는 핵심 가치를 훼손시켰다.

1940년대와 1950년대에 걸쳐 레드 스쿼드는 공산주의와 관련이 있는 것으로 의심되는 사람들에 대한 블랙리스트를 작성하는 데 중요한 역할을 했다. 이 과정에서 FBI가 역할을 하였지만 점차 지역 경찰이 이를 대체해 나갔다. 지역 경찰은 상호 정보를 공유하면서 정부 또는 노동운동 내에 있는 공산주의자들을 색출하고 폭로하는 의회 위원회에 직접 정보를 제공하기도 했다. 1956년 새로운 독립 기구인 '법집행 정보 부대(Law Enforcement Intelligence Unit)'가 창설되었다. 이 기구는 경찰기관 간 범죄조직과 정치활동에 관한 정보를 공유하도록 하는 목적으로 설립되었다. 부분적으로 연방 보조금을 지원받지만 사적 조직의 성격을 갖기 때문에 어떤 형태로든 정부의 감시와 감독을 받지 않고 운영되었다.[416]

레드 스쿼드가 수집하는 자료의 주요 출처는 극단적인 국가주의 단체들과 연계된 자원봉사자들이다. 대표적인 단체들은 '미국 수호 연맹(American Protective League)', '미국 재향군인회(American Legion)'와 스펠만 추기경(Cardinal Spellman)의 '반공주의 십자군회(Anti-communist crusade)'에서 주도하는 카톨릭 활동가들이 있다. 이들은 활동자금을 제공 받고, 회합을 저지하거나 공산주의자로 의심되는 사람들을 폭행하고, 위협하는 등 물리적 수단을 사용하였고, 심지어 경찰이 수집한 관련 자료에 접근할 수 있었다. 또한 지역 고용주들과 정보를 공유했고, 이들이 제공하는 정보는 블랙리스트 작성에 중요한 자료가 되기도 했다.

1960년대에는 시민권 운동가, 평화 운동가, 과격 학생 운동가들에게로 초점이 옮겨졌다. 레드 스쿼드는 확산되고 있는 사회운동을 추적하고 차단하기 위해 대규모 자료 관리 시스템을 개발했다. 사회운동에 참여하는 대부분의 사람들은 비폭력적이었지만 경찰은 이들의 체포 전력과 이들이 참여하는 사회운동과 관련하여 폭력이 일어났다는 사실을 이용하여 이들에 대한 감시를 정당화하고 경우에 따라서는 적극적으로 조직을 와해시켰다. 하지만, 체포와 폭력은 실제 범죄행위에 의한 것이 아니라 차별적인 경찰의 법집행에 따른 결과일 때가 많았다.

연방 차원에서의 '방첩 활동 프로그램(COINTELPRO)'이 시민권 운동 단체를 와해시키기 위해 노력했지만, 극좌익 흑인 인권단체인 '블랙 팬더(Black Panther)' 지부를 급습하여 수많은 지역 및 전국 지도자들을 살해하고 투옥했 것은 로스앤젤레스, 시카고, 뉴올리언즈 및 기타 도시의 지역 경찰들이었다. 또한, 시카고, 뉴욕, 워싱턴에서 베트남전 반대 시위를 폭력적으로 진압한 것도 지역 경찰이었고, 버밍엄, 셀마, 몽고메리, 앨라배마에서 시민권 운동가들을 구타하고 투옥한 것도 현지 경찰이었다.

1971년 한 무리의 활동가들이 펜실베이니아주 메디아(Media)의 FBI 사무실에 침입하여 '방첩 활동 프로그램(COINTELPRO)'을 확보했고 이를 폭로했다. 여기에는 마틴 루터 킹(Martin Luther King)을 강제추행으로 자살하도록 시도했다는 것을 보여주는 문서들도 포함되어 있다.[417] 세간의 이목을 끄는 일련의 의회 청문회, 수사, 소송이 뒤따랐고 대중들은 경찰 스파이들의 비밀 네트워크에 대해서 많은 사실을 알게 되었다. 일부 경찰기관들은 자료를 제공할 수밖에 없었지만 다른 기관들은 자료를 파기하고 은닉하려 했다.[418]

2016년까지만 해도 뉴욕경찰청은 법원이 보존 명령을 내린 1960, 1970년대 비밀 작전 서류들로 가득 찬 보관소가 소실되었다고 주장했다.[419] 수차례의 법원 명령, 관련 법률들과 연방정부의 개입으로 많은 수의 레드 스쿼드가 폐쇄되었고 남은 조직들은 활동에 훨씬 더 엄격한 제약을 받게 되었다. 법원에서의 해결은 결국 규제와 감독으로 귀결되었다. 정보부서는 그들의 활동을 범죄 행위가 계획되거나 이미 저질러진 사건들로 제한했고, 비밀리에 임무를 수행하거나 정보원을 고용하기 위해서는 사전 승인을 받도록 했다. 사안에 따라 독립적인 감사관에게 관련 자료를 검토할 권한을 부여하였고, 합법적인 시위나 정치 집회에 참여하는 사람들을 사진이나 비디오로 촬영하는 것이 제한되었다.

이러한 개혁방안들은 정치경찰 활동 범위를 명확히 하고 제한하는 데 중요한 역할을 했지만, 일시적이고 불완전한 조치였다. 문제는 어떤 범죄행위라도 정보수집과 조사 활동을 개시하는데 충분하다는 점이다. 시민 불복종 운동은 사회운동의 중심이 되었기 때문에 사실 거의 모든 사회운동은 엄밀히 말해 어떤 형태로든 불법적인 행위와 관련된다. 결국, 정보부서들은 이들에 대해 계속해서 정치활동을 감시할 수 있다.

한편, 9·11 테러 이후 경찰은 테러 방지라는 명분 아래 정보 수집 인프라를 재구축했다. 뉴욕에서는 뉴욕경찰청이 경찰의 사찰 관행에 중대한 제약을 가하는 '핸드츄 합의(Handschu Agreement)'를 완화하기 위해 법원에 제소했다. 법원은 시위와 테러 사이에 상상할 수 있는 연관성이 거의 없음에도 불구하고, 시위자들을 촬영하는 것을 재개하도록 허용했다. 또한, 거의 규제받지 않고도 정보원과 비밀공작원을 활용할 수 있도록 했다. 뉴욕경찰청 정보요원들은 2004년 뉴욕에서 열린 공화당 전당대회에 항의하는 운동가들에 대한 광범위한 정보를 수집했다. 정보수집 대상은 행사 주최자들, 프리랜서 언론인들과 폭력 전과가 전혀 없는 잘 알려진 단체들이 포함되었다.

체포된 사람들은 그들의 정치적 신념, 연계된 조직 그리고 사회적 관계에 대한 심문을 받았다. '뉴욕 시민 자유 연맹(New York Civil Liberties Union)'이 이것을 폭로한 후, 뉴욕경찰청은 자발적으로 이런 관행을 중단하기로 합의했다.[420] 그러나 2015년 '흑인 인권 보호(Black Lives Matter)' 운동의 과정에서 체포된 운동가들이 경찰로부터 유사한 '정치적' 심문을 받았다고 한다.[421]

2010년 '미국 시민 자유 연맹(American Civil Liberties Union)'은 2001년 이후 33개 주에서 합법적인 정치활동과 시위에 대해서 수백 건의 경찰의 사찰이 있었다고 폭로했다.[422] 2003년 오클랜드 경찰은 경찰폭력에 반대하는 단체에 잠입요원을 침투시켜 시위대의 행진 경로를 포함하여 행사를 계획하고 조정하는데 적극적인 역할을 하도록 했다. 이 사건은 근본적인 이해충돌과 경찰권 남용을 드러냈고 경찰이 소극적인 관찰에서 적극적인 조작으로 선을 넘은 것이었다. 시위의 대상이 경찰 자신이었다는 점에서 비난이 더욱 가중되는 사건이다.

3장 합동 테러 대책반(Joint Terrorism Task Force)과 융합센터(Fusion Centers)

정치경찰의 중요한 기구 중 하나는 '합동 테러 대책반(Joint Terrorism Task Force, JTTF)'이다. 1980년대 창설된 이 기구는 테러 위협을 색출해내기 위해 연방과 지역의 법집행기관을 결합한 것이다. 테러 위협이 흔치 않기 때문에 기구의 역할이 정치활동을 감시하는 쪽으로 옮겨진 것으로 보인다. 합동 테러 대책반은 어떠한 공식적인 감독을 받지 않고 움직였다. 특히, 지역 단위에서는 어떠한 제약도 없이 활동했다. 이런 문제들로 인해 포틀랜드(Portland), 오리곤(Oregon), 샌프란시스코(San Francisco)와 같은 대도시에서 합동 테러 대책반을 철수했다. 하지만, 9·11 테러 이후 의회는 정치적 공작활동에 대한 제약을 상당부분 없앴다. 환경운동이나 동물 보호 운동의 변두리 조직에서 몇 차례의 정치적 폭력 사건들이 있었지만 합동 테러 대책반은 이와 상관없이 전면적이고 무차별적인 사찰활동을 했다. 실제 이들의 활동 범위는 알려진 바가 없다. 왜냐하면 이들이 거의 합법적인 활동을 하지 않았고 실제 활동을 알기 위해서는 비밀 누설이 필요하기 때문이다.

2002년 덴버 정보부서가 가지고 있던 바인더를 통해 '합동 테러 대책반의 사건 목록(JTTF Active Case List)'이 밝혀졌다. 여기에는 미국 프렌드 교회 사회 복지 사업회(American Friends Service Committee), 중동 평화를 위한 콜로라도 캠페인(Colorado Campaign for Middle East Peace), 덴버 정의와 평화 위원회(Denver Justice and Peace Committee) 그리고 록키 마운틴 독립 미디어 센터(Rocky Mountain Independent Media Center)가 정보수집의 대상이었다고 나온다.[423] 2003년 월스트리트 저널(Wall Street Journal)은 덴버 합동 테러 대책

반이 무정부주의자들과 정치적 과격론자들을 FBI의 폭력조직과 테러조직 파일에 추가했다고 보도했다.[424] 2008년 '미국 시민 자유 연맹(American Civil Liberties Union)'은 매릴랜드 주(state) 경찰이 53명의 개인과 20개 단체를 테러리스트로 분류하였고 수년간 지역의 사형사건과 평화 운동가들을 염탐해 왔다는 사실을 폭로했다. 테러리스트 자료는 지역 합동 테러 대책반에 전달되었고 연방과 지역 법집행기관들에게도 공유되었다. 그러나 사찰 자료의 어디에도 이들이 불법적인 행위를 했다는 것은 나와 있지 않았다.[425]

2010년 9월 24일 합동 테러 대책반 수사의 일환으로 FBI 요원들이 몇 사람의 주거지를 급습했다. 이들은 팔레스타인과 콜롬비아에 대한 미국 정책에 반대하는 활동을 하고, 2008년 미네소타(Minnesota) 주(州) 세인트 폴(Saint Paul)에서 열린 공화당 전당대회에서 시위를 계획하는데 참여했던 사람들이다. 수색영장은 컴퓨터 자료와 테러 조직에 대한 지원 혐의를 입증하는 자료에 초점을 맞췄다. 이들은 콜롬비아 무장혁명군(FARC)과 헤즈볼라(Hezbollah)와 같은 외국 테러 조직을 지원하기 위해 미국 내 다른 사람들을 콜롬비아, 팔레스타인, 기타 다른 지역으로 이동하는데 편의를 제공한다는 혐의가 있었다.[426] 23명이 대배심에서 선서하기 위해 소환되었지만 모두 거부하였다. 어떤 범죄혐의도 없었고 범죄행위로 인한 특정 기소도 이루어지지 않았다. 결국, 정치적 이유로 수사가 개시되었다는 주장이 제기되었다.[427]

실제 폭력적인 공격행위와 연관된 증거를 확보하더라도 합동 테러 대책반은 공격을 예방하고 테러리스트들을 기소하는데 제대로 역할을 하지 못했다. 텍사스 포트 후드(Fort Hood)에서 니달 말릭 하산(Nidal Malik Hasan) 소령이 13명을 사살하기 전 해에 합동 테러 대책반은 그가 극단주의적인 시각을 가지고 있고 파키스탄과 관련되어 있다는 것을 알았지만 어떤 조치도 취하지 않았다.

9 · 11 테러 이후 등장한 또 다른 정치경찰 형태는 연방 기관들이 잠재적 테러 위협에 대한 정보를 공유하도록 돕기 위해 만들어진 '융합센터(Fusion Center)'이다. 이제는 대응방식이 "모든 위험과 모든 범죄"를 다루며 주(州)와 지역의 파트너, 민간 영역의 이익단체,

군을 포함하는 기관 융합적인 형태로 전환되었다.428 합동 테러 대책반과 마찬가지로 융합센터도 명확한 책임의 범위가 없었다.429 한 상원의원의 보고서에 따르며, 융합 센터가 테러 행위를 사전에 예방했다는 어떤 자료도 없다고 한다.430 반면, 이 조직은 정치적 행동주의와 테러리즘의 구분을 모호하게 결합시키고, 비폭력적인 정치운동에 대한 정보활동을 조직적으로 수행하는데 중심적 역할을 했다. 2008년 매사추세츠 미국 시민 자유 연맹은 융합 센터의 표준 운영 절차에 관한 문서를 입수했다. 이 지침에 따르면 어떤 범죄행위와도 관련이 없는 공개회의에 대해서도 감시와 정보수집이 허용되었다. 그리고 시민 불복종 운동과 같은 불법적 행위를 옹호하는 익명의 연설이나 소셜미디어 게시물이 단 한 개라도 있다면 전면적인 수사가 개시될 수 있었다.431

2009년과 2010년 두 곳의 융합센터에서는 제3당 후보 지지자들을 민병대 운동과 결부시켜 잠재적 위협으로 등록했다. 이들 중에는 자유주의자인 론 폴(Ron Paul) 지지자들이 포함됐다.432 펜실베이니아 국토안보부는 환경, 평화, 동성애자 권리 단체를 감시하기 위해 컨설턴트를 고용하여 활용하고 있고, 이렇게 수집된 정보를 지역 기업들에게 보고하고 있는 것으로 밝혀졌다. 이들 기업들 중에는 허쉬사(Hershey Company)와 정치적으로 복잡한 이해관계가 얽힌 석유와 가스 회사들이 포함되어 있다. 일부 보고서에서는 비폭력적 정치운동 단체들을 알카에다(Al-Qaeda)와 연관지었다. 한편, 감시업무 관련 업체들은 이들 기업들 상당수와 경비용역 계약을 체결하고 있었다.

또한 융합센터는 '점거 운동(Occupy Movement)'을 감시하고 지역 단위에서 이러한 운동을 해산시키기 위해 조직적으로 개입했다. '미디어와 민주주의 센터(Center for Media and Democracy)'의 보고서에 따르면, '테러 담당 연락관(Terrorism Liaison Officer)'들이 피닉스(Phoenix) 점거운동 활동에 대해 감시하고 관련 정보를 보고하고 있었다. 테러 담당 연락관들은 회합이나 시위 참여, 조직 잠입 그리고 소셜 미디어 팔로잉을 통해 정보를 수집하였고, 대도시의 경찰서장들, '경찰 집행부 연구 포럼(Police Executive Research Forum)'과 전국의 융합 센터들은 적극적으로 일일 참가 인원수를 집계했다.

또, 보고서에는 테러 담당 연락관들이 '스팅레이(Stingray)' 휴대폰 감시 장비, 안면인식 장비, 데이터 마이닝 프로그램을 활용하였다고 명시되었는데, 이것은 정치 운동가들의 사생활 보호와 그들 단체의 비밀 보호에 중대한 위협이 될 수 있다고 밝혔다. 그리고 이들 정보기관들은 월스트리트 점거 운동의 표적이 된 은행과 다른 금융기관을 위해 정기적인 보고서를 작성했다. 한편, 해킹 위협에 대한 보고서에는 간혹 '익명성(Anonymous)'과 '점거(Occupy)'라는 연관성이 낮은 개념 때문에 불법적인 해킹과 소셜 미디어를 통한 조직적 활동을 융합시켜서 이것을 '소셜 미디어 점거(Occupy social media activities)'라는 내용으로 가공하기도 했다.[433]

비영리 진보단체인 '시민 정의 기금을 위한 협력(Partnership for Civil Justice Fund)'은 소송을 통해서 FBI가 '점거 운동(Occupy)'이 처음 행동을 실행하기 이전에 이미 이 운동을 테러 위협으로 간주했다는 증거를 밝혀냈다. 나오미 울프(Naomi Wolf)와 일부 사람들이 주장하는 것처럼 연방 정부가 '점거 운동'을 중단시키기 위해 지역 관계기관들을 조직화하고 지휘했다는 주장을 뒷받침 하는 증거는 충분치 않지만, 분명한 것은 연방 정보기관들이 현지 법집행기관들과 협업하며 적극적으로 이 운동에 대한 정보를 수집하였고, 상호간에 그리고 금융기관들과 정보를 공유했다는 사실이다.[434] 결론적으로, 수많은 도시에서 지역 정치지도자들이 '점거 운동'을 위한 야영캠프를 철거하는 결정을 내렸고, 지역 경찰이 이것을 집행했다. 그리고 이런 결정의 시기와 방법은 연방정부 차원에서 조율한 정보 공유로부터 나온 것일 수도 있다.

4장 함정수사

경찰은 국가적으로나 지역적으로 테러와의 전쟁을 해왔고, 이를 위해 대중의 공포를 부채질하며 광범위한 감시와 함정수사를 벌였다. 하지만 공공의 안전은 크게 개선되지 않았다. 글렌 그린왈드(Glenn Greenwald) 기자의 도움으로 내부 고발을 했던 에드워드 스노우든(Edward Snowden)은 헌법상의 원칙들과 실정법을 위반하는 정부의 실제 첩보활동의 실상을 폭로했다.435 미국인들은 그들의 휴대폰과 전자메일이 안전하지 않다는 것을 알게 되었고, 여기에 대규모 통신회사들이 결탁했다는 것을 알게 되었다. 정부는 이런 감시활동을 통해서 아직 단 한건의 테러사건도 적발해 내지 못하고 있다.

2004년 뉴욕경찰은 맨해튼의 해럴드 스퀘어(Herald Square) 지하철역을 폭파하려는 음모를 꾸민 혐의로 24살의 파키스탄 이민자 샤하와르 마틴 시라즈(Shahawar Martin Siraj)를 체포했다. 변호인단은 시라즈가 마약범죄 혐의를 받고있는 고용된 경찰 정보원에 의해 함정에 빠졌고, 이 정보원은 수개월에 걸쳐 음모를 꾸미고 폭파 계획을 추진했다고 한다. 시라즈는 어떤 폭발물도 가지고 있지 않았고, 공격을 위한 시간 계획표도 없었다. 심지어 그는 폭발물에 대해 거의 지식이 없었다. '인권 감시단(Human Rights Watch)'에 의하면, 뉴욕경찰의 자체 기록에서도 그가 불안정하고 지적 한계가 심각해서 매우 인상적이라고 기록되어 있다.436 뉴욕경찰청의 자체 평가에 따르면, 시라즈에게 모의에 가담했는지를 물었을 때 그는 "엄마에게 먼저 물어 봐야 하고, 실제로 참여하겠다고 동의한 적이 없다"고 대답했다. 그럼에도 불구하고, 그에게 유죄 판결이 내려졌고, 30년의 징역형이 선고되었다.

2011년 레즈완 페르다우스(Rezwan Ferdaus)는 펜타곤과 미국 국회의사당 폭파 음모에 가담한 혐의로 FBI에 의해 체포되었다. 그는 자신의 지역 이슬람 사원에 잠입한 FBI 정보원의 표적이 되었고, 이 정보원은 페르다우스를 구슬려 음모에 끌어들였다. 정보원은 그에게 정신장애가 있는 것이 분명했지만 가짜 무기를 공급했다. 계획이 진행되면서 페르다우스의 상태가 급격히 악화되었고, 그는 소변을 가리지 못하고 발작과 극심한 체중 감량에 시달리기 시작했다. 결국 그의 아버지는 그를 돌보기 위해 직장을 그만두어야 했다. 이런 상황에도 불구하고 페르다우스는 테러에 물질적인 지원을 한 혐의로 유죄판결을 받았고, 17년의 징역형이 선고되었다. 이 사건들은 경찰이 테러와의 전쟁에서 승리하고 있다는 증거로 묘사되었다.

뉴욕경찰청은 '인구사회 전담반(Demographics Unit)'이라고 명칭된 정보부서가 추진하는 대규모 비밀 첩보작전에 착수했다. 이 작전은 특별한 이유 없이 도시 전역의 이슬람과 아랍 공동체를 목표로 했다. 언론인 맷 아푸조(Matt Apuzzo)와 아담 골드만(Adam Goldman)이 확보한 자료에 의하면 비밀 정보원들이 사원, 카페, 커뮤니티 센터, 대학 캠퍼스에 배치가 되었고, 이들 공동체들의 사회적, 문화적, 정치적 구조와 형태를 파악하고 극단주의 세력의 흔적을 찾기 위해 첩보활동을 했다.[437] 정보원들은 예배당에 오고 가는 사람들, 지역 서점에서의 토막 대화들, 학생회의 사회활동들에 대해 정기적으로 보고하였다.

브루클린 대학에서는 이슬람으로 최근에 개종한 것으로 가장한 비밀 정보원이 이슬람 학생들과 학생회의 환심을 사서 결혼식과 사회행사에 참여했지만, 나중에 관련 없는 다른 사건 때문에 발각이 된 일이 있었다. 유출된 문서를 보면, 경찰 정보원들은 학생회 회원들과 함께 여행을 했고 회원, 활동사항, 초청 강연자에 대한 정보를 보고했다. 그러나 이들 학생회는 과거 범죄 전력도 없었고, 다른 범죄행위에 관한 증거도 없었다. 이 작전은 테러와 관련된 단 하나의 단서도 찾아내지 못했다. 2013년 '뉴욕 시민 자유 연맹(New York Civil Liberties Union)'은 이 작전으로 사람들이 종교의 자유를 침해 당했고, 법에 따라 평등한 보호를 받을 수 있는 권리를 침해당했다고 주장하며 소송을 제기했다.[438] 그러나 2015년까지만 해도 뉴욕경찰은 적법한 허가 없이 계속해서 무슬림들에 대한 감시활동을 수행했다.[439]

이러한 관행들은 비생산적일 뿐만 아니라 경찰에 대한 신뢰를 손상시킨다. 극단주의 폭력에 대한 대부분의 정보들은 지역 공동체 구성원들로부터 얻게 된다. 이들은 악행을 저지르는 사람들에 대해 두려워하고 이에 대한 정보를 제공한다. 하지만, 전체 공동체가 차별과 학대, 불신을 받는다고 느낄 때, 자신의 역할이 오해 받을 것을 두려워하거나 선의로 잘못된 정보를 제공하여 무고한 사람들에게 피해를 줄 것을 두려워해서 나서려 하지 않게 된다. '미국 시민 자유 연맹(ACLU)'의 말을 빌리자면, 이런 방식의 경찰활동은 우리를 덜 안전하고 덜 자유롭게 만들 것이다.

5장 군중통제

미국에서 집회·시위관리 경찰활동은 일반적으로 집회·시위를 어떤 방식으로 관리할 것인지에 대한 전략적 철학을 중심으로 형성된다. 1960년대와 1970년대 초반 경찰은 시위대를 압도하는 물리력으로 대응하는 물리력 의존 모델이 중심이었다.[440] 이에 대응하여 새로운 집회·시위 관리 방식으로 협의 관리 모델이 등장했다. 새로운 방식은 경찰에게 자유 발언권의 보호, 지역사회 혼란의 일정한 용인, 경찰과 시위대 간의 지속적인 의사소통, 체포의 회피, 폭력 상황에서의 물리력 사용 제한과 같은 원칙들을 요구한다.[441]

오늘날 새로운 방식의 두 가지 집회·시위 관리 형태(**명령과 통제 기법, 마이애미 모델**)가 지배적이다. 그러나 두 가지 방식 모두 집회·시위를 할 권리를 심각하게 제한하고 있다. 뉴욕시와 다른 일부 관할구역의 경찰들은 '명령과 통제' 기법을 강조한다. 이 기법은 무질서나 불법적 행위를 제거하기 위해서 집회·시위의 모든 중요한 요소들을 미시적으로 관리한다.[442] 이 접근 방식은 허용되는 행위에 대하여 명확하고 엄격한 기준을 설정한다. 이때 집회·시위 주최 측과 거의 협상하지 않고 일방적으로 결정한다. 이것은 경직된 접근 방식이고 종종 사소한 규정 위반조차도 극한 대립과 물리력에 의존하여 처리된다. 그렇다고 이런 방식이 과거의 물리력 의존 모델로 회귀하는 것은 아니다. 왜냐하면, 이것은 사전계획과 집회·시위의 섬세한 관리를 통해 물리력 사용을 회피하기 때문이다. 이와 같은 접근 방식이 실패했을 때는 물리력이 사용된다. 다만, 물리력은 시위에 대한 통제력을 회복하는 한도에서 사용된다. 이것은 1960년대 보았던 통제되지 않은 물리력의 사용이나 폭동 진압 부대의 활용과는 성격이 다른 고도의 관리시스템이다. 1960년대에는 경찰 감독자들이 거리에서 시위대를 구타하지 못하도록 부하 경찰관들을 쫓아 다니는 것을 볼 수 있었다.

또 다른 집회·시위 관리 형태는 '마이애미 모델(Miami model)'로서 1999년 시애틀에서 열린 세계무역기구(World Trade Organization)회의를 반대하는 시위에 대응하여 전국적으로 등장했던 방식이다. 이것은 2003년 마이애미 경찰청이 '아메리카 자유무역 구역(Free Trade Areas of the Americas)'에 항의하는 집회·시위를 관리하는 기법을 따라 이름이 붙여졌다. 이 방식은 집회·시위 금지구역 설정, 저(低)살상무기의 사용 확대, 시위 조직에 대한 감시, 시위 단체에 대한 부정적 사전 홍보, 선제적 체포, 예방적 구금, 집회·시위 시기와 장소에 대한 제한 확대 등으로 특징지어진다.443

이런 특징적인 대응 전술들은 경찰이 판단할 때 세부적인 관리로 통제될 수 없다고 판단되는 단체들에 적용된다. 예를 들면, 집회·시위 허가를 신청하지 않거나 경찰과 협의하지 않고 직접적인 행동이나 시민 불복종으로 위협하는 단체들이 해당된다. 이런 단체들은 집결하는 과정에서 체포되고 종종 열악한 환경에서 기소 여부를 기다리는 동안 장기간 구금된다. 또한, 경찰의 광범위한 감시 대상이 되고, 폭력 시위를 계획한 혐의로 기소될 수도 있다. 그리고 경찰은 이런 단체들에 대해서 액체 분사기, 최루가스, 고무탄과 같은 저(低)살상무기를 이용하여 높은 수준의 물리력을 사용한다. 한편, 마이애미 모델은 일정 부분 앞서 언급한 경찰의 전체적인 군사조직화 경향에 따라 추진되었다.

일부 사람들은 군사적 방식의 폭동 진압이 신중한 준비태세라고 말하며, 미주리(Missouri)주(州) 퍼거슨(Ferguson)을 예로 든다. 정부 당국이 시민의 생명과 재산을 보호하기 위해서 할 수 있는 모든 조치를 취해야 하지 않을까? 라는 사고방식에는 두 가지 점에서 큰 문제가 있다. 첫 번째는 그런 조치들이 공공의 안전을 증진시킨다는 것이 전혀 명확하지 않다는 점이다. 두 번째는, 불법행위의 위협이나 심지어 인근에서 발생되는 폭력행위 때문에 집회·시위의 권리를 빼앗을 수 없다는 점이다. 퍼거슨에서는 이런 군사적 대응 조치들이 광범위한 약탈과 파괴 행위를 막지 못했다. 지역경찰이나 주방위군(National Guard)도 적절하게 지역 상인들을 보호할 수 없었다. 그들이 할 수 있었던 건 최루가스와 연막탄으로 시위대와 언론을 공격하는 것 뿐이었다.

경찰관들은 실질적인 위협에 주의를 기울이는 것이 아니라 엉뚱한 곳에 주의를 기울이고 있었다. 소수의 흩어진 개인들과 무리들이 지역 상점들을 공격하고 긴장을 더욱 증폭시켰으며, 지역경찰의 신뢰를 떨어뜨렸다. 더군다나 마이클 브라운(Michael Brown)이 경찰의 총격으로 사망한 직후 경찰이 무력으로 대응하고, 지속적으로 공격적인 태세를 취한 것은 시위대에 의한 폭력과 파괴행위가 발생하는데 틀림없이 기여했을 가능성이 있다. 최루가스와 진압봉으로 경찰의 공격을 받은 사람들은 종종 반격으로 대응하거나 소규모로 흩어져 파괴행위에 가담한다. 한편, TV를 보고 있는 사람들은 경찰로부터 공격을 받고 있는 사람들을 보면 거리로 나와 이들을 지켜줘야 한다는 동기부여가 될 수도 있다.

비록 인근에서 폭력이나 파괴행위가 발생하고 있더라도 사람들은 집회·시위를 할 수 있는 권리를 갖는다. 시위대 내에 개별적인 범죄행위가 있을 때 조차도 시위가 전반적으로 평화적 성격을 갖는 한, 경찰은 시위대 전체를 범죄자화하거나 물리력으로 제압하는 것이 아니라 범죄행위에 관련된 사람들만 목표로 삼아 법집행을 해야 할 의무가 있다. 미국 수정헌법 제1조는 집회·시위의 권리를 보장하고 미국 형법은 경찰이 개인의 개별 범죄혐의에 대해서 법집행을 하도록 규정하고 있다. 다른 시위자들이 불을 지르는 동안 시위를 벌이고 있기 때문에 집단적으로 시위대를 처벌하는 것은 기본권을 박탈하는 것이다.

6장 새로운 대안

집회·시위와 관련하여 다음에 소개하는 두 가지 방법이 좀 더 효과적일 수 있다. 첫째, 퍼거슨(Ferguson) 사태의 궁극적 책임을 지는 정치 지도자들이 시위대가 제기하는 문제에 대해 정치적 해결을 시도해 볼 수 있었다. 그리고 주지사는 세인트루이스(Saint Louis) 지역에서만이라도 아프리카계 미국인들의 뿌리 깊은 소외와 차별을 초래하는 경제적, 사회적 그리고 정치적 역학관계에 대하여 진정한 대화를 시작할 수 있었다.

또한, 백인 중산층들이 세인트루이스를 벗어나 교외로 이주하는 것이 용이하도록 설계되어 있어 열악해지는 자치단체의 재정 상황, 학교와 형사사법기관의 근본적인 역할 등을 지역 주민들과 공개적으로 논의하면서 그들의 신뢰를 회복하는 긴 여정을 시작할 수 있었다. 이렇게 함으로써 대런 윌슨(Darren Wilson, 마이클 브라운에게 총을 쏜 경찰관)과 같은 특정 사안들로부터 주의를 돌릴 수 있었을 것이다. 지역 정치인들은 형사 기소가 받아들여질 가능성이 매우 낮다는 것을 알았지만 이로 인해 초래될 분노를 가라앉히기 위해 어떠한 조치도 취하지 않았다.

둘째, 지역 관료들은 시위대에 대한 경찰의 위협적이고 정당성 없는 법집행을 자제시킬 수 있었다. 시위라는 것은 본래 혼란스럽고 무질서한 성격을 갖는다. 세인트루이스 카운티(Saint Louis County)에서 경찰은 시위대를 사회질서에 대한 근본적인 위협으로 간주했다. 설령 폭력사태가 일부 발생했다 하더라도 시위 관리를 위해 실제로 장갑차와 저격수들을 배치할 정당한 이유는 거의 없다. 경찰관의 보호도 중요한 문제지만 경찰의 정당성과 헌법적 권리도 중요한 문제이다.

퍼거슨(Ferguson) 사태에 대응하여 조지아 출신의 하원의원 행크 존슨(Hank Johnson)은 1033 무기 프로그램을 중단하는 법안을 제출했다. 법안 통과는 실패했지만 오바마 대통령이 이 프로그램을 축소하기로 결정한 것에는 기여했을지도 모른다. 그러나 2016년 오바마 행정부는 군수산업체와 지역 경찰의 반대에 직면하여 제한적인 개혁마저 재고하겠다고 발표했다.444 트럼프 대통령은 경찰이 군용 장비를 갖추기를 원하는 경우 해당 지역에서 장비 범위를 정할 수 있도록 하면서 이 프로그램을 확대하려 한다.

인권단체인 '정의를 위한 백만 후드 운동(Million Hoodies Movement for Justice)'과 '미국 시민 자유 연맹(ACLU)'과 같은 단체들은 경찰활동의 군사적 접근방식에 반대하며 전국적으로 조직화 하고 있다. 2016년에 로스앤젤레스 한 고등학생 단체는 LA 교육청에 1033 프로그램에 따라 보유하고 있는 유탄발사기와 자동화무기 등 다양한 군사 장비를 반환할 것을 강력히 요구했다.445 이런 무기 프로그램은 폐기되어야 하고, 군사 장비는 반환하거나 파괴되어야 한다. 무기가 사용되지 않더라도 이런 무기들은 경찰이 대중을 끊임없는 위협으로 바라보고 세상을 선과 악의 이분법으로 인식하게 하는데 기여한다. 인간의 본성은 선과 악이라는 이분법보다 훨씬 더 복잡하고, 그런 미묘한 차이점을 이해하는 것이 부족한 경찰은 반드시 무관용, 공격, 폭력으로 흐를 것이다.

그러나 무기를 없애고 집회·시위 관리를 위해 '협의 관리(Negotiated Management)' 모델로 복귀한다고 해서 문제가 아예 없는 것은 아니다. 협의된 관리는 시위 행동이 질서정연하고 조직적일 때만 유용하다. 이런 접근 방식에서 경찰은 소통할 협력 파트너가 필요하고, 집회의 자유보다 사회질서 유지를 우선시하는 대법원 판결에 따라 집회·시위의 시간, 장소, 방법을 엄격하게 규제하는 제도의 정당성이 전제되어야 한다. 반면, 우리는 파괴적인 저항 운동을 일으키는 정치적 갈등을 줄일 필요가 있다. 그동안 미국 민주주의는 소수의 부유한 후원자들과 기업의 손에 부와 정치권력이 집중되면서 지속적으로 훼손되어 왔다. 집회·시위의 자유가 보장되는 한 앞으로도 논쟁을 일으킬 시위 활동은 계속 증가할 것이고, 정상적인 정치적 해결 경로가 폐쇄되면 거리 정치가 더욱 활성화 될 것이다. 이것은 '티파티(Tea Party)', '월가 점령(Occupy Wall Street)', '흑인 인권 보호 운동(Black Lives Matter)'들이 등장하는 것에서 볼 수 있고, 이들은 모두 기존의 정치체제에서 깊은 소외감을 표현하고 있고 그 대안으로 거리로 나온 것이다.

집회·시위 허가와 경찰 배치 계획에 대한 결정 권한은 경찰의 통제에서 벗어나게 해야 한다. 경찰은 교통관리와 심각한 안전 위험성에 대한 견해를 공유할 수는 있겠지만 결정권은 저항권을 보호하는 법적 틀 안에서 정치활동을 하는 선출직 관료들의 손에 맡겨야 한다. 이렇게 변화된다 하더라도 문제가 없는 것은 아니다. 일부 지도자들은 의심할 여지 없이 일부 집단에만 이익이 되는 방식으로 의사결정 과정을 정치화할 것이다. 그러나 이런 변화는 오늘날 기술 관료주의 틀에 가려져 있는 책임의 경계선을 보다 명확하게 할 것이다. 경찰은 자신들의 위험성 평가에 근거하여 단체들이 언제, 어디서, 어떻게 시위를 할 수 있는지를 결정하는 재량권을 갖는다. 하지만, 항상 경찰의 평가는 정치적 편향성에 의해서 애매모호 했다. 그리고 그런 정치적 영향은 경찰 관료제 뒤에 가려져 있다. 하지만, 항상 경찰의 평가는 정치적 편향성에 의해서 애매모호 했다. 그리고 그런 정치적 영향은 경찰 관료제 뒤에 가려져 있다.

폭력이나 파괴행위에 적극적으로 개입하지 않은 사회운동 단체에 대한 경찰의 감시는 정당성이 없다. 하물며 이런 단체를 적극적으로 와해시키는 것은 더욱 정당성이 없다. 광범위한 감시, 정보 수집, 고용된 정보원과 비밀 공작원의 활용은 중대한 범죄행위에 대한 구체적인 증거가 없는 한, 금지되어야 한다. 그리고 그런 증거가 있다고 하더라도 수사의 범위는 엄격하게 제한되어야 하고 시민들의 감시의 대상이 되어야 한다. 외부의 감시가 이루어지지 않으면 항상 권한의 남용이 발생한다. 넓은 그물망을 던져 잡아들이고 사회 질서를 어지럽히는 단체들의 활동에 개입하고 싶어하는 욕망은 경찰에게 너무나 큰 유혹이다. 정치적 동기에 의한 폭력의 위협이 그렇게 크다면, 경찰이 권한을 남용하지 않도록 외부 감시자들을 참여시키는 것은 어떨까? 비밀 유지와 직업적 전문성을 이유로 반대하는 것은 기껏해야 허울 좋은 핑계이다. 적합한 공익의 수호자를 찾을 수 없다고 생각하는 것은 차등 이유가 안된다. 정치경찰의 권한 남용 사건들과 맞닥뜨린 판사들은 그런 감시자들을 임시직이 아닌 정규직으로 임명하고 모든 기록과 관련자들에 대한 완전한 접근 권한을 부여해야 한다고 한다. 민주주의 기본가치가 요구하는 것이 다름 아닌 바로 그것이다.

테러 사건의 수사에 있어서도 마찬가지로 경찰의 역할은 축소되어야 한다. 팔머(Palmer) 기습 단속에서처럼 경찰은 광범위한 경찰권 행사에 대한 대중의 지지를 얻기 위해서 테러 위협을 심각하게 과장해 왔다. 그리고 경찰권은 비폭력적인 국내 정치 집단에 행사되는 경우가 많았다. 성과를 내야 한다는 경찰의 욕구는 공정한 사법절차에 위배되는 함정수사나 연좌제(緣坐制) 수법을 부추겼지만, 많은 법관들이 이런 행태를 눈감아줘 왔다.

또한, 미국의 국내외 정책이 정치적 폭력을 양산하는 데 기여하고 있다는 것을 명확하게 인식해야 한다. 조지 W. 부시(George W. Bush)는 테러리스트를 '악인'으로 규정함으로써 테러에 대한 사회적 반감을 조성하는데 미국이 역할을 하고 있다는 논란을 잠재우기 위해서 많은 노력을 기울였다. 현실은 중동에 대한 미국의 대외정책이 그런 반미 운동을 고취시켰고, 미국을 그들의 분노에 대한 주요 대상으로 만들었다는 것이다.

미국은 걸프 석유국과의 관계를 재고할 필요가 있다. 이들 국가는 폭정을 펴고 있고 테러리스트들에게 이념적, 재정적 지원을 하고 있다. 또한, 이스라엘에 대한 무비판적인 태도와 양국의 관계를 다시 생각해야 한다. 그 지역에서 이스라엘의 대응 조치들은 매우 불안정했고, 가자(Gaza)지구나 요르단 강 서안(West Bank)지구에서 이스라엘의 태도는 광범위한 혐오감을 불러 일으켰다. 그런 혐오감의 일부가 국내외 테러 형태로 미국에 역류해 왔다.

정치적 폭력을 피할 수 있는 가장 좋은 방법은 국내외에서 정의를 바로 세우는 것이다. 응징, 통제, 그리고 전쟁의 신보수주의 틀을 수용하는 것이 아니라, 인권과 사회적 정의의 틀을 추구해야 한다. 그리고 달성하기에 먼 목표들이지만 이 틀 안에서 정치적 과정에의 평등한 접근뿐만 아니라 보편적 의료, 교육, 주거, 식량을 보장하도록 노력해야 한다.

제11편
결론

지금은 경찰 활동의 근본적인 개혁이 필요한 시점이다. 새로운 교육훈련 체계, 향상된 책무성을 갖추고 경찰 활동의 감독과 감시에 있어서 시민들의 역할을 강화해야 한다. 또한, 전사(戰士)적 사고방식과 군사전술을 없애야 한다. 이젠 경찰이 필수적으로 정신적 장애가 있는 사람들의 문제에 대해 더 많이 배워야 한다. 법을 위반하고, 공공의 신뢰를 저버리거나 시민들을 학대하는 인종차별적이고 난폭한 경찰관들에 대해서 책임을 추궁해야 한다. 또한, 경찰의 조직문화를 변화시켜 더 이상 가난한 사람들과 사회적으로 소외된 사람들을 통제하기 위해 위협과 폭력을 사용하는데 집착해서는 안 된다.

우리가 마주해야 할 더 큰 진실이 있다. 경찰의 기본적인 임무가 변하지 않는 한 이러한 경찰개혁은 어떤 것도 달성될 수 없을 것이다. 여기에는 어떤 기술관료주의적 해결책이 없다. 우리가 어떻게든 이런 변화를 실행한다고 하더라도 정치적 동기에서 추진되는 마약, 무질서, 범죄 등과의 전쟁을 수행해야 한다면 이런 변화들은 무시되고, 저항에 부딪히며 원래대로 되돌아 갈 것이다. 막강한 정치세력들은 강압적, 공격적, 침략적 경찰활동으로 혜택을 얻고 있어, 올바른 일을 해야 한다는 전문적인 주장이나 진심 어린 호소에 귀를 기울이지 않고 이끌려가지 않을 것이다. 그들은 개혁의 구호를 채택하고 몇 가지 시범사업에 재정지원을 할 수도 있지만, 대부분은 가난한 사람들, 유색인종들, 장애인들에 대한 두려움을 부채질하고 경찰에게 가진 자와 못가진 자 사이의 '법의 방어벽'이 되도록 힘을 실어줌으로써 그들의 정치권력을 계속해서 유지하려 할 것이다.

그렇다고 누구도 개혁에 대해 분명하게 설명하고 이를 쟁취하기 위해 투쟁해서는 안 된다고 말하는 것은 아니다. 이런 개혁들은 큰 비전의 한 부분이어야 한다. 그 비전은 사회에서 경찰의 근본적인 역할에 대한 질문과 강압적인 정부 정책이 더 많은 정의를 가져올지 그 반대일지에 대해 의문을 갖게 한다. 오늘날 논의 되는 수많은 개혁 방안들은 그런 근본적인 질문을 던지지 못하고 있다. 오히려 많은 개혁 방안들이 경찰권을 더욱 강화하고 경찰의 역할을 확대하고 있다. 지역사회 경찰 활동, 바디캠 그리고 교육훈련 비용의 증가는 경찰의 정당성에 대한 잘못된 인식을 강화하고, 경찰 활동의 범위를 지역 공동체와 사생활 영역으로까지 확장한다. 그러나 더 많은 재원, 더 많은 기술과 더 많은 권한과 영향력이 경찰 활동의 부담을 덜어주거나 공정성을 증대시키지 못할 것이다. 오히려, 마약과의 전쟁을 끝내는 것, 학교전담 경찰을 폐지하는 것, 무관용 경찰활동을 중단하는 것, 정신건강 관리를 위한 의료 제도를 개선하는 것 그리고 저소득자 주거 지원제도를 만드는 것이 강압적인 경찰 활동을 감소시키는 데 더 많은 역할을 할 것이다.

20세기에는 술과 도박이 합법화되면서 경찰 활동의 두 가지 주요 영역이 없어졌다. 이 두 가지 변화는 공공의 안전을 희생시키지 않고 경찰 활동의 범위를 축소시켰다. 금지정책으로 조직범죄, 폭력, 경찰부패가 크게 증가했지만, 전체 주류 사용 규모에는 거의 영향을 미치지 못했다. 그러나 합법화가 되면서 범죄가 감소했고, 경찰의 직업전문성은 향상되었으며 구금되는 사람들이 줄어들었다.

마찬가지로, 지하복권, 스포츠 베팅과 도박을 근절하려는 성과없는 노력들은 오히려 범죄조직의 힘을 키워주고 경찰부패를 야기하는 등 완전히 역효과를 낳았다. 도박에 대한 정부의 허용적 규제는 재정수입을 높여주었고, 범죄조직의 힘을 약화시켰다. 국영복권 신설, 카지노 규제 그리고 최소한으로 시행된 스포츠 베팅은 국가가 공공의 안전을 희생시키지 않고도 경찰권을 제한했다. 오늘날 성매매와 마약에 대해서도 똑같이 하지 못할 이유가 없다. 경찰 활동과 구금시설에서 절약된 수십억 달러는 사람들에게 일자리를 제공하고 공공의 건강을 증진시키는데 훨씬 더 잘 사용될 수 있다.

우리를 안전하게 지키기 위해서 공격적이고 침략적인 경찰 활동을 참을 필요가 없다. 다른 대안이 있기 때문이다. 경찰, 법원, 교도소에 의존하지 않고도 지역 공동체와 정부의 힘을 이용하여 도시를 더욱 안전하게 만들 수 있다. 이를 위해서는 개인과 공동체에 투자를 해야 하고, 우리 사회의 근본적인 경제적 정치적 구조의 일부를 변화시켜야 한다. 약물 의존, 트라우마 그리고 정신건강의 문제는 지역 사회의 안전과 안정을 해치는 주요 요인이다. 고통 받는 사람들은 강제적인 치료나 재활을 위한 의약품이 아니라 도움을 필요로 한다. 그들은 증거 기반 치료를 하는 훈련된 전문가들의 지원을 받아야 한다. 가장 심각한 개인적인 문제를 가지고 있는 어린 아이들과 10대 청소년들에게도 지속적이고 집중적인 관리와 치료를 통해 도움을 줄 수 있다. 그들에겐 멘토, 상담 그리고 자신과 가족들을 위한 지원 서비스가 필요하다. 이런 종합적인 접근 방식은 기대하는 결과를 보여주고 있고, 젊은이들이 구치소, 법원, 응급실, 보호관찰 그리고 가석방을 반복하게 하는 것보다 비용이 훨씬 적게 든다.

사람들은 실업, 폭력, 고착된 빈곤이 일상인 비정상적인 환경에 자신들의 행동양식을 적응시킨다. 범죄율이 20년 동안 감소했음에도 불구하고, 여전히 폭력이 지역 사회의 가장 중요한 문제로 남아있는 곳들이 있다. 이 지역들은 거의 모두 극도로 가난하고 인종적으로 차별받고 있으며 지리적으로나 사회적으로 소외된 곳들이다. 많은 도시들이 폭력 문제에 대한 대응책으로 더욱 집중적인 경찰활동을 추진해 왔다. 시카고(Chicago), 밀워키(Milwaukee), 샬롯(Charlotte)과 같은 지역에서 최근 범죄가 증가하고 사회적 불안이 가중되는 것은 강압적인 경찰활동을 중단하고 안전을 증진시키는 데 실패했다는 것을 증명한다. 미국에서 가장 차별받고 인종적으로 불평등한 도시들이 가장 폭력이 만연한 도시들이다.

수십 년에 걸친 탈산업화, 주거와 고용에서의 인종차별 그리고 증가하는 소득불균형은 극심한 빈곤 지구를 만들었다. 이곳은 일자리가 거의 없고, 공공서비스가 부족하며 범죄와 폭력이 널리 퍼져있다. 집중적인 과잉 경찰 활동에도 불구하고, 이곳에서 사람들은 불안감을 느끼고, 젊은이들은 자기를 보호하고 약탈하기 위해 계속해서 폭력을 사용한다. 범죄를 줄이고 사회복지를 증진시키기 위한 프로그램들은 인종적 정의를 달성하지는 못하더라도 이러한 여건을 고려해야 한다. 정치권에서는 누구도 이런 현실에 대해서 진지하게 이야기하고 있지 않다. 오늘날 미국의 인종차별은 그 어느 때보다 심하다. 가난한 지역에서는 경찰과 교도소에 재정을 더 투자하는 것이 아니라 더 나은 주거, 일자리 그리고 사회복지, 보건의료, 레크레이션, 교육 서비스에 대한 지원이 필요하다. 하지만 아직도 미국 전역에 걸쳐 제공되고 있는 것은 더 많은 경찰과 교도소들이다. 시카고에서 뉴욕, 캘리포니아까지,[446] 지역 정치인들은 지역사회의 문제에 대한 해결책으로 더 많은 경찰을 채용하고 새로운 교도소를 짓는 것을 고수하고 있다.

또한, 이들 지역사회는 범죄를 줄이기 위한 자신들만의 전략을 개발하기 위해서 보다 많은 정치적 힘과 자원을 필요로 한다. '회복적 사법(Restorative Justice)', '사법 재투자(Justice Reinvestment)'와 같은 개념들은 우리에게 대안을 제시해준다. 사람들을 교도소에 보내지 않고 절약할 수 있는 돈은 마약 치료와 정신건강 서비스, 청소년 프로그램 그리고 지역 사회 일자리 만들기에 사용될 수 있다. 이와 함께 가해자에게는 사회봉사 프로젝트, 청결 유지와 금주 생활 서약, 프로그램 참여 등을 통해 피해자와 지역사회에 보상할 기회를 줄 수 있다. '사법 재투자(Justice Reinvestment)' 운동도 범죄자 수감률을 낮추어 예산을 절감하고, 이것을 범죄율이 높은 지역에 재투자하는 방식이다. 불행하게도, 이런 사업들 중에서 대부분은 결국 형사사법 제도 내에서 예산을 이동시켰을 뿐이고 그 과정에서 지역 사회는 배제되어 어떤 역할도 하지 못했다.[447] 추구하는 기본적인 이상은 타당하고 옳다. 그러나 그 이상을 실현시키기 위해서는 새로운 노력들이 요구되고, 자원을 어떻게 사용할 것인지를 결정하는데 지역사회가 중요한 역할을 해야 한다. 그렇다고 그 수준에서 모든 문제들이 해결되는 것은 아니다. 양질의 주거와 일자리에 대한 접근성 문제 그리고 양극화된 소득구조와 현재 진행되고 있는 주거에 있어 인종차별의 문제들은 다른 차원에서 체계적으로 다루어져야 할 문제들이다. 최저 임금 인상, 환승 노선 복원과 주택 차별 단속은 주로 가난한 지역 밖에서 중요한 문제들로 다루어지고 있다. 범죄가 집중되는 지구를 줄이는데 진정한 진전을 이루고 싶다면, 가난과 사회적 고립에서 벗어날 수 있는 진정한 길을 만들어 주어야 한다.

시카고 '흑인 청년 프로젝트(Black Youth Project)'는 경찰과 교도소에 의존하는 대신에 범죄율이 높은 지역에서 사람들의 삶을 실질적으로 개선할 수 있도록 지역 경제 발전을 위한 사업을 구상하고 있다. 이 프로젝트에서 '흑인들의 미래를 건설하는 안건(Agenda to Build Black Futures)'은 노예제도부터 인종차별정책(Jim Crow)을 거쳐 현재에 이르기까지 아프리카계 미국인들에 대한 조직적 착취의 오랜 유산을 해결하기 위하여 이들에 대한 보상을 제안한다.[448] 또한 빈곤의 경계선을 벗어나 가족들이 살아갈 수 있는 양질의 일자리를 제공하는데 주안점을 두고 있다. 이를 위해 노동자들에게 임금 개선을 위한 단결권을 보장하는 것은 물론, 직접적인 정부 정책을 통해서 최저임금을 인상할 것을 제안했다. 지난 세기 동안 미국 노동자들이 이루어낸 진보적 발전의 대부분은 노조화 과정과 노동현장의 행동주의를 통해 이루어졌다. 그러나 지난 35년 동안 정부는 노동자와 노조의 힘을 약화시키기 위해 노력했다. 민간 영역에서는 노동조합에 대한 보호 장치들이 대부분 폐지되었고, 이로써 대규모 노조 와해 운동과 노조 가입률 감소로 이어졌다. 공공 부문은 더 많은 보호를 받고 있지만, 긴축 경제정책으로 인해 수입이 상당 부분 감소했고, 많은 공화당 정치인들과 보수적인 법원은 적극적으로 노조를 와해시키고 임금을 더욱 낮추는 방향으로 나아가고 있다. 불행히도, 역사적으로 많은 노동조합들이 인종 통합에 저항해 왔고, 일부는 오늘날까지도 믿을 수 없을 정도로 백인중심으로 조직화 되어 있다. 따라서 인종적 정의가 실천되지 않은 상태에서 정부 차원의 노조 보호만으로는 근본적인 문제해결에 충분하지 않을 것이다.

'흑인 삶을 위한 운동(Movement for Black Lives)'도 경제적, 정치적 정의를 위한 계획의 전체적인 윤곽을 제시했다. 여기에는 흑인 공동체들이 만든 우선순위에 따라 학교와 지역 공동체에 보다 많은 투자를 하는 제안이 포함된다.[449] 이들 사업의 중심에는 경제적 정의를 위한 일련의 제안들이 담겨있고, 그 중에는 보상 제도가 포함되어 있다. 이를 통해 불평등을 감소하고, 개인, 가족과 지역사회의 복지를 증진하며 환경을 보호하는 데 활용된다. 또한, 이들은 주요 고용 프로그램, 자유무역과 월스트리트 착취에 대한 규제 그리고 노동자 권리에 대한 강력한 보호를 요구하고 있다. 특히, 형사사법제도에의 재정 투자를 교육, 보건의료 그리고 사회복지로 전환할 것을 강력하게 요구하고 있다. 이것을 가능하게하기 위하여 정치 개혁을 요구하고, 일반 시민들의 참여를 위한 계획을 세우고 있다. 이런 운동이 의미 있는 변화를 가져오게 된다면 이것이 바로 경찰개혁의 모습이어야 한다.

농촌지역도 마찬가지로 도움이 필요하다. 아편 사용의 증가는 농촌의 가난한 사람들의 사회적 지위가 하락하고 파괴적인 마약과의 전쟁이 확대된 것과 밀접한 관련이 있다. 단순화된 보호무역주의와 대외 강경론의 반(反)이민정책 마니아가 장기적인 안정을 가져다 줄 가능성은 적지만, 친환경 분야의 일자리, 인프라 개발, 비독성 식품 생산으로 우리의 농촌지역이 경제적으로 지속 가능하고 살기 좋은 지역이 되어야 한다. '자유무역'을 '공정무역'으로 대체하면서, 좋은 출발점이 될 수 있는 것은 노동권이나 환경보호와 관련된 규제가 거의 없는 해외로 일자리를 옮기는 다국적 기업에게 보조금을 줄이는 것이다.

이런 모든 계획들이 그 자체만으로 모든 범죄와 무질서를 없애지는 못할 것이다. 다양한 계획들이 결합되어야 하고 새로운 아이디어들이 개발되고 실험되어야 하지만, 문제는 이런 과정으로부터 혜택을 받을 사람들은 이것을 실행할 정치적 의지와 힘이 부족하다는 것이다. 미국 문화는 착취, 탐욕, 백인 특권 그리고 원망을 중심으로 형성되어 있다. 이런 것들의 상당부분은 미국의 경제 체제에서 비롯되었지만, 근본적인 경제적 변화를 추진하더라도 하룻밤 사이에 긍정적인 문화적 변화를 만들어 내지는 못한다. 또한, 문화적 규범도 이런 제도들을 변화시키는 노력을 방해한다. 우리에게는 변화를 위한 투쟁 그 자체가 문화적 변혁을 만들어 내는 과정이 필요하다. 그리고 사회적, 경제적, 인종적 정의를 위해 함께 노력함으로써 새로운 가치 체계를 만들고 이것이 현재의 사회체제가 번창할 수 있도록 허용하고 있는 탐욕과 무관심에 대해 의문을 갖도록 해야 한다. 우리가 더 나은 세상을 만들기를 원한다면 상호 존중하는 분위기 속에서 서로를 돌봐야 한다. '흑인 인권 운동(Black Lives Matter)'의 긍정적인 측면 중 하나는 정체성의 차이와 운동을 이끄는 사람들의 다양성을 수용해 왔다는 것이다. 동성애 혐오주의를 수용하면서 인종차별에 대항하는 투쟁을 할 수 없는 것처럼 징벌주의 정책을 수용하면서 대량 구금에 반대하며 투쟁할 수는 없다.

미국의 양대 정당들은 세계 자본이 요구하는 긴축정책을 받아들였다. 신자유주의 운동은 믿을 수 없을 정도로 그들의 주장을 일반화하는 데 성공했다. 그들은 성장을 위한 유일한 방법은 소수의 경제 엘리트들의 창조적 힘을 발휘하게 하는 방법밖에 없다고 주장한다. 이를 위해서는 모든 규제와 근로자 보호, 그리고 재정적인 의무를 벗어나도록 함으로써 경제 엘리트들이 나머지 사람들의 희생을 바탕으로 부를 극대화할 수 있도록 해야 한다는 견해이다. 지난 30년 동안 그 결과가 소위 '낙수효과'로 우리 모두에게 상승의 물결이 될 것이라는 말을 들어왔지만, 우리는 여전히 기다리고 있다. 가장 부유한 사람들을 제외한 모두의 임금과 생활수준이 계속 하락하고 있다. 중산층이 사라져 가고, 빈곤과 집단 노숙이 증가하고 있으며, 사회 기반 시설이 무너지고 있다. 우리가 가짜 능력주의를 중심으로 사회를 구성할 때, 우리는 착취의 역사와 경제적, 사회적 계층 이동성을 막기 위해 게임이 조작되는 방식을 맞게 된다.

사람들이 이러한 현실에 대해 불평할 때, 그들 자신의 잘못이라는 말을 듣는다. "그들은 영광스런 상위 1%의 일부가 되기 위해 충분히 노력하지 않았다.", "그들은 요구되는 것을 갖추지 못했기 때문에 평가절하되어야 마땅하다."라는 말들을 듣게 된다. 이것은 모든 문제를 개인의 부족함의 관점에서 규정하는 것을 정당화하고, 사람들이 자신의 빈곤을 스스로 만들어 낸 것으로 여긴다. 이런 경제 시스템은 불평등을 줄이기 위해서 정부의 자원을 사용하기보다는 불평등 해소를 위해 보조금을 지급하고, 그래도 뒤처져 있는 사람들을 범죄자화 한다. 특히, 그들이 보다 더 나은 것을 요구할 때 그런 방식으로 처리한다. 지난 40년 동안 경찰 활동이 크게 확대되고 수감율이 대폭 증가한 것은 범죄와 무질서가 개인의 도덕적 실패의 결과이고 가혹한 징벌적 제재에 의해서만 감소될 수 있다는 이념적 주장에 근거하고 있다. 이러한 신보수주의 접근 방식은 수백만 명의 정치적, 사회적, 경제적 권리를 박탈하고 있는 것을 옹호하고 이것을 강화한다. 이들이 바로 공격적이고 침략적인 경찰 활동에 의해 엄격하게 통제되거나 교도소와 구치소에 수용된 사람들이다.

우리는 이 얽히고 설킨 압제(壓制) 체계를 깨뜨려야 한다. 문제 해결을 위해 경찰이나 구금시설에 의존할 때마다 이런 압제 체계가 강화될 뿐이다. 경찰에게 공원에서 성가시게 하는 노숙자들과 길모퉁이에 있는 위협적인 젊은이들을 없애달라고 하면서 동시에 적정한 주거와 청년 일자리를 요구할 수 없다. 국가는 전자의 요구는 들어주지만, 후자의 요구는 매번 거부했기 때문이다. 물론, 지역 공동체는 범죄와 무질서로부터 보호받아야 마땅하다. 그러나 형사사법제도를 뒷받침하는 강제력, 폭력, 굴욕감에 의존하지 않고 그것을 요구해야 한다. 국가가 경찰력을 통해 그런 문제를 해결하려고 할 수도 있지만, 그런 근시안적이고 비생산적이며 부당한 접근 방식을 지지하거나 그에 대해 보답해서는 안 된다. 우리는 '안전(Safety)'과 '보안(Security)'을 요구해야 하지만 그것은 경찰의 손에 달려서는 안 된다. 결국, 경찰은 둘 중에 어느 하나도 제대로 제공하지 못하기 때문이다.

미주

1 Parts of this chapter appeared previously in Nation, Gotham Gazette and Al Jazeera America.
2 Killed by Police.net, 2015; "Police Shootings Database 2015", *Washington Post*, 2015; "The Counted", *Guardian*, continually updated.
3 Nicole Flatow, "Report: Black Male Teens Are 21 Times More Likely to Be Killed by Cops than White Ones", *ThinkProgress*, October 10, 2014; Jeff Kelly Lowenstein, "Killed by the Cops", *ColorLines.com*, November 4, 2007.
4 Jaeah Lee, "Exactly How Offen Do Police Shoot Unarmed Black Men?", *Mother Jones*, August 15, 2014.
5 Jennifer H. Peck, "Minority Perceptions of the Police: A State-of-the-art Review", *Policing: An International Journal of Police Strategies and Management* 38, no. I(2015): 173-203.
6 Victoria Bekiempis, "Why Do NYC's Minorities Still Face So Manny Misdemeanor Arrests?", *Newsweek*, February 28, 2015, http://www.newswek.com/nypd-race-arrest-numbers-309686.
7 Shane Dixon Kavanaugh, "NYPD Officers stop-and-frisk Harlem teen, threaten to break his arm: audio recording", *nydailynews.com*, October 9, 2012.
8 Helene Cooper, "Obama Criticizes Arrest of Havard Professor", *New York Times*, July 22, 2009.
9 Sue Rahr and Stephen Rice, "From Warriors to Guardians: Recommitting American Penal Culture to Democratic Ideals", *New Perspectives in Policing*(April 2015).
10 Simone Weichselbaum and Beth Schwartzapfel, "When veterans become cops, some bring war home.", *USA Today*, March 30, 2017.
11 Radley Balko, *Rise of the Warrior Cop: The Militarization of America's Police Forces* (New York: PublicAffairs, 2013).
12 James Q. Wilson and George Kelling, "Broken Windows: The Police and Neighborhood Safety", *Atlantic*, March 1982.
13 Edward Banfield, *The Unheavenly City: The Nature and the Future of Our Urban Crisis* (Boston:

Little Brown and Co, 1970).

14   Frederick Siegel, *The Future Once Happened Here: New York, D.C., L.A., and the Fate of America's Big Cities* (New York: Free Press, 1997).

15   James Q. Wilson and Richard Herrnstein, *Crime and Human Nature: The Definitive Study of the Causes of Crime* (New York: Simon & Schuster, 1985).

16   Ibid.

17   Richard Herrnstein and Charles Murray, *The Bell Curve: Intelligence and Class Structure in American Life* (New York: Simon & Schuster, 2010).

18   "Fair and Impartial Policing", www.fairimpartialpolicing.com.

19   Joaquin Sapien, "Racist Posts on NY Cop Blog Raise Ire at Time of Tension", *ProPublica*, April 16, 2015, http://www.propublica.org/article/racist-posts-on-ny-cop-blog-raise-ire-at-time-of-tension.

20   Melissa Crowe and Bianca Montes, "Victoria police officer investigated for tasing driver, 76", *Victoria Advocate*, December 13, 2014.

21   Peter Moskos, *Cop in the Hood: My Year Policing Baltimore's Eastern District* (Princeton, NJ: Princeton University Press, 2008). David Couper, *Arrested Development: A Veteran Police Chief Sounds Off about Protest, Racism, Corruption, and the Seven Necessary Steps to Improve our Nation's Police* (CreateSpace Independent Publishing Platform, 2012).

22   Seth Stoughton, "Law Enforcement's 'Warrior' Problem", *Harvard Law Review* 128, April 2015.

23   Jon Swaine, "Ohio Walmart video reveals moments before officer killed John Crawford", *Guardian*, September 25, 2014.

24   Jon Swaine, "Video shows John Crawford's girlfriend aggressively questioned after Ohio police shot him dead in Walmart", *Guardian*, December 14, 2014.

25   Jason Hanna, Martin Savidge and John Murgatroyd, "Video shows trooper shooting unarmed man, South Carolina police say", *CNN*, September 26, 2014.

26   "Close Quarters Battle: SRT Training, CQB Training, SWAT Training, High Risk Entry Training, Combat Training, Hand-to-Hand Combat", www.cqb.cc.

27   "Trojan Securities International", trojansecurities.com/military.html.

28   Balko, Rise of the Warrior Cop.

29   Brian A. Reaves, "Local Police Departments, 2007", *US Department of Justice: Office of Justice Programs*, Bureau of Justice Statistics (2010).

30   Robert Friedrich, *The Impact of Organizational, Individual, and Situational Factors on Police Behavior* (University of Michigan: Ph.D. Dissertation, 1977); Joel Garner, Thomas Schade, John Hepburn, and John Buchanan, "Measuring the Continuum of Force Used by and Against the Police", *Criminal Justice Review* 20 (1994): 146–68; James McElvain and Augustine Kposowa, "Police Officer Characteristics and Internal Affairs Investigations for Use of Force Allegations", *Journal of Criminal Justice* 32, no. 3 (2004): 265–279; William Terrill and Stephen Mastrofski, "Situational and Officer-Based Determinants of Police Coercion", *Justice Quarterly* 19, no. 2 (2002): 215–248. John McCluskey, William Terrill, and Eugene Paoline, "Peer Group

Aggressiveness and the Use of Coercion in Police-Suspect Encounters", *Police Practice and Research* 6, no. 1 (2005): 19-37; Brian Lawton, "Levels of Nonlethal Force: An Examination of Individual, Situational, and Contextual Factors", *Journal of Research in Crime and Delinquency* 44, no. 2 (2007): 163-184.

31   Bernard Cohen and Jan Chaiken, *Police Background Characteristics and Performance: Summary* (Santa Monica, CA: RAND Corportation, 1972). Ivan Sun and Brian Payne, "Racial Differences in Resolving Conflicts: A Comparison between Black and White Police Officers", *Crime and Delinquency* 50, no. 4 (2004): 516-541. Robert Brown and James Frank, "Race and Officer Decision Making: Examining Differences in Arrest Outcomes between Black and White Officers", *Justice Quarterly* 23, no.1 (2006): 96-126.

32   Ryan Martin, "Having more black officers not a 'direct solution' for reducing black killings by police, IU research show", *Indy Star*, February 27, 2017.

33   Steven Brand and Meghan Stroshine, "The Role of Officer Attributes, Job Characteristics, and Arrest Activity in Explaining Police Use of Force", *Criminal Justice Policy Review* 24, no. 5 (2014): 551-572.

34   President's Task Force on 21st Century Policing, *Final Report of the President's Task Force on 21st Century Policing* (Washington, DC: Office of Community Oriented Policing Services, 2015).

35   President's Commission on Law Enforcement and Administration of Justice, *The Challenge of Crime in a Free Society: A Report by the President's Commission on Law Enforcement and Administration of Justice* (Washington, DC: United States Government Printing Office, 1967).

36   National Advisory Commission on Civil Disorders, *Report of the National Advisory Commission on Civil Disorders* (New York: Bantam Books, 1968).

37   *Omnibus Crime Control and Safe Streets Act of 1968*, Pub. L. 90-351, 9oth Cong. (June 19, 2007).

38   Monica Bell, "Police Reform and the Dismantling of Legal Estrangement", *Yale Law Journal* 126:7 (2017).

39   Civil Rights Division of the United States Department of Justice, *Report on the Investigation of the Ferguson Police Department*(Washington, DC, March 4, 2015).

40   James Comey, "Speech at Georgetown University", (Washington, DC, February 12, 2015), FBI. gov; Christopher Mathias, "Bratton Says Police to Blame for 'Worst Parts' of Black History, but Reform Advocates are Unimpressed", *Huffington Post*, February 24, 2015, http://www.huffingtonpost.com/2015/02/24/ william-bratton-nypd-slavery-history-broken-windows_n_6746906.html.

41   Steve Herbert, *Citizens, Cops, and Power: Recognizing the Limits of Community* (Chicago: University of Chicago Press, 2006).

42   Kimberly Kindy and Kimbriell Kelly, "Thousands Dead, Few Prosecuted", *Washington Post*, April 11, 2015.

43   *Graham v. Connor*, 490 U.S. 386 (1989).

44   Judith Browne Dianis, "Why Police Shootings are a Federal Problem", *Politico*, April 13, 2015.

45 *Cause of Action*, U.S. Code 42 (1994), S 14141.
46 Simone Weichselbaum, "Policing the Police", *Marshall Project*, May 26, 2015.
47 David Harris, *Driving While Black: Racial Profiling on our Nation's Highways* (New York: American Civil Liberties Union, 1999).
48 Mark Berman, "Six Cleveland Police Officers Fired for Fatal '137 Shots' Car Chase in 2012", *Washington Post*, January 26, 2016.
49 Robin Meyer, "Body Cameras are Betraying their Promise", *Atlantic*, September 30, 2016.
50 Min-Seok Pang and Paul A. Pavlou, "Armed with Technology: The Impact on Fatal Shootings by the Police", *Fox School of Business Research Paper No 60-020*, September 8, 2016.
51 Alex S. Vitale, "A New Approach to Body Cameras", *Gotham Gazette*, May 2, 2017.
52 Barry Friedman, *Unwarranted: Policing Without Permission* (New York: Farrar, Straus and Giroux, 2017).
53 "The Counted," *Guardian*. https://www.theguardian.com/usnews/series/counted-us-police-killings.
54 American Civil Liberties Union (ACLU), *War Comes Home: The Excessive Militarization of American Policing* (New York: ACLU Foundation, 2014).
55 Peter Kraska, *Militarizing the American Criminal Justice System: The Changing Roles of the Armed Forces and the Police* (Lebanon, NH: University Press of New England, 2001).
56 Tina Chen, "Baby in Coma after Police 'Grenade' Dropped in Crib During Drug Raid", *ABC News*, May 30, 2014.
57 Greg Smithsimon, "Disarm the Police", *Metro Politics*, September 29, 2015.
58 Chris Hayes, *A Colony in a Nation* (New York: W.W. Norton and Co., 2017).
59 Brady Dennis, Mark Berman, and Elahe Izadi, "Dallas Police Chief Says 'We're Asking Cops to Do Too Much in This Country'", *Washington Post*, July 11, 2016.
60 Saki Knafo, "A Black Police Officer's Fight Against the NYPD", *New York Times*, February 18, 2016.
61 David Bayley, *Police for the Future* (Oxford, UK: Oxford University Press, 1996), 25-28.
62 Naomi Murakawa, *The First Civil Right: How Liberals Built Prison America* (Oxford, UK: Oxford University Press, 2014).
63 David Bayley, "The Development of Modern Policing" in *Policing Perspectives: An Anthology*, ed. Larry Gaines (Oxford, UK: Oxford University Press, 1998), 67.
64 Allan Silver, "The Demand for Order in Civil Society", in *The Police*, ed. David J. Bordua (New York: John Wiley and Sons, 1976), 21.
65 Kristian Williams, *Our Enemies in Blue: Police and Power in America* (Oakland, CA: AK Press), 119.
66 Mash Neocleous, *The Fabrication of Social Order: A Critical Theory of Police Power*, Pluto Press, 2000.
67 Galen Broeker, *Rural Disorder and Police Reform in Ireland, 1812-36* (Abingdon, UK: Routledge, 2015).

68 Donald Read, *Peterloo: The 'Massacre' and its Background* (Manchester, UK: Manchester University Press, 1958); Robert Walmsley, Peterloo: The Case Re-opened (Manchester, UK: Manchester University Press, 1969).
69 F.C. Mather, *Public Order in the Age of the Chartists* (Manchester, UK: Manchester University Press, 1984).
70 Roger Lane, *Policing the City*: Boston, 1822-1885, (New York: Atheneum, 1971).
71 Paul Gilje, *The Road to Mobocracy: Popular Disorder in New York City*, 1763-1834 (Chapel Hill, NC: University of North Carolina Press, 1987).
72 Raymond Blaine Fosdick, *Crime in America and the Police* (New York: The Century Co., 1920).
73 Sam Mitrani, *The Rise of the Chicago Police: Class and Conflict, 1850-1894* (Chicago: University of Illinois Press, 2013).
74 Lane, Policing the City.
75 Eric Monkkonen, *Policing Urban America: 1860-1920*(Cambridge, UK: Cambridge University Press, 1981).
76 Roger G. Dunham and Geoffrey P. Alpert, *Critical Issues in Policing: Contemporary Readings*, Seventh Edition (Long Grove, IL: Waveland Press, Inc., 2015).
77 Daniel Czitrom, *New York Exposed: The Gilded Age Police Scandal that Launched the Progressive Era* (Oxford, UK: Oxford University Press, 2016).
78 Spencer J. Sadler, *Pennsylvania's Coal and Iron Police* (Chicago: Arcadia Publishing, 2009).
79 Alfred McCoy, *Policing America's Empire: The United States, The Philippines, and the Rise of the Surveillance State* (Madison, WI: University of Wisconsin Press, 2009).
80 Pennsylvania State Federation of Labor, *The American Cossack*(New York: Arno Press & The New York Times, 1971).
81 "Pennsylvania State Police [Politics] Historical Marker", Explore *PAhistory.com*, http://explorepahistory.com/hmarker.php?markerId=1-A-3BB.
82 Jeremy Kuzmarov, *Modernizing Repression: Police Training and Nation-Building in the American Century* (Amherst, MA: University of Massachussetts Press, 2012), 39.
83 Ibid.
84 Mike Cox, *The Texas Rangers: Wearing the Cinco Peso, 1821-1900* (London, UK: Macmillan, 2008).
85 William Carrigan and Clive Webb, *Forgotten Dead: Mob Violenceagainst Mexicans in the United States, 1848-1928* (Oxford, UK: Oxford University Press, 2013).
86   Aaron Cantu, "The Chaparral Insurgents of South Texas", *New Inquiry*, April 7, 2016; Rebecca Onion, "America's Lost History of Border Violence", *Slate*, May 5, 2016.
87 Benjamin Johnson, *Revolution in Texas: How a Forgotten Rebellion and Its Bloody Suppression Turned Mexicans into Americans*(New Haven, CT: Yale University Press, 2005).
88 Julian Samora, Joe Bernal, and Albert Peña, *Gunpowder Justice: A Reassessment of the Texas Rangers* (Notre Dame, IN: University of Notre Dame Press, 1979).
89 Walter Webb, *The Texas Rangers: A Century of Frontier Defense*(Boston: Houghton Mifflin,

90 Walter Webb, *The Texas Rangers: A Century of Frontier Defense*, 2nd ed. (Austin, TX: University of Texas Press, 1965).
91 Sally Hadden, *Slave Patrols: Law and Violence in Virginia and the Carolinas* (Cambridge, MA: Harvard University Press, 2001).
92 Richard Wade, *Slavery in the Cities: The South 1820–1860*(Oxford, UK: Oxford University Press, 1967), 80.
93 Ibid, 82.
94 Hadden, Slave Patrols, 4.
95 Douglas Blackmon, *Slavery by Another Name: The Re-Enslavement of Black Americans from the Civil War to World War II*(New York: Anchor Books, 2008).
96 Williams, Our Enemies in Blue, Ch. 4.
97 Micol Seigel, "Objects of Police History", *Journal of AmericanHistory* 102, no. 1 (2015): 152–161.
98 Kuzmarov, *Modernizing Repression*, 235.
99 Christian Parenti, *Lockdown America: Police and Prisons in the Age of Crisis* (Brooklyn, NY: Verso Books, 2000).
100 Jonathon Simon, *Governing Through Crime: How the War on Crime Transformed American Democracy and Created a Culture of Fear* (Oxford, UK: Oxford University Press, 2007).
101 Michelle Alexander, *The New Jim Crow: Mass Incarceration in the Age of Colorblindness* (New York: The New Press, 2013).
102 Jeffrey Reiman, *The Rich Get Richer and the Poor Get Prison: Ideology, Class, and Criminal Justice* (Boston: Pearson, 2007).
103 Alexander, *The New Jim Crow*, 224–5.
104 Simon, *Governing Through Crime*.
105 "Justice League NYC", *gatheringforjustice.org/justiceleaguenyc*.
106 Lucinda Gray and Laurie Lewis, *Public School Safety and Discipline: 2013–2014* (Washington, D.C.: National Center for Education Statistics, U.S. Department of Education, 2015). Retrieved July 15, 2016 from http://nces.ed.gov/pubsearch.
107 "COPS in Schools (CIS)", *U.S. Department of Justice Community Oriented Policing Services*, http://www.cops.usdoj.gov/default.asp?Item=54.
108 John Dilulio, "The Coming of the Super-Predators", *Weekly Standard*, November 27, 1995, 23; James Q. Wilson, "Crime and Public Policy", in *Crime*, eds. James Q. Wilson and Joan Petersilia(San Francisco: Institute for Contemporary Studies Press, 1995).
109 Dilulio, "The Coming of the Super-Predators".
110 Melissa Sickmund and Charles Puzzanchera, eds., *Juvenile Offenders and Victims: 2014 National Report* (Pittsburgh, PA: National Center for Juvenile Justice, 2014).
111 *Advancement Project, Test, Punish and Push Out: How Zero Tolerance and High-Stakes Testing Funnel Youth into the School-To-Prison Pipeline* (Washington, D.C.: Advancement Project, January 2010).

112 Ibid, 32.
113 Ibid, 31.
114 Augustina Reyes, *Discipline, Achievement, and Race: Is Zero Tolerance the Answer?* (New York: Rowman and Littlefield, 2006).
115 Annette Fuentes, *Lockdown High: When the Schoolhouse Becomes and Jailhouse* (Brooklyn, NY: Verso, 2013).
116 Abigail Thernstrom and Stephen Thernstrom, *No Excuses: Closing the Racial Gap in Learning* (New York: Simon and Schuster, 2004).
117 Kate Taylor, "At a Success Academy Charter School, Singling Out Pupils Who Have 'Got to Go'", *New York Times*, October 29, 2015.
118 PBS Newshour, "Is kindergarten too young to suspend a student?" October 12, 2015.
119 Taylor, "At a Success Academy Charter School".
120 US Department of Education Office for Civil Rights, "Data Snap-shot: School Discipline," *Civil Rights Data Collection*, no.1(March 2014).
121 Libby Nelson and Dara Lind, "The school to prison pipeline, explained", *Justice Policy Institute*, February 24, 2015.
122 Tamar Lewin, "Black Students Face More Discipline, Data Suggests", *New York Times*, March 6, 2012.
123 Ibid.
124 Project Nia, "Data on School 2013-2014", *Policing Chicago Public Schools 3* (2015).
125 Daniel Losen and Russell Skiba, *Suspended Education: Urban Middle Schools in Crisis* (Montgomery AL: Southern Poverty Law Center, 2010).
126 Jonathan Brice, "Baltimore Leader Helps District Cut Suspensions", *Education Week*, February 6, 2013; Rachel Graham Cody, "Expel Check", *Williamette Week*, September 24, 2013; Jill Tucker, "Oakland schools to get suspension monitor", *SF Gate*, September 27, 2012; Lewin, "Black Students Face More Discipline"; Children's Defense Fund Ohio, "Issue Brief: Zero Tolerance and Exclusionary School Discipline Policies Harm Students and Contribute to the Cradle to Prison Pipeline", *Kids Count*, November 2012.
127 US Department of Justice and US Department of Education, "Dear Colleague Letter: Nondiscriminatory Administration of School Discipline", January 8, 2014.
128 Susan Ferriss, "Update: How kicking a trash can became criminal for a 6th grader", *Center for Public Integrity*, September 3, 2015.
129 Ibid.
130 American Civil Liberties Union, "Kentucky Case Spotlights Problem of Untrained Law Enforcement Disciplining Students with Disabilities", August 3, 2015.
131 Niraj Chokshi, "School police across the country receive excess military weapons and gear," *Washington Post*, September 16, 2014.
132 American Civil Liberties Union, "South Carolina Students Were Terrorized by Police Raid with Guns and Drug Dogs, ACLU Lawsuit Charges", December 15, 2003.

133 Rebecca, Leung, "Ambush at Goose Creek: Drug Worries Lead to Raid at S. Carolina High School", *CBS News*, February 2, 2004.

134 Bethany Peak, "Militarization of School Police: One Route on the School–to–Prison Pipeline", *Arkansas Law Review* 68, no. 2(2015): 195 – 229.

135 Fuentes, Lockdown High, 155.

136 Dana Goldstein, "In Your Face: Does Tear Gas Belong in Schools? Do Police?" *Marshall Project*, January 26, 2015.

137 Emma Brown, "Judge: Police can no longer pepper-spray students for minor misbehavior at school," *Washington Post*, October 1, 2015.

138 Elliot McLaughlin, "Texas student tased by police exits coma, enters rehabilitation, attorney says", *CNN*, February 3, 2014.

139 Thad Moore, Nicole Hensley, and Corky Siemaszko, "Deputy involved in body-slam arrest of Spring Valley High student is dating a black woman so he can't be racist, sheriff says", *New York Daily News*, October 27, 2015.

140 "Police Brutality–Officer Beats Special Ed Kid", YouTube video, 3:29, posted by "StopTheBrutality," October 27, 2010, https://www.youtube.com/watch?v=HUSFAGOVvEM.

141 Jaeah Lee, "Chokeholds, Brain Injuries, Beatings: When School Cops Go Bad", *Mother Jones*, July 14, 2015.

142 Eva Ruth Moravec, "Teen shot by Northside officer identified", *My San Antonio*, November 15, 2010.

143 James Pinkerton, "Local school police used force on students hundreds of times in recent years", *Houston Chronicle*, March 27, 2015.

144 "Additional counselors at Price Middle School after shooting", *WGCL–TV Atlanta*, February 28, 2013.

145 Chongmin Na and Denise Gottfredson, "Police Officers in Schools: Effects on School Crime and the Processing of Offending Behaviors", *Justice Quarterly* (2011): 1 – 32.

146 Barbara Raymond, "Response Guide No. 10: Assigning Police Officers to Schools", *Center for Problem–Oriented Policing*, 2010.

147 US Department of Education, *Guiding Principles: A Resource Guide for Improving School Climate and Discipline* (Washington, D.C.: US Department of Education, 2014).

148 Seth Stoughton and Josh Gupta-Kagan, "Why are Police Disciplining Students?", *Atlantic*, October 29, 2015.

149 R.E. Hamilton, "School, Police, and Probation: A Winning Team in Fresno", *School Safety* (Spring 1996): 20 – 23.

150 Kevin Quinn, "My View: More school resource officers, more safe school", *CNN*, January 17, 2013.

151 I. India Thusi, "Systemic Failure: The School–to–Prison Pipeline and Discrimination Against Poor Minority Students", *Journal of Law and Society* 13 (2011): 281–299; Peak, "Militarization of School Police".

152 Lisa Thurau, "Cops and Kids: We Need New Thinking", *Crime Report*, April 2, 2015.
153 US Department of Education, Office of Special Education Programs, "Positive Behavioral Interventions and Supports", *pbis. org*.
154 New York City School-Justice Partnership Task Force, *Keeping Kids in School and Out of Court: Report and Recommendations* (Albany, NY: New York State Permanent Judicial Commission on Justice for Children, 2013).
155 Urban Youth Collaborative, "The $746 Million a Year School-to-Prison Pipeline", *Center for Popular Democracy*, 2011.
156 American Federation of Teachers, "Community Schools", http://www.aft.org/position/community-schools.
157 Emma Brown, "Some Baltimore youth have fears of police reinforced in their schools", *Washington Post*, May 2, 2015.
158 Ibid.
159 Collaborative for Academic, Social, and Emotional Learning, "What is Social and Emotional Learning?" n.d.
160 John Payton, Roger Weissberg, Joseph Durlak, Allison Dymnicki, Rebecca Taylor, Kriston Schellinger, and Molly Pachen, *The Positive Impact of Social and Emotional Learning for Kindergarten to Eighth Grade Students: Findings from Three Scientific Reviews* (Chicago, IL: Collaborative for Academic, Social, and Emotional Learning, 2008).
161 J. Lawrence Aber, Sara Pederson, Joshua Brown, Stephanie Jones, Elizabeth Gershoff, *Changing Children's Trajectories of Development: Two-Year Evidence for the Effectiveness of a School-Based Approach to Violence Prevention* (New York: National Center for Children in Poverty, 2003).
162 National Dropout Prevention Center/Network, "Model Program: Bry's Behavioral Monitoring and Reinforcement Program", n.d.
163 Matthew Mayer and Peter Leone, "A Structural Analysis of School Violence and Disruption: Implications for Creating Safer Schools", *Education and Treatment of Children* 22, no. 3 (1999): 333-356.
164 Ibid, 349.
165 Ibid, 352.
166 The chapter title is taken from a news report. See Michael Pearson, Christina Zdanowicz and David Mattingly, "'We called for help, and they killed my son', North Carolina man says", *CNN*, January 7, 2014.
167 Egon Bittner, "The Police on Skid-Row: A Study of Peace Keeping", *American Sociological Review* 32, no. 5 (1967): 699-715.
168 Guardian, "The Counted".
169 Doris Fuller, H. Richard Lamb, Michael Biasotti, and John Snook, *Overlooked in the Undercounted: The Role of Mental Illness in Fatal Law Enforcement Encounters* (Arlington, VA: Treatment Advocacy Center, 2015).

170 *Powell Shooting* (Cell Phone Camera), YouTube video, posted by Sol Rayz, August 20, 2014, www.youtube.com/watch?v=j-P54MZVxMU&feature=youtu.be&bpctr=1470409330.

171 Naomi Martin, "Video: Dallas cops fatally shoot mentally ill man wielding screwdriver", *Dallas Morning News*, March 17, 2015.

172 Joseph Berger, "Officer Fatally Shoots Man After Stabbing in Brooklyn Synagogue", *New York Times*, December 9, 2014.

173 Alexandra Sims, "Nicholas Salvador became 'obsessed with beheading videos weeks before killing grandmother Palmira Silva," *Independent*, June 24, 2015.

174 Ben Cohen, "This is How UK Police Stop Someone with a Knife", *Daily Banter*, August 21, 2014.

175 Daily Mail Reporter, "The moment thirty riot police tackled machete-wielding man with a wheelie bin", *Daily Mail*, May 20, 2011.

176 Rebecca Allison, "UK's first 'suicide by cop' ruling", *Guardian*, May 9, 2003.

177 Independent Commission on Mental Health and Policing, "Report", May 2013, http://news.bbc.co.uk/2/shared/bsp/hi/ pdfs/10_05_13_report.pdf.

178 Fuller et al, Overlooked in the Undercounted; Martha Williams Deane, Henry Steadman, Randy Borum, Bonita Veysey, Joseph Morrissey, *Emerging Partnerships Between Mental Health and Law Enforcement* (Arlington, VA: American Psychiatric Association, 1999); Melissa Reuland, Matthew Schwarzfeld, and Laura Draper, *Law Enforcement Responses to People with Mental Illnesses: A Guide to Research-Informed Policy and Practice* (New York: Council of State Governments Justice Center, 2009).

179 National Association on Mental Illness (NAMI), "Jailing People with Mental Illness", n.d.

180 E. Fuller Torrey, Mary Zdanowicz, Aaron Kennard, H. Richard Lamb, Donald Eslinger, Michael Biasotti, and Doris Fuller, "The Treatment of Persons with Mental Illness in Prisons and Jails: A State Survey", (Arlington, VA: Treatment Advocacy Center, 2014).

181 Martin Kaste, "The 'Shock of Confinement': The Grim Reality of Suicide in Jail", *NPR*, July 27, 2015.

182 NAMI, "Jailing People".

183 Substance Abuse and Mental Health Services Administration, *Results from the 2011 National Survey on Drug Use and Health: Mental Health Findings* (Rockville, MD: U.S. Department of Health and Human Services Substance Abuse and Mental Health Administration, 2012).

184 Dennis Culhane, Stephen Metraux, and Trevor Hadley, "Public Service Reductions Associated with Placement of Homeless Persons with Severe Mental illness in Supportive Housing", *Housing Policy Debates* 13, no. 1 (2002): 107-163; Robert Rosenheck, Wesley Kasprow, Linda Risman, and Wen Liu-Mares, "Costeffectiveness of Supported Housing for Homeless Persons With Mental Illness", *Archives of General Psychiatry* 60, no. 9 (2003): 940-951; Thomas Chalmers McLaughlin, "Using Common Themes: Cost-Effectiveness of Permanent Supported Housing for People With Mental illness", *Research on Social Work Practice* 21, no. 4 (2011): 404-411; David Cloud and Chelsea Davis, *Treatment Alternatives to Incarceration for People with Mental Health Needs in the Criminal Justice System: The Cost-Savings Implications* (New York: Vera Institute

of Justice, 2013).

185 Andy Newman, "Disturbed Man Wielding a Hammer Is Killed by Police in Brooklyn", *New York Times*, August 31, 1999.

186 Vivian Ho, Jenna Lyons, and Kale Williams, "Killing by S.F. police sets off public debate", *SFGate*, December 4, 2015. 22. CIT International, "Memphis Model", n.d., www.citinternational.org/training-overview/163-memphis-model.html.

187 Saki Knafo, "Change of Habit: How Seattle Cops Fought an Addiction to Locking Up Drug Users", *Huffington Post*, August 28, 2014.

188 Lauren Almquist and Elizabeth Dodd, *Mental Health Courts: A Guide to Research-Informed Policy and Practice* (New York: Council of State Governments Justice Center, 2012).

189 Christian Henrichson, Joshua Rinaldi, and Ruth Delaney, *The Price of Jails: Measuring the Taxpayer Cost of Local Incarceration*(New York: Vera Institute of Justice, 2015).

190 Linda Teplin, "Keeping the Peace: Police Discretion and Mentally Ill Persons", *National Institute of Justice Journal* (July 2000): 8-15.

191 Michael Biasotti, "Policing the Mentally Ill", *Law Enforcement Today*, November 20, 2014, http://www.lawenforcementtoday.com/2014/11/20/policing-the-mentally-ill/.

192 Michael Koval, "Chief Koval's Blog: Madison Police Department Announces a new Mental Health Officer pilot program," *cityof madison.com*, January 26, 2015, http://www.cityofmadison.com/police/chief/blog/?Id=6324.

193 David Ovale, "In Miami-Dade, hope, help for offenders with mental illness", *Miami Herald*, September 29, 2014.

194 Cloud and Davis, *Treatment Alternatives to Incarceration*.

195 Ovale, "In Miami-Dade, hope, help".

196 National Law Center on Homelessness and Poverty, *No Safe Place: The Criminalization of Homelessness in U.S. Cities* (Washington, D.C.: National Law Center on Homelessness and Poverty, 2014).

197 Katherine Beckett and Steve Herbert, *Banished: The New Social Control in Urban America* (Oxford, UK: Oxford University Press, 2009).

198 Alex Vitale, "The Safer Cities Initiative and the Removal of the homeless: Reducing crime or promoting gentrification on Los Angeles' Skid Row", *Criminology and Public Policy* 9, no. 4 (2010): 867-873; Forrest Stuart, *Down and Out and Under Arrest: Policing and Everyday Life in Skid Row* (Chicago: Chicago University Press, 2016).

199 Rick Rojas and Joseph Kolb, "Albuquerque Officers Are Charged with Murder in Death of Homeless Man", *New York Times*, January 12, 2015.

200 Kate Mather, Joel Rubin, and Gale Holland, "Video of LAPD killing turns harsh light on skid row", *Los Angeles Times*, March 2, 2015; Kate Mather, James Queally, and Gale Holland, "L.A. Police Commission clears officers in skid row shooting but faults officer in Burbank killing", *Los Angeles Times*, February 2, 2016.

201 Kate Mather, "LAPD killing of unarmed homeless man in Venice was unjustified, Police

Commission says," *Los Angeles Times*, April 12, 2016.
202 Vitale, City of Disorder. Alex Vitale, "Enforcing Civility: Home lessness, 'Quality of Life', and the Crisis of Urban Liberalismo(City University Graduate School: Ph.D. dissertation, 2001).
203 David Firestone, "3 Tell Council They Beat Homeless to Clear Out Business District", *New York Times*, May 11, 1995.
204 Ross MacDonald, Fatos Kaba, Zachary Rosner, Allison Vise, David Weiss, Mindy Brittner, Molly Sherker, Nathaniel Dickey, and Homer Venters, "The Rikers Island Hot Spotters: Defining the Needs of the Most Frequently Incarcerated", *American Journal of Public Health* 105, no. 2 (2015): 2262–2268.
205 Ibid, 2262.
206 Jonathan Wrathall, Jayme Day, Mary Beth-Ferguson, Aldo Hernandez, Alyson Ainscough, Kerry Steadman, Rachelle Brown, Patrick Frost, and Ashley Tolman, *Comprehensive Report on Homelessness: State of Utah 2013* (Salt Lake City, UT: Utah Housing and Community Development Division, 2013).
207 Paul Guerin and Alexandra Tonigan, *City of Albuquerque Heading Home Initiative Cost Study Report Phase 1* (Albuquerque, NM: University of New Mexico Institute for Social Research, 2013).
208 Gregory Shinn, *The Cost of Long-Term Homelessness in Central Florida: The Current Crisis and the Economic Impact of Providing Sustainable Housing Solutions* (Orlando, FL: Central Florida Commission on Homelessness, 2014).
209 Michael Cousineau, Heather Lander, and Mollie Lowery, *Homeless Cost Study* (Los Angeles, CA: United Way of Greater Los Angeles, 2009).
210 Andrew Liese, "We Can Do Better: Anti-Homeless Ordinances as Violations of State Substantive Due Process Law", *Vanderbilt Law Review* 59, no. 4 (2006): 1413–1455; Robert C. Ellickson, "Controlling Chronic Misconduct in City Spaces: Of Panhandlers, Skid Rows, and Public Space Zoning", *Yale Law Journal* 105, no. 5 (1996): 1165–1248; Maria Foscarinis, "Downward Spiral: Homelessness and Its Criminalization," *Yale Law and Policy Review* 14, no. 1 (1996): 1–63.
211 Kirk Johnson, "Property of a Homeless Man is Private, Hartford Court Says: Justices break new ground on the rights of the homeless", *New York Times*, March 19, 1991; Bob Egelko, "Homeless have right to reclaim property", *San Francisco Chronicle*, August 9, 2014; Gale Holland, "Seize a homeless person's property? Not so fast, a federal judge tells L.A.", *Los Angeles Times*, April 13, 2016.
212 US Department of Justice, "Justice Department Files Brief to Address the Criminalization of Homelessness", August 6, 2015.
213 United States Interagency Council on Homelessness, *Searching Out Solutions: Constructive Alternatives to the Criminalization of Homelessness* (Washington, D.C.: United States Interagency Council on Homelessness, 2012).
214 Bob Egelko, "U.N. panel denounces laws targeting homeless", *San Francisco Chronicle*, May 2, 2014.
215 Judicial Branch of Arizona Maricopa County, "Homeless Court", n.d.

216 National Low Income Housing Coalition, "Rental Inflation Drives Homelessness and Housing Instability for the Poor", May 1, 2015.

217 Virginia Housing Alliance, "Governor McAuliffe Announces 10.5 percent Decrease in Overall Homelessness in Virginia," July 21, 2016.

218 Maria La Ganga, "Utah says it won 'war on homelessness', but shelters tell a different story", *Guardian*, April 27, 2016.

219 Kitsap Sun,"Opinion: Further questions about housing first", July 14, 2016.

220 Hasson Rashid, "Restoring Bread and Jams for the Homeless", *Alliance of Cambridge Tenants*, June 21, 2014.

221 San Francisco Homeless Resource, "Mission Neighborhood Research Center", n.d. http://sfhomeless.wikia.com/

222 Alex Vitale, "Why are New York cops shaming homeless people?", *Al Jazeera America*, August 16, 2015.

223 Susan Dewey, "On the Boundaries of the Global Margins: Violence, labor, and Surveillance in a Rust Belt Topless Bar", in Susan Dewey and Patty Kelley, eds., *Policing Pleasure: Sex Work, Policy, and the State in Global Perspective* (New York: NYU Press, 2011).

224 Katherine Beckett and Steve Herbert, *Banished: The New Social Control in Urban America* (New York: Oxford, 2009).

225 Lisa Duggan, "What the Pathetic Case Against Rentboy.com Says About Sex Work", *Nation*, January 7, 2016.

226 Melissa Gira Grant, "The NYPD Arrests Women for Who They Are and Where They Go—Now They're Fighting Back", *Village Voice*, November 22, 2016.

227 Kamala Kempadoo, ed., *Trafficking and Prostitution Reconsidered: New Perspectives on Migration, Sex Work, and Human Rights* (Boulder, CO: Paradigm Publishers, 2012).

228 Damien Cave and Frances Robles, "A Smuggled Girl's Odyssey of False Promises and Fear", *New York Times*, October 5, 2014.

229 Donna M. Hughes and Tatyana A. Denisova, "The Transnational Political Criminal Nexus of Trafficking in Women from Ukraine", *Trends in Organized Crime* 6, no. 3/4 (2001): 43–68; Tim Rhodes, Milena Simić, Sladjana Baroš, Lucy Platt, and Bojan Žikić, "Police violence and sexual risk among female and transvestite sex workers in Serbia: qualitative study", *British Medical Journal* (2008): 307; Monica Rao Biradavolu, Scott Burris, Annie George, Asima Jena, and Kim M. Blankenship, "Can sex workers regulate police? Learning from an HIV prevention project for sex workers in southern India", *Social Science and Medicine* 68, no. 8 (2009): 1541–1547.

230 "St. James Infirmary", stjamesinfirmary.org.

231 Noah Berlatsky, "Child Sex Workers' Biggest Threat: The Police", *New Republic*, January 20, 2016.

232 Joana Busza, "Sex Work and Migration: The Dangers of Oversimplification: A Case Study of Vietnamese Women in Cambodia," *Health and Human Rights* 7, no. 2 (2004): 231–249; Rhodes et al., "Police violence and sexual risk"; Biradavolua et al., "Can sex workers regulate police?".

233 Rick Rojas and Al Baker, "New York Officer Ran Prostitution Ring at Motels, Authorities Say", *New York Times*, February 2, 2016; Henry Lee, "Sheriff's sergeant arrested for promoting prostitution at coffee stands", Q13 Fox, June 26, 2013.

234 Johnny Archer, "Veteran Officer Accused of Sexual Assault and Coercion", *nbcdfw.com*, December 21, 2014; Elissa Repko, "Updated: Veteran Dallas police officer arrested on charge of sexual assault", *Dallas Morning News Crime Blog*, December 21, 2014; "Lubbock Police Arrest Fellow Officer Tuesday Evening", *Everything Lubbock*, February 18, 2015.

235 Joshua Fechter, "Report: Central Texas officer arrested on child prostitution charge", *My San Antonio*, March 2, 2015; Associated Press, "Ocala officer fired after arrest for sex with underage girl", January 18, 2015.

236 "Seattle SWAT officer arrested for drugs, theft, prostitution", *Live Leak*, June 20, 2014.

237 "Ex-cop charged with stealing $450,000 from woman he'd arrested", *SF Gate*, April 22, 2015.

238 Lowell Sun, "Ex-Lowell police officer gets two years in jail for extorting prostitutes", April 25, 2013.

239 Juhu Thurkral, Melissa Ditmore, and Alexandra Murphy, *Behind Closed Doors: An Analysis of Indoor Sex Work in New York City* (New York: Sex Workers Project at the Urban Justice Center, 2005).

240 Jazeera Iman, Catlin Fullwood, Naima Paz, Daphne W, and Shira Hassan, *Girls Do What They Have To Do To Survive: Illuminating Methods Used by Girls in the Sex Trade and Street Economy to Fight Back and Heal* (Chicago: Young Women's Empowerment Project, 2009).

241 Ronald Weitzer, *Legalizing Prostitution: From Illicit Vice to Lawful Business* (New York: NYU Press, 2012), 67.

242 Molly Crabapple, "Special Prostitution Courts and the Myth of 'Rescuing' Sex Workers", *Vice*, January 2015.

243 Elizabeth Bernstein, "Militarized Humanitarianism Meets Carceral Feminism: The Politics of Sex, Rights, and Freedom in Contemporary Antitrafficking Campaigns", *Signs* 36, no. I (2010): 45–71; Elizabeth Bernstein, "Carceral politics as gender justice? The 'traffic in women' and neoliberal circuits of crime, sex, and rights", *Theory and Society* 41, no. 3 (2012): 233–259.

244 Empower Chiang Mai, A Report by Empower Chiang Mai on the Human Rights Violations Women Are Subjected to When "Rescued" by Anti-Trafficking Groups Who Employ Methods Using Deception, *Force, and Coercion*, June 2003.

245 Dewey, "On the Boundaries of the Global Margins".

246 Niels Lesniewski, "Brothel Responds to Reid's Prostitutes/2016 GOP Convention Remarks", *Roll Call*, February 21, 2014.

247 For a detailed description of these cities, see Weitzer, *Legalizing Prostitution*.

248 New Zealand Government, *Report of the Prostitution Law Review Committee on the Operation of the Prostitution Reform Act of 2003*, May 2008.

249 Sarra L. Hedden, Joel Kennet, Rachel Lipari, Grace Medley, Peter Tice, Elizabeth A. P. Copello, Larry A. Kroutil, *Behavioral Health Trends in the United States: Results from the 2014 National*

Survey on Drug Use and Health(Rockville, MD: Center for Behavioral Health Statistics and Quality, 2015.

250 William Campbell Garriott, *Policing Methamphetamine: Narcopolitics in Rural America*(New York: NYU Press, 2011).
251 Mike Mariani, "How the American opiate epidemic was started by one pharmaceutical company", *Pacific Standard*, March 4, 2015.
252 Kevin Hill, "Medical Marijuana for Treatment of Chronic Pain and Other Medical and Psychiatric Problems: A Clinical Review", *Journal of the American Medical Association* 313, No. 24 (2015): 215-225.
253 Craig Reinarman and Harry Levine, *Crack In America: Demon Drugs and Social Justice*(Los Angeles, CA: University of California Press, 1997); Steven Belenko, *Drugs and Drug Policy in America: A Documentary History*(Westport, CT: Greenwood Press, 2000); David Musto, *The American Disease: Origins of Narcotic Control*(Oxford, UK: Oxford University Press, 1999)
254 Johann Hari, *Chasing the Scream: The First and Last Days of the War on Drugs*(New York: Bloomsbury, 2015); Harry Anslinger(1892~1975)는 미국 재무부(U.S. Treasury Department) 마약국(Federal Bureau of Narcotics)의 초대 국장으로 임명되어 1962년까지 32년 간 재임하였다(https://en.wikipedia.org/wiki/Harry_J._Anslinger).
255 Howard S. Becker, *Outsiders: Studies in the Sociology of Deviance*(New York: The Free Press, 1963).
256 Alexander, New Jim Crow.
257 Dan Baum, *Smoke and Mirrors: The War on Drugs and the Politics of Failure*(Boston: Little Brown, 1996)
258 Dan Baum, "Legalize It All: How to win the war on drugs", *Harper's Magazine*, August 18, 2016.
259 Thomas Rowe, *Federal Narcotics Laws and the War on Drugs: Money Down a Rat Hole*(NY: The Haworth Press, Inc., Portland, OR: Book News, Inc., 2006)
260 Tina Dorsey, Marianne Zawitz, and Priscilla Middleton, *Drugs and Crime Facts*(Washington, DC: Department of Justice, 2001)
261 Daniel Mejia and Joanne Csete, *The Economics of the Drug War: Unaccounted Costs, Lost Lives, and Missed Opportunities*(New York: Open Society Foundations, 2016).
262 Radley Balko, *Rise of the Warrior Cop: The Militarization of America's Police Forces*(U.S.A: PublicAffairs, 2013)
263 John Worrall, "Addicted to the Drug War: The Role of Civil Asset Forfeiture as a Budgetary Necessity in Contemporary Law Enforcement", *Journal of Criminal Justice* 29, no.3(2001): 171-187.
264 Wendy Ruderman and Barbara Laker, *Busted: A Tale of Corruption and Betrayal in the City of Brotherly Love*(New York: HarperCollins, 2014)
265 Robert Daley, *Prince of the City: The True Story of a Cop Who Knew Too Much*(Kingston, RI: Moyer Bell, 2004).
266 Milton Mollen, *Report of the Commission to Investigate Allegations of Police Corruption and the*

Anti-Corruption Procedures of the Police Department(New York: City of New York, 1994)

267 Carmen George, "Fresno deputy police chief arrested in federal drug investigation", *Fresno Bee*, March 26, 2015.

268 "Former Scott County sheriff's deputy indicted", *Knoxville News Sentinel*, March 31, 2015.

269 Paula McMahon, "NYC cop served as insurance in drug deal, friend says", *Sun Sentinel*, March 8, 2015.

270 David Ovalle, "Miami-Dade police lieutenant pleads guilty to aiding cocaine smugglers", *Miami Herald*, March 31, 2015.

271 Kent Faulk, "Former Winston County deputy sentenced to federal prison in meth extortion", *Birmingham News*, March 20, 2015.

272 Peter Hermann, "Ex-FBI agent charged with 64 criminal counts in theft of heroin evidence", *Washington Post*, March 20, 2015.

273 Kevin Connolly, "Former Titusville police officer gets 10 years in prison in DEA coke sting", *Orlando Sentinel*, March 31, 2015.

274 Sari Horwitz and Carol Leonning, "Report: DEA agents had 'sex parties' with prostitutes hired by drug cartels", *Washington Post*, March 26, 2015.

275 Stopthedrugwar.org, "Police Corruption", n.d.

276 Michelle Alexander, *The New Jim Crow: Mass Incarceration in the Age of Colorblindness*(New York: The New Press, 2010); Lisa Moore and Amy Elkavich, "Who's Using and Who's Doing Time: Incarceration, the War on Drugs, and Public Health", *American Journal of Public Health* 98, no.5(2008):782-786; Lawrence Bobo and Victor Thompson, "Unfair by Design: The War on Drugs, Race, and the Legitimacy of the Criminal Justice System", *Social Research* 73, no.2(2006):445-472.

277 Jeffrey Fagan and Amanda Geller, "Profiling and Consent: Stops, Searches and Seizures after Soto", *SSRN Working Paper Series*(2010).

278 Lori Beth Way, Ryan Patten, *Hunting for Dirtbags: Why Cops Over-Police the Poor and Racial Minorities*(Lebanon: UPNE, 2013)

279 Nastassia Walsh, *Baltimore Behind Bars: How to Reduce the Jail Population, Save Money and Improve Pubic Safety*(Washington, D.C.: Justice Policy Institute, 2010).

280 Meggie Taylor, "Former Baltimore Mayor Kurt Schmoke: Ahead of his Time", *Drug Policy Alliance*, February 19 2014, https://www.drugpolicy.org/blog/former-baltimore-mayor-kurt-schmoke-ahead-his-time.

281 2017년 "Law Enforcement Against Prohibition"은 " Law Enforcement Action Partnership"으로 변경 되었다(https://lawenforcementactionpartnership.org/).

282 Hans Sherrer, "Travesty in Tulia, Texas: Frame-up of 38 Innocent People Orchestrated by a County Sherriff, Prosecutor and Judge", *Justice: Denied*, no.23(2004):3-5.

283 John Sullivan, Derek Hawkins and Pietro Lombardi, "Probable cause: Pursuing drugs and guns on scant evidence, D.C. police sometimes raid wrong homes — terrifying the innocent", *Washington Post*, March 5, 2016.

284　Marc Santora and Benjamin Weiser, "Officer in Ramarley Graham Shooting Won't Face U.S. Charges", *New York Times*, March 8, 2016.
285　Alexander, The New Jim Crow.
286　Rowe, Federal Narcotics Law and the War on Drugs.
287　National Center for Health Statistics, "National Overdose Deaths: Number of Deaths from Heroine", *National Institute on Drug Abuse(NIDA)*, December 2015.
288　Amar Toor, "Russia has a serious HIV crisis, and the government is to blame", *Verge*, July 2, 2015; Karsten Lunze, Anita Raj, Debbie Cheng, Emily Quinn, Carly Bridden, Elena Blokhnia, Alexander Walley, Evgeny Krupitsky, and Jeffrey Samet, "Punitive policing and associated substance use risks among HIV-positive people in Russia who inject drugs", *Journal of the International AIDS Society* 17(2014).
289　Harry Levine, "Global drug prohibition: its uses and crises", *International Journal of Drug Policy* 14(2003):145-153.
290　Human Rights Watch, *Neither Rights nor Security: Killings, Torture, and Disappearances in Mexico's "War on Drugs"*(New York: Human Rights Watch, 2011)
291　McCoy, *Politics of Heroin*; Peter Watt and Roberto Zepeda, *Drug War Mexico: Politics, Neoliberalism and Violence in the New Narcoeconomy*(New York: Zed Books, 2012).
292　Oscar Martinez, *A History of Violence: Living and Dying in Central America*(Brooklyn, NY: Verso Books, 2016)
293　Pew Charitable Trusts Public Safety Performance Project, "Federal Drug Sentencing Laws Bring High Cost, Low Return", August 27, 2015.
294　Shelli Rossman, John Roman, Janine Zweig, Michael Rempel, and Christine Lindquist, *The Multi-Site Adult Drug Court Evaluation: Executive Summary*(Washington, D.C.: Urban Institute Justice Policy Center, 2011)
295　Drug Policy Alliance, *Drug Courts Are Not the Answer: Toward a Health-Centered Approach to Drug Use*(New York: Drug Policy Alliance, 2011)
296　Center for Court Innovation, A Statewide Evaluation of New York's Adult Drug Courts(New York: Center for Court Innovation, 2012)
297　Marsha Weissman, "Aspiring to the Impracticable: Alternatives to Incarceration in the Era of Mass Incarceration", *New York University Review of Law and Social Change* 33: 235-269.
298　Rebecca Tiger, *Judging Addicts: Drug Courts and Coercion in the Justice System*(New York: NYU Press, 2012)
299　Maia Szalavitz, "How America Overdosed on Drug Courts", *Pacific Standard*, May 18, 2015.
300　Jeremy Galloway, "The Worst Place to Die: How Jail Practices Are Killing People Going Through Opioid Withdrawals", *The Influence*, March 23, 2016.
301　Teresa Gowan and Sarah Whitestone, "Making the criminal addict: Subjectivity and social control in a strong-arm rehab", *Punishment and Society* 14, no.1(2012):69-93.
302　Ashley Peskoe and Stephen Stirling, "Want heroin treatment in N.J.? Get arrested", *NJ.com*, January 18, 2015.

303 Drug Policy Alliance, *Drug Courts Are Not the Answer*.
304 Justice Policy Institute, *Addicted to Courts: How a Growing Dependence on Drug Courts Impacts People and Communities*(Washington, D.C.: Justice Policy Institute, 2011).
305 Drug Policy Alliance, *Approaches to Decriminalizing Drug Use and Possession*(New York: Drug Policy Alliance, 2016).
306 Harry Levine and Deborah Peterson Small, *Marijuana Arrest Crusade: Racial Bias and Police Policy in New York City 1997–2007*(New York: New York Civil Liberties Union, 2008); Andrew Golub, Bruce Johnson, and Eloise Dunlap, "The race/ethnicity disparity in misdemeanor marijuana arrests in New York City", *Criminology and Public Policy* 6, no.1(2007):131–164; Bruce Johnson, Andrew Golub, Eloise Dunlap, Stephen Sifaneck, and James McCabe, "Policing and Social Control of Public Marijuana Use and Selling in New York City", *Law Enforcement Executive Forum* 6, no.5 (2006): 59–89.
307 Glenn Greenwald, *Drug Decriminalization in Portugal: Lessons for Creating Fair and Successful Drug Policies*(Washington, D.C.: Cato Institute, 2009).
308 Drug Policy Alliance, *Supervised Injection Facilities*(New York: Drug Policy Alliance, 2016).
309 Michael Rezniecek, *Blowing Smoke: Rethinking the War on Drugs without Prohibition and Rehab*(Lanham, MD: Rowman & Littlefield, 2012)
310 Garriott, *Policing Methamphetamine*.
311 Ta-Nehisi Coates, "The Case for Reparations", *Atlantic*, June 2014.
312 Charles Katz and Vincent Webb, "Police Response to Gangs: A Multi-Site Study", (Washington, DC: National Institute of Justice, 2004).
313 Federal Bureau of Investigation, "Violent Gang Task Forces", n.d.
314 Malcolm Klein, *Gang Cop: The Words and Ways of Officer Paco Domingo* (Lanham, MD: AltaMira Press, 2003).
315 Megan Garvey and Patrick McGreevy, "LA mayor seeks federal aid to combat gangs", *LA Times*, January 4, 2007.
316 Joe Domanick, *Blue: The LAPD and the Battle to Redeem American Policing* (New York: Simon and Schuster, 2015), 65.
317 Ibid.
318 Jeffrey Reiman, *The Rich Get Richer and the Poor Get Prison: Ideology, Class, and Criminal Justice* (Boston: Pearson, 2007); William Chambliss, "The Saints and the Roughnecks", *Society* II, no. 1 (1973): 24–31.
319 Klein, Gang Cop.
320 Ibid.
321 Ibid.
322 Ibid.
323 Victor Rios, *Punished: Policing the Lives of Black and Latino Boys* (New York: NYU Press, 2011).
324 Susan Pennell and Roni Melton, "Evaluation of a Task Force Approach to Gangs", *Responding to Gangs: Evaluation and Research* (Washington, DC: United States Department of Justice, National

Institute of Justice, 2002).

325 Susan Phillips, *Operation Fly Trap: L.A. Gangs, Drugs, and the Law* (Chicago: University of Chicago Press, 2012).

326 Ana Muñiz and Kim McGilll. *Tracked and Trapped: Youth of Color, Gang Databases and Gang Injunctions* (Los Angeles: Youth Justice Coalition, 2012).

327 Ana Muñiz, *Police, Power and the Production of Racial Boundaries* (Brunswick, NJ: Rutgers University Press, 2015).

328 Beth Caldwell, "Criminalizing Day-to-Day Life: A Socio-Legal Critique of Gang Injunctions", *American Journal of Criminal Law* 37, no. 3 (2010): 241–290.

329 K. Babe Howell, "Gang Policing: The Stop-and-Frisk Justification for Profile-Based Policing", *University of Denver Criminal Law Review*: 5 (2015): 1–31.

330 US Department of Justice, Office of Juvenile Justice and Delinquency Prevention, *Best Practices to Address Community Gang Problems: OJJDP's Comprehensive Gang Model* (Washington, DC: U.S. Department of Justice, Office of Justice Programs, 2010).

331 David Kennedy, "Pulling levers: Chronic offenders, high-crime settings, and a theory of prevention." *Valparaiso University Law Review*: 31, no. 2 (1996): 449–484.

332 Jack Katz, *The Seductions of Crime: Moral and Sensual Attractions in Doing Evil*(New York: Basic Books, 1988).

333 Domanick, *Blue*.

334 Connie Rice, *A Call to Action: The Case for a comprehensive Solution to L.A.'s Gang Violence Epidemic* (Los Angeles: Advancement Project, 2007).

335 Youth for Justice, "LA For Youth—1 Percent Campaign", n.d., www.youth4justice.org.

336 Elliott Currie, *Crime and Punishment in America: Why the Solutions to America's Most Stubborn Social Crisis Have Not Worked—and What Will*(London: Macmillan, 1998).

337 Currie, *Crime and Punishment in America*.

338 Michael Fortner, *The Black Silent Majority: The Rockefeller Drug Laws and the Politics of Punishment* (Cambridge: Harvard University Press, 2015).

339 Todd Clear and David Karp, *The Community Justice Ideal: Preventing Crime and Achieving Justice* (Boulder, CO: Westview Press, 1999).

340 Emily Badger, "How Mass Incarceration Creates 'Million Dollar Blocks' in Poor Neighborhoods", *Washington Post*, July 30, 2015.

341 David Kennedy, *Don't Shoot: One Man, A Street Fellowship, and the End of Violence in Inner-City America*. (New York: Bloomsbury, 2012).

342 Elizabeth Palley and Corey S. Shdaimah, *In Our Hands: The Struggle for U.S. Childcare Policy*(New York: NYU Press, 2014).

343 "Cure Violence", cureviolence.org.

344 City of Minneapolis Health Department, *Minneapolis Blueprint for Action to Prevent Youth Violence* (Minneapolis: Department of Health, 2013).

345 *People v. Hall*, 4 Cal. 399 (1852).

346 Joseph Nevins, *Operation Gatekeeper and Beyond: The War on "Illegals" and the Remaking of the U.S.–Mexico Boundary*(Abingdon, UK: Taylor & Francis, 2010).
347 Kelly Lytle Hernandez, *Migra!: A History of the U.S. Border Patrol* (Berkeley: University of California Press, 2010).
348 Kitty Calavita, *Inside the State: The Bracero Program, Immigration and the INS* (New York: Quid Pro Books, 2010).
349 Hernandez, Migra, 172.
350 US Customs and Border Protection, "Border Patrol Staffing by Fiscal Year", September 19, 2015.
351 Amanda Peterson Beadle, "Cost of a Broken System: US Spent More on Immigration than All Other Enforcement Agencies Combined", *ThinkProgress*, January 7, 2013.
352 Martha Menchaca, *Recovering History, Constructing Race: The Indian, Black, and White Roots of Mexican Americans*, (Austin: University of Texas Press, 2002).
353 *United States v. Brignoni-Ponce*, 422 U.S. 873 (1975).
354 American Civil Liberties Union, "The Constitution in the 100 Mile Border Zone", n.d.
355 David Horsey, "Border Patrol is becoming an occupying army in our borderlands", *Los Angeles Times*, August 20, 2013.
356 Nevins, *Operation Gatekeeper and Beyond*.
357 Judith Greene, Bethany Carson, and Andrea Black, *Indefensible: A Decade of Mass Incarceration of Migrants Prosecuted for Crossing the Border* (Charlotte, NC: Grassroots Leadership, and Brooklyn, NY: Justice Strategies, 2016).
358 Ibid.
359 Sasha Von Oldershausen, "The Cost of Justice", *Texas Monthly*, May 10, 2016.
360 Ibid.
361 Jon Greenberg, "Conservative host: Noncitizens are 25 percent of federal inmates", *Pundit Fact*, July 10, 2015.
362 Alice Speri, "The Justice Department Is Done with Private Prisons. Will ICE Drop Them Too?", *Intercept*, August 18, 2016.
363 Nina Bernstein,"Officials Hid Truth of Immigrant Deaths in Jail", *New York Times*, January 9, 2010.
364 American Civil Liberties Union, Detention Watch Network, and National Immigrant Justice Center, Fatal Neglect: How ICE Ignores Deaths in Detention(New York: ACLU, 2016).
365 Monica Varsanyi, "Rescaling the 'Alien', Rescaling Personhood: Neoliberalism, Immigration, and the State", *Annals of the Association of American Geographers* 98, no. 4 (2008): 877–896.
366 Jacinta Ma, "Department of Homeland Security—The President's Fiscal Year 2017 Budget", *National Immigration Forum*, February 2, 2016.
367 Inter-American Commission on Human Rights, *Report on Immigration in the United States: Detention and Due Process*(Washington, DC: Organization of American States, 2010), 55–57.
368 Margot Mendelson, Shayna Strom, and Michael Wishnie, *Collateral Damage: An Examination of ICE's Fugitive Operations Program*(Washington, DC: Migration Policy Institute, 2009).

369 "Fugitive Operations", *U.S. Immigration and Customs Enforcement*, n.d.
370 Marie Gottschalk, *Caught: The Prison State and the Lockdown of American Politics* (Princeton: Princeton University Press, 2015), 222.
371 Andrew Becker, G.W. Schulz, and Tia Ghose, "Four of five Border Patrol drug busts involve US citizens, records show", *Center for Investigative Reporting*, March 26, 2013.
372 "Missing Migrants Project: Tracking deaths along migratory routes worldwide", *Missing Migrants Project*, http://missingmigrants.iom.int/.
373 Seth Freed Wessler, *Shattered Families: The Perilous Intersection of Immigration Enforcement and the Child Welfare System*(New York: Applied Research Center, 2011).
374 Maria Sacchetti, "Lawmakers call for US to be a refuge for Central Americans", *Boston Globe*, July 11, 2016.
375 Todd Miller, *Border Patrol Nation*(San Francisco: City Lights Books, 2014).
376 Cristina Costantini and Elise Foley, "Anastasio Hernandez Rojas Death: Border Patrol Tasing Incident Complicated by New Footage", *Huffington Post*, April 24, 2012.
377 "Killed by Border Patrol", *Southern Border Communities Coalition*, July 2016.
378 Costantini and Foley, "Anastasio Hernandez-Rojas Death".
379 Guillermo Cantor, Walter Ewing, and Daniel Martinez, *No Action Taken: Lack of Accountability in Responding to Complaints of Abuse*(American Immigration Council, May 2014).
380 Esther Yu Hsi Lee, "The $5 Million Proposal to Hold Border Patrol Agents Accountable for Shootings", *Think Progress*, February 11, 2017.
381 Sam Howe Verhovek, "After Marine on Patrol Kills a Teen-Ager, a Texas Border Village Wonders Why", *New York Times*, June 29, 1997.
382 Rich Jervis, "National Guard at border gets mixed reviews in Texas", *USA Today*, July 31, 2014.
383 Ibid.
384 Brady McCombs and Stephen Ceasar, "Border program has vague goals, little oversight", *Arizona Daily Star*, November 15, 2009.
385 Jon Greenberg, "Ramos: 40 percent of undocumented immigrants come by air", *PunditFact*, September 8, 2015.
386 Miller, *Border Patrol Nation; Sylvia Longmire, Border Insecurity: Why Big Money, Fences, and Drones Aren't Making Us Safe* (New York: Palgrave Macmillian, 2014).
387 Longmire, 79.
388 Pradine Saint-Fort, Noëlle Yasso, and Susan Shah, E*ngaging Police in Immigrant Communities: Promising Practices from the Field*(New York: Vera Institute of Justice, 2012).
389 Reece Jones, *Violent Borders: Refugees and the Right to Move*(Brooklyn, NY: Verso, 2016).
390 David Bacon, *Illegal People: How Globalization Creates Migration and Criminalizes Immigrants*(Boston: Beacon Press, 2008).
391 Bacon, Illegal People.
392 Watt and Zepeda, *Drug War Mexico*.
393 Greg Grandin, "The Clinton-Backed Honduran Regime Is Picking Off Indigenous Leaders",

Nation, March 3, 2016.
394 Immigrant Movement International, "International Migrant Manifesto", November 5, 2011.
395 William Stanley, *The Protection Racket State: Elite Politics, Military Extortion, and Civil War in El Salvador* (Philadelphia: Temple University Press, 2010).
396 Jennifer Schirmer, *The Guatemalan Military Project: A Violence Called Democracy* (Philadelphia: University of Pennsylvania Press, 1998).
397 Naomi Klein, *The Shock Doctrine: The Rise of Disaster Capitalism* (London: Macmillan, 2010).
398 Daniel Egiegba Agbiboa, "Protectors or Predators? The Embedded Problem of Police Corruption and Deviance in Nigeria", *Administration and Society* 47, no. 3 (2015): 244–281.
399 K.S. Subramanian, *Political Violence and the Police in India* (Uttarakhand, India: SAGE Publications India, 2007).
400 Saurav Datta, "Freedom of assembly is our fundamental right, but Indian police just won't let us exercise it", *Scroll.in*, February 24, 2015.
401 Philip Stead, *The Police of France* (London, Macmillan, 1983).
402 Y. Guyot, *La Police* (Paris: 1884).
403 Robert Booth, "Anarchists should be reported, advises Westminster anti-terror police", *Guardian*, July 31, 2011.
404 Ibid.
405 Paul Lewis and Rob Evans, *Undercover: The True Story of Britain's Secret Police* (London: Faber & Faber, 2013).
406 Rob Evans, "Met police to pay more than £400,000 to victim of undercover officer" *Guardian*, October 23, 2014.
407 Lauren Collins, "The Spy Who Loved Me: An undercover surveillance operation that went too far", *New Yorker*, August 25, 2014.
408 Beverly Gage, *The Day Wall Street Exploded: A Story of America in Its First Age of Terror* (Oxford: Oxford University Press, 2009).
409 Edwin Palmer Hoyt, *The Palmer Raids, 1919–1920: An Attempt to Suppress Dissent* (New York: Seabury Press, 1969), 40.
410 Robert Dunn, *The Palmer Raids* (New York: International Publishers, 1948).
411 Ibid, 61.
412 Ibid.
413 Ibid, 65.
414 Brian Glick, *War at Home: Covert Action Against U.S. Activists and What We Can Do About It* (Boston: South End Press, 1989).
415 Frank Donner, *Protectors of Privilege: Red Squads and Police Repression in Urban America* (Berkeley, CA: University of California Press, 1990).
416 LEIU: Law Enforcement Intelligence Units, "About LEIU", n.d., leiu.org.
417 Ed Pilkington, "Burglars in 1971 FBI office break-in come forward after 43 years", *Guardian*, January 7, 2014.

418 Donner, *Protectors of Privilege*, 348.
419 Juan Gonzalez and Amy Goodman, "NYPD Surveillance Unveiled: City Claims to Lose Docs on 1960s Radicals, Then Finds 1 Million Records", *Democracy Now!*, June 17, 2016.
420 American Civil Liberties Union, "In Response to NYCLU Demand, Police Stop Interrogating Protestors About Political Activity", April 10, 2003.
421 Colin Moynihan, "Questioning of Garner Protestors in New York Renews Concerns About Police Practices," *New York Times*, April 28, 2015.
422 American Civil Liberties Union, "Policing Free Speech: Police Surveillance and Obstruction of First Amendment-Protected Activity", June 29, 2010.
423 American Civil Liberties Union of Colorado, "Spy Files Documents Reveal Political Spying by FBI's Joint Terrorism Task Force", 2012.
424 Ann Davis, "Use of Data Collection Systems Is Up Sharply Following 9/11", *Wall Street Journal*, May 22, 2003.
425 Nick Madigan, "Spying uncovered", *Baltimore Sun*, July 18, 2008.
426 Amy Forliti, "Documents mistakenly left behind by FBI in Minneapolis home shed light on probe of activists", *Twin Cities Pioneer Press*, May 18, 2011.
427 Dia Kayyali, "Congress Must Not Authorize More Chilling of the First Amendment with Material Support Laws," *Electronic Frontier Foundation*, May 29, 2015.
428 US Department of Homeland Security, "Fusion Centers and Emergency Operations Centers", n.d.
429 Michael German and Jay Stanley, *What's Wrong with Fusion Centers?* (New York: American Civil Liberties Union, 2007).
430 R. Jeffrey Smith, "Senate Report Says National Intelligence Fusion Centers Have Been Useless", *Foreign Policy*, October 3, 2012.
431 Michael German and Jay Stanley, *Fusion Center Update* (New York: American Civil Liberties Union, 2008).
432 Missouri Information Analysis Center, "The Modern Militia Movement", *MIAC*, February 20, 2009; The Constitution Project, "Recommendations for Fusion Centers" (Washington, DC: The Constitution Project, 2012).
433 Beau Hodai, *Dissent or Terror: How the Natio's Counter Terrorism Apparatus, in Partnership with Corporate America, Turned on Occupy Wall Street* (Madison, WI: Center for Media and Democracy, 2013).
434 Gavin Aronsen, "What the FBI's Occupy Docs Do-and Don't Reveal", *Mother Jones*, January 7, 2013.
435 Glenn Greenwald, *No Place to Hide: Edward Snowden, the NSA, and the U.S. Surveillance State* (New York: Metropolitan Books, 2014).
436 Human Rights Watch, *Illusions of Justice: Human Rights Abuses in US Terrorism Prosecutions* (New York: Human Rights Watch and Columbia Law School Human Rights Institute, 2014).
437 Matt Apuzzo and Adam Goldman, *Enemies Within: Inside the NYPD's Secret Spying Unit and bin Laden's Final Plot Against America* (New York: Simon & Schuster, 2013).

438 New York Civil Liberties Union, "Raza v. City of New York(Challenging the NYPD's Muslim Surveillance Program)", June 18, 2013.
439 Mazin Sidahmed, "NYPD's Muslim surveillance violated regulations as recently as 2015: report", *Guardian*, August 24, 2016.
440 Clark McPhail, David Schweingruber, and John McCarthy, "Policing Protest in the United States: 1960-1995", in *Policing Protest: The Control of Mass Demonstrations in Western Democracies*, eds. Donatella della Porta and Herbert Reiter (Minneapolis: University of Minnesota Press, 1998).
441 David Schweingruber, "Mob Sociology and Escalated Force: Sociology's Contribution to Repressive Police Tactics, *Sociology Quarterly* 41, no. 3(2000): 371-89.
442 Alex Vitale, "The Rise of Command and Control Protest Policing in New York", in *The New York City Police Department: The Impact of Its Policies and Practices*, ed. John Eterno(Boca Raton, FL: CRC Press, 2015); Alex Vitale, "The Command and Control and Miami Models at the 2004 Republican National Convent tion: New Forms of Policing Protests", *Mobilization* 12, no. 4(2007): 403-15; Alex Vitale, "From Negotiated Management to Command and Control: How the New York Police Department Polices Protests", *Policing and Society* 15, no. 3(2005): 283-304.
443 Vitale, "The Command and Control and Miami Models".
444 Alex Thomas, "Obama May Backtrack on Military Equipment Ban For Police", *Reason*, July 26, 2016.
445 Jorge Rivas, "How high school teens got a police department to get rid of its military equipment", *Fusion*, June 3, 2016.
446 Northern California Patch, "Public Q&A Meeting Set This Evening to Discuss New Santa Clara Co. Jail", September 22, 2016.
447 Judith Greene et al., *Ending Mass Incarceration: Charting a New Justice Re-Investment*, Justice Strategies, 2013.
448 "Agenda to Build Black Futures", Black Youth Project 100, *agendatobuildblackfutures.org*.
449 "Platform", *The Movement for Black Lives*, policy.m461.org.

참고문헌

Alexander, Michelle. *The New Jim Crow: Mass Incarceration in the Age of Colorblindness*. New York: The New Press, 2013.

Apuzzo, Matt and Adam Goldman. *Enemies Within: Inside the NYPD's Secret Spying Unit and bin Laden's Final Plot Against America*. New York: Simon & Schuster, 2013.

Balko, Radley. *Rise of the Warrior Cop: The Militarization of America's Police Forces*. New York: Public Affairs, 2013.

Beckett, Katherine and Steve Herbert. *Banished: The New Social Control in Urban America*. Oxford, UK: Oxford University Press, 2009.

Currie, Elliott. *Crime and Punishment in America: Why the Solutions to America's Most Stubborn Social Crisis Have Not Worked—and What Will*. London: Macmillan, 2013.

Czitrom, Daniel. *New York Exposed: The Gilded Age Police Scandal that Launched the Progressive Era*. Oxford, UK: Oxford University Press, 2016.

Dewey, Susan and Tonia St. Germain. *Women of the Street: How the Criminal Justice Social Services Alliance Fails Women in Prostitution*. New York: NYU Press, 2017.

Domanick, Joe. *Blue: The LAPD and the Battle to Redeem American Policing*. New York: Simon and Schuster, 2015.

Friedman, Barry. *Unwarranted: Policing Without Permission*. New York: Farrar, Straus and Giroux, 2017.

Fuentes, Annette. *Lockdown High: When the Schoolhouse Becomes and Jailhouse*. Brooklyn: Verso, 2013.

Garriott, William Campbell. *Policing Methamphetamine: Narcopolitics in Rural America*. New York: NYU Press, 2011.

Hari, Johann. *Chasing the Scream: The First and Last Days of the War on Drugs*. London: Bloomsbury Publishing, 2015.

Herbert, Steve. *Citizens, Cops, and Power: Recognizing the Limits of Community*. Chicago: University of Chicago Press, 2006.

Hernandez, Kelly Lytle. *Migra!: A History of the U.S. Border Patrol*. Berkeley, CA: University of California Press, 2010.

Jones, Reece. *Violent Borders: Refugees and the Right to Move*. Brooklyn: Verso, 2016.

Klein, Malcolm. *Gang Cop: The Words and Ways of Officer Paco Domingo*. Lanham, MD: AltaMira Press, 2003.

McCoy, Alfred. *Policing America's Empire: The United States, The Philippines, and the Rise of the Surveillance State*. Madison, WI: University of Wisconsin Press, 2009.

Miller, Todd. *Border Patrol Nation*. San Francisco: City Lights Books, 2014.

Mitrani, Sam. *The Rise of the Chicago Police: Class and Conflict, 1850–1894*. Chicago: University of Illinois Press, 2013.

Moskos, Peter. *Cop in the Hood: My Year Policing Baltimore's Eastern District*. Princeton, NJ: Princeton University Press, 2008.

Muñiz, Ana. *Police, Power, and the Production of Racial Boundaries*. New Brunswick, NJ: Rutgers University Press, 2015.

Murakawa, Naomi. *The First Civil Right: How Liberals Built Prison America*. Oxford, UK: Oxford University Press, 2014.

Nevins, Joseph. *Operation Gatekeeper and Beyond: The War on "Ille gals" and the Remaking of the U.S. Mexico Boundary*. Abingdon, UK: Taylor & Francis, 2010.

Phillips, Susan. *Operation Fly Trap: L.A. Gangs, Drugs, and the Law*. Chicago: University of Chicago Press, 2012.

Rios, Victor. *Punished: Policing the Lives of Black and Latino Boys*. New York: NYU Press, 2011.

Ruderman, Wendy and Barbara Laker. *Busted: A Tale of Corruption and Betrayal in the City of Brotherly Love*. New York: Harper Collins, 2014.

Stuart, Forrest. *Down and Out and Under Arrest: Policing and Everyday Life in Skid Row*. Chicago: University of Chicago Press, 2016.

Tiger, Rebecca. *Judging Addicts: Drug Courts and Coercion in the Justice System*. New York: NYU Press, 2012.

Way, Lori Beth and Ryan Patten. *Hunting for Dirtbags: Why Cops Over-Police the Poor and Racial Minorities*. Boston: Northeastern Press, 2013.

Williams, Kristian. *Our Enemies in Blue: Police and Power in America*. Oakland, CA: AK Press, 2015.

찾아보기

The End of Policing

[ㄱ]

갈색 베레모	64
게이트 키퍼 작전	205
경찰개혁	47
경찰개혁가	57
경찰개혁론자	27, 30, 35
경찰부패	136
경찰 비밀 감시와 정보 작전	23
경찰을 이용한 자살	96
경찰의 부패	53
경찰 집행부 연구 포럼	236
경찰 체육 대회	196
경찰특공대	16, 23, 38
경찰표준훈련원	21
경찰학교	22
경찰 활동	15
경화된(hardened) 범죄자	71
고등경찰	225
고부담시험	72
공정하고 공평한 경찰 활동	20
공중보건 지향의 예방 프로그램	198
교육훈련	99
구금 여성주의	142
국경 경찰	201, 204
국경 보안 관리 네트워크	215
국경순찰대	203, 204, 205, 206, 210, 212, 215, 219
국립 노숙자 · 빈곤 법 센터	111
국제 에이즈 퇴치법	143
국제이민운동	221
국제인권법	118
국토안보부	38
군경찰	225
그리핀 계획	226
근로현장 단속팀	210

긍정적 강화와 권한 부여	89
깨어진 유리창 이론	17, 18, 19, 66, 70, 113

[ㄴ]

나오미 무라카와	48
나오미 울프	237
낙살라이트	224
남부 국경 공동체 연맹	213
노르딕 모델	138
노숙자 법원	121
노예제도	60
뉴욕 성매매 종사자 프로젝트	141
뉴욕 시민 자유 연맹	233, 239
뉴질랜드 성매매법 개정위원회	148
능동적 행동 개입 및 지원	84

[ㄷ]

다이버전 프로그램	103
더글러스 블랙	62
데이비드 베일리	46, 48
데이비드 케네디	191, 197
동의에 의한 치안활동	39

[ㄹ]

라거 맥주 폭동	52
라인맨	202
라티머 학살	54
램파트 스캔들	183
런던경시청	49, 50, 60
레드 스쿼드	229
레베카 타이거	169
레비 분	52
레즈완 페르다우스	238
로버트 필	49
로이드 펜들턴	124

리사 투로	84	미디어와 민주주의 센터	236
리스 존스	219	미셸 알렉산더	67, 164
리차드 웨이드	61	미첼 팔머	228
리차드 헌슈타	19	미하엘 레즈니체크	175
		민간경찰	224
[ㅁ]		민간 아웃리치(outreach)팀	108
마리화나	154, 155		
마약과 범죄조직 단속을 위한 통합기구	186	**[ㅂ]**	
마약과의 전쟁	65, 67, 151, 159, 160, 164	바디캠	30, 35, 36
		바비	49
마약단속	161	바이런 엥글	64
마약단속국	156	반공주의 십자군회	231
마약법정	168, 169, 170	방첩 활동 프로그램	232
마약 합법화	175	배리 프라이드먼	37
마이애미 모델	240	백인 비밀단체	62
마이크 코발	106	범죄대처법안	65
마이클 비어소티	106	범죄를 통한 통치	66
마초적(Machismo) 조직문화	25	범죄수익몰수법	157
마크 네오클레오스	49	범죄와의 전쟁	65
말콤 클레인	179	범죄조직 전담부대	180, 181
매튜 메이어	90	범죄통제	45
메타돈	172	법무부 시민인권국	34
멕시코 작전	203	법집행 정보 부대	231
몇몇 썩은 사과들	42	베라 연구소	218
목조르기(Chokehold)	17	베이브 호웰	190
몰리 크랩애플	141	부랑자 금지법	118
무연탄 파업	55	불법 이민 개혁 및 이민 책임법	205, 209
미국 교원 연합	86	브라세로(Bracero) 프로그램	202, 216, 217
미국 국경 순찰대	202	블랙 팬더스	63
미국 노동 총연맹 산업별 조합회의	217	비영리단체 TAC	94
미국 수호 연맹	231	비판적 저항	189
미국 시민 자유 연맹	189, 235	빅터 리오스	186
미국시민자유연합	78	빌 브래튼	193
미국 이민 위원회	213	빵과 잼	125
미국 재향군인회	231		

[ㅅ]

사격 중지 작전	191
사법 재투자	250
새로운 인종차별법	66
새로운 인종차별정책	164
샘 미트라니	52
석탄 및 철강 경찰	54
성매매 단속	131, 132, 137
성매매 종사자	128, 129, 130, 133, 138, 144
성매매 초범자 프로그램	139
세스 스토턴	22
세이프가드 작전	205
소년법원 & 범죄예방국	190
수잔 필립스	187
순찰경찰관	45
스톤 가든 작전	214
스트림 라인 작전	206
스티브 허버트	29
스페르겔 모델	190
시민경찰위원회	37
시민 무질서에 대한 커너(Kerner) 보고서	27

[ㅇ]

아나 무니즈	188
아네프 푸엔테스	74, 79
아메리카 인디언 시민운동	63
아메리카 정당	202
아웃리치팀	102
아이티 경찰	56
안전 도시 계획	113, 114
알카에다	226, 236
알프레드 맥코이	167
알피 콘	85
앨런 실버	48
야경단	49, 52
어빙 스페르겔	190
업무 개선 지구	116
에곤 비트너	94
에드워드 반필드	18
에릭 몽코넨	52
엘리엇 커리	195
엘리자베스 번스타인	142
연방수사국	227
영 로드	64
오거스트 볼머	54, 56
오스카 마르티네즈	167
오하이오 아동보호재단	77
옥시콘틴	153
왕립 아일랜드 경찰대	50
외래환자 감금효과	169
요한나 왈드	84
요한 해리	154
월스트리트 점령	226
위기대응팀	101
윌리엄 개리엇	177
유죄추정의 원칙	41
이민세관단속국	207, 209, 210
이민연구소	210
이민제한법	202
이민 제한 연맹	202
인구사회 전담반	238
인권 감시단	238
인신매매 전문 법원	141
인신매매 피해자 보호법	144
인종평등회의	63

[ㅈ]

자유주의자	47, 48
적색 공포	227

전국노동조합	51
전국 정신질환자 지원 단체	97
전국 학교전담경찰관 연맹	79
전사(戰士)적 사고방식	16, 100, 247
점거 운동	236
정신건강 긴급대응팀	97
정신건강 연락관	97
정신질환자 전문 법원	104, 107
정의를 위한 결집	69
정의를 위한 백만 후드 운동	243
정의연대	69
정치경찰	223
제레미 쿠즈마로프	56
제임스 모러	55
제임스 윌슨	17, 70
제프 세션스	35
조 도마닉	193
조셉 바이탈리	170
조지 켈링	17
존 스쿨	139
지역사회 경찰 활동	17, 28
지역사회 경찰 활동 담당관실	218
지역사회 기반의 회복적 사법 제도	197
집중 억제	190

[ㅊ]

차터스쿨 운동	74
찰스톤시 경비순찰대	60
참정권 운동가들	51
창의적 갈등관리 프로그램	88
청소년 정의 연대	188
청소년 통제 콤플렉스	186
초포식자 신화	66, 71
총기사고	30
총기 없는 학교 법	76

[ㅋ]

컴스탯	66
켈리 에르난데즈	202
콜럼바인(Columbine) 고등학교 총기살인 사건	71
크루 컷 작전	189
크리스티안 윌리암스	48
크리스 헤이즈	40
키드 로우	113

[ㅌ]

타네히시 코츠	177
텍사스 레인저스	57
토드 밀러	212
통제된 사회	48
트랜스젠더	131
트로이 시큐러티즈	23

[ㅍ]

팔머의 기습단속	228, 229
포레스트 스튜어트	113
폭력 치유	198
프랭크 서피코	53
프레드 시에겔	18
플로리다 정신건강 연구소	106
피터 레온	90
피터루 참사(Peterloo Massacre)	50
핑커튼(Pinkertons)	54, 230

[ㅎ]

학교규율 모범사례 교육지침	83
학교전담경찰관	70, 80, 81, 82, 83, 86
합동 테러 대책반	234
해리 레이드	147
해리 앤슬린저	154
해머 작전	182, 193

핸드츄 합의	233	흑인 인권 운동	252
행동관찰과 강화	89	흑인 청년 프로젝트	100, 177, 251
헤로인	169, 172		
현대적인 마약전쟁	155		
협의 관리	244	CQB사	23
형사사법시스템	48	CRASH	182, 183
형사처벌 중심의 마약정책	165	DARE	174
홀드 더 라인 작전	205	SWAT팀	157
홈스테드 파업	230	TRASH	182
회복적 사법	250		
회복적 사법 프로그램	86, 87	21세기 경찰 활동	84
흑인 삶을 위한 운동	251	1967년 카첸바흐(Katzenbach) 보고서	26
흑인 인권 보호	233	1968년 안전한 거리 법률(Safe Streets Bill)	27

엔드 오브 폴리싱
End of Policing

Alex S. Vitale

B.A., Hampshire College(Urban Studies and Cultural Anthropology)
Ph.D., City University Graduate Center(Sociology)
Prof. of Sociology, School of Humanities and Social Sciences, Brooklyn College
New York State Advisory Committee of the U.S. Civil Rights Commission
Vital Projects Fund: Policing and Social Justice Project, 2019
Vital Projects Fund: gang Policing in New York City, 2018

김영식

경찰대학교 법학과 졸업
프랑스 그르노블(Grenoble) 2대학
   행정학 박사
서원대학교 경찰학부 교수
충북참여자치시민연대 상임위원
충청북도 성과평가위원회 위원

청주지속가능발전협의회 행정안전위원회
   위원장
중부매일 독자권익위원회 위원
CJB청주방송 시청자위원회 위원
충북경찰청 인권위원회 위원
세종경찰청 민원조정위원회 위원